读懂
中国式现代化

教育部习近平新时代中国特色
社会主义思想研究中心　组织编写

党建读物出版社

目　录

第七章　推进中国式现代化需要处理好若干重大关系

引　言

建设社会主义现代化强国，实现中华民族伟大复兴，是中华民族的最高利益和根本利益。一个国家走向现代化，既要遵循现代化一般规律，更要符合本国实际，具有本国特色。在新中国成立特别是改革开放以来长期探索和实践基础上，经过十八大以来在理论和实践上的创新突破，我们党成功推进和拓展了中国式现代化。党的二十大集中概括了中国式现代化的中国特色、本质要求和重大原则，初步构建起中国式现代化的理论体系，使中国式现代化更加清晰、更加科学、更加可感可行。

回看走过的路，中国式现代化是我们党领导全国各族人民在长期探索和实践中历经千辛万苦、付出巨大代价取得的重大成果。实现中华民族伟大复兴是近代以来中国人民的共同梦想，无数仁人志士为此苦苦求索、进行各种尝试，但都以失败告终。探索中国现代化道路的重任，历史地落在了中国共产党身上。中国共产党自成立以来，自觉肩负起探索中国现代化道路的重任。新民主主义革命时期的探索实践，为实现现代化创造了根本社会条件。新中国成立后的探索实践，为现代化建设奠定根本政治前提和宝贵经验、理论准备、物质基础。改革开放和社会主义现代化建设新时期的探索实践，为中国式现代化提供了充满新的活力的体制保证和快速发展的物质条件。党的十八大以来，我们党在已有基础上继续前进，不断实现理论和实践上的创新突破，成功推进和拓展了中国式现代化。中国式现代化，是中国共产党领导的社会主义现代化，既有各国现代化的共同特征，更有基于自己国情的中国特色。以中国式现代化全面推进中华民族伟大复兴成为全民的共识的结论、时代的强音。

比较别人的路，中国式现代化是世界现代化理论和实践的重大创新，创造了人类文明新形态。世上没有两片完全相同的树叶，也不可能只有一条通往现代化的道路。中国式现代化，深深植根于中华优秀传统文化，体现科学社会主义的先进本质，借鉴吸收一切人类优秀文明成果，代表人类文明进步的发展方向，展现了不同于西方现代化模式的新图景，是一种全新的人类文明形态。西方发达国家在实现工业化时一般都经历了超长时间的积累，而中国式现代化道路用几十年时间走完西方发达国家几百年走过的工业化历程；不少发展中国家照搬西方模式后陷入经济长期停滞、社会政治动荡的困境，而中国式现代化道路创造了经济快速发展和社会长期稳定的奇迹。中国式现代化的初步成功和取得的显著成就，为广大发展中国家独立自主迈向现代化、探索现代化道路的多样性提供了全新选择。

远眺前行的路，中国式现代化道路有着光明前景。新时代新征程，中国共产党的中心任务就是团结带领全国各族人民全面建成社会主义现代化强国、实现第二个百年奋斗目标，以中国式现代化全面推进中华民族伟大复兴。世界进入新的动荡变革期，国内改革发展稳定任务艰巨繁重，走好中国式现代化道路并不容易。但有中国共产党的坚强领导、有中国特色社会主义制度的显著优势、有持续快速发展积累的坚实基础、有长期稳定的社会环境、有自信自强的精神力量，这五个战略性有利条件是我们走好中国式现代化道路的信心所在、底气所在。中国式现代化所展现出的光明前景鼓舞人心，催人奋进。在新征程上，只要保持战略清醒，保持战略自信，保持战略主动，积极识变应变求变，解决经济社会发展和党的建设中存在的各种矛盾问题，防范化解重大风险，一定能够推动中国式现代化取得新进展新突破。

中国式现代化来之不易，未来可期，我们必须倍加珍惜、始终坚持、不断拓展和深化。为帮助广大读者更好地认识和理解中国式现代化，我们组织编写了《读懂中国式现代化》一书。本书旨在构建一个以历史、现实与未来为纵轴，以领导力量、中国特色、本质要求、重大原则和若干重大关系为横轴的分析框架，便于大家深刻领悟中国式现代化的科学内涵、实践要求、光明前景和世界意义，从而积极投身中国式现代化建设伟业，为实现中华民族伟大复兴贡献智慧和力量。本书在写作时努力做到以下三点：

第一，回应时代之问与国际关切。中国在追求自身发展的同时，积极参与全球治理，为维护世界和平、促进共同发展、构建人类命运共同体作出了重要贡献。本书通过分析中国式现代化所面临的时代之问，解读新时代的中国共产党如何应对外部挑战和压力，如何展示中国形象、传播中国声音，让读者更加深刻地认识到，中国式现代化不是封闭自守、自我孤立的发展道路，而是开放包容、互利共赢的发展路径，是中国为人类文明进步和社会发展作出的历史性贡献。

第二，详细阐释专业知识与理论观点。“中国式现代化”已成为学术界和理论界最为关注的热点话题，形成了一些代表性研究成果。本书力求以通俗易懂、易于领会的语言，融入相关成果和具体实践，阐释清楚涉及中国式现代化的专业知识和理论观点，使读者在轻松的阅读氛围里，既能掌握必要的理论知识，也能真切感受到中国在迈向现代化进程中所取得的辉煌成就，凝聚起推动强国建设和民族复兴的思想共识。

第三，激发责任感与使命感。中国式现代化是一项艰巨而光荣的事业，需要全体人民的共同努力和不懈奋斗。希望通过对“中国式现代化”的解读，激发起广大读者的责任感和使命感，坚定对中国式现代化发展前景的信心和决心，树立正确的世界观、人生观、价值观，形成积极向上、奋发有为的思想境界，并在这个充满机遇与挑战的时代，不忘初心、牢记使命，为实现中华民族伟大复兴的中国梦而接续奋斗、添砖加瓦。

第一章 世界现代化的考察

从世界历史的角度看，公元1500年左右无疑成为了人类历史发展的分水岭。马克思、恩格斯认为，这是历史走向世界历史的开端，是民族史、地域史逐渐被世界史所取代的肇始。自大工业开辟出世界历史，人类社会便毫无悬念地日益卷入现代化浪潮中。纵览世界现代化的发展历程，从英国领跑到西欧跟进，从北美狂飙到德日突进，从苏联另辟蹊径到中国踔厉奋进，从拉美落入“现代化的边缘”到东亚整体成就斐然，呈现出一幅现代化发展盛衰兴替、波澜壮阔的立体画卷。进入21世纪之后，世界之变、时代之变、历史之变正以前所未有的方式展开，人类的现代化进程在世界百年未有之大变局下面临新的机遇与挑战。如何在世界现代化的历史进程中把握其基本规律与共同特征，如何在世界现代化普遍性处境中揭示中国式现代化的现实起源与当代意蕴，如何在世界现代化与中国式现代化的双向互动中擘画中国式现代化的愿景蓝图，显得尤为迫切。

一、现代化的基本内涵

世界现代化进程的起点，一般认为可以追溯到被英国历史学家霍布斯鲍姆称为“双元革命”的时代，即18世纪中叶的英国工业革命和法国大革命时代。现代化意味着文明的转型、观念的变迁、民族的聚合、社会的重构。就现代化开启和扩散的具体过程而言，有学者认为，它从17世纪至19世纪形成于西欧和北美，而后扩展至其他欧洲国家，并在19世纪和20世纪传入南美、亚洲和非洲大陆。可以说，现代化本身具有扩张性，它是一个动态的、持续的、不断推进的过程，并逐步发展成一种世界性的现象。对此，美国学者塞缪尔·亨廷顿较完备地总结和概括出现代化进程所包含的九种特征：现代化是革命的过程，是复杂的过程，是系统的过程，是全球的过程，是长期的过程，是有阶段的过程，是同质化的过程，是不可逆转的过程，是进步的过程。[①]

① 参见［美］西里尔·E.布莱克编：《比较现代化》，杨豫等译，上海译文出版社1996年版，第44—47页。

（一）现代化代表着世界发展进步的潮流

现代化运动滥觞于西欧资本主义国家，并自西向东、从北往南不断向全球扩散。如果我们将现代化从资本主义的具象历史中抽象出来，撇开其资本主义的制度属性不谈，则“现代化”一词确已成为表征人类社会发展、进步、文明、先进的标识。那么，究竟什么是“现代化”？现代化何以产生出如此扭转乾坤的伟力？

经典现代化理论指出了现代化的两个基本内涵：一是18世纪工业革命以来人类社会所发生的深刻变化，包括在经济、社会、政治、文化等各个层面从传统向现代转型的整个历史过程及其变化；二是后进国家追赶世界先进水平的过程。我国历史学家罗荣渠将“现代化”视为一个世界历史范畴，并从广义和狭义的两个层面来解释现代化。具体来说，广义的现代化是以现代工业为推动力，实现传统农业社会向现代工业社会的大转变，使工业主义渗透到经济、政治、文化、思想各个领域并引起相应深刻变革的过程；狭义的现代化则是落后国家采取高效率途径迅速赶上先进工业国和适应现代世界环境的发展过程。①总体而言，现代化是一种世界现象，代表着世界发展进步的潮流。

就现代化具体的发展过程而言，现代化意味着世界全面进步的趋势。以时间坐标来看，从世界现代化开启至今约250年的时间里，现代化进程可以分为两大阶段：第一阶段是从农业经济转

---

① 参见罗荣渠：《现代化新论——世界与中国的现代化进程》（增订本），商务印书馆2009年版，第17页。

向工业经济，从农业社会转向工业社会；第二阶段是从工业经济转向知识经济，从工业社会转向知识社会、信息社会。因此，第一次现代化的核心是工业化，第二次现代化的核心是信息化，这使得后发国家实现现代化具有双重任务。以空间坐标来看，现代化是一个包括经济现代化（劳动生产率提高）、政治现代化（政治民主化）、文化现代化（文化创新与文化多元化）、社会现代化（社会转型与组织专业化）、生态现代化（非物化[①]与绿色化）、人的现代化（人的全面发展）、国际现代化（国家水平与综合实力）等在内的全方位、多领域发展过程。因此，从整体上讲，现代化是从单个国家到世界性的经济、政治、文化、社会、生态等结构性、功能性和制度性的全面发展、持续发展、不断进步的过程，现代化只有"进行时"，没有"完成时"。

就现代化作为国家的发展目标而言，现代化代表着一个国家追赶世界先进水平的意志力与行动力。现代化在各个国家的发展并非是一个匀质的过程，由于现代化起步有先有后，发展速度有快有慢，所以各国的现代化水平也有高有低。根据现代化的水平指标，大致可以把国家分为发达国家和发展中国家，而发展中国家又可细分为欠发达国家、初等发达国家和中等发达国家。有研究者认为，发达国家的现代化指数达到或超过高收入国家平均水

① 非物化（dematerialization），也译为非物质化、轻量化等，原意为生产过程中使用较少的能量、较少的物质或较轻的物质，引申为降低物质和能源密度（物质比例）的过程。非物化要求能源的脱碳，即降低总能源中碳能源（化石能源）的比例。参见中国现代化战略研究课题组等编：《中国现代化报告 2007——生态现代化研究》，北京大学出版社 2007 年版，第 110 页。

平的 80%，在世界排名前 20 位；而欠发达国家的现代化指数低于高收入国家平均水平的 30% 和世界平均水平的 60%，在世界排名第 81—131 位之间。既然现代化水平确实存在高低之分，因此发展现代化、赶超世界先进水平就成为一个国家的奋斗目标，发展中国家要向发达国家的现代化水平看齐，发达国家不仅保持并且要超越当前最高水平。中国一直将现代化作为一个发展目标，从实现“四个现代化”到全面建成小康社会，再到成为一个中等发达国家、基本实现现代化，然后进一步建成社会主义现代化强国，中国不断递进的现代化目标反映了中国共产党带领中国人民实现中华民族伟大复兴的初心、信心与决心。

（二）现代化是人类文明形态的迭代演进

按照马克思主义的观点，文明是人类改造自然与社会的物质和精神成果的总和，是表征人类社会开化程度和进步状态的一个范畴。人类文明形态是文明存在的基本形式，一种文明形态不仅包括以生产力和技术发展水平为主轴的技术社会形态，还包括以生产关系为主轴的经济社会形态，所以概括文明形态的标尺就是生产方式。恩格斯指出，一切社会变迁和政治变革的终极原因都应当到生产方式和交换方式的变更中去寻找。[①]因此，由生产方式变更所引起的社会形态变化决定了文明形态的变革。世界现代化的过程实质上就是人类文明形态不断演进、不断创造、不断转型的过程。

---

① 参见《马克思恩格斯选集》第 3 卷，人民出版社 2012 年版，第 797—798 页。

在早期的经典现代化理论里，不同学者和不同学派对现代化的理解有所不同，但基本都认可“现代化就是工业化”的观点。由于现代化带来的最显著变化莫过于经济领域里的变革，因此经济学家们最早注意到这一点。如美国经济学家阿瑟·刘易斯就将现代化视为效仿英美等发达的中心国，不断减少传统农业部门、全面推进工业化的过程。中国发展经济学的奠基人张培刚也指出：现代化“首要的也是最本质的”必须包括“工业化”，同时还包括由“工业化”这一大变革过程所必然引起而发生的其他方面如政治思想、生活观念、文化修养等。[①]罗荣渠广义的现代化定义也强调了“工业主义”的全面渗透并引起相应的变革，以实现传统农业社会向现代工业社会的大转变。由于认可工业化是现代化的核心内容，而工业化又必然造成人类使用的能源结构的变化。

20 世纪 70 年代以后，发达工业国家的工业化发展出现了逆转，进入非工业化轨道，经典现代化理论在进一步解释现代化时遭遇理论瓶颈，此时后现代化理论应运而生。后现代化理论关注的是发达国家工业化以后的发展。后现代化理论认为：现代化是从传统社会向现代社会、从农业社会向工业社会的转变，而后现代化则是从现代社会向后现代社会、从工业社会向后工业社会的转变；现代化追求经济增长、生存价值，后现代化则追求生活质量、幸福价值等。美国社会学家丹尼尔·贝尔在其著作《后工业社会的来临》中，将人类社会的发展分为前工业社会、工业

---

① 张培刚：《发展经济学通论（第一卷）：农业国工业化问题》，湖南出版社 1991 年版，第 194 页。

社会和后工业社会三个阶段，并概括了后工业社会的五个特征：（1）经济方面：从产品经济转变为服务性经济；（2）职业分布：专业与技术人员阶层处于主导地位；（3）中轴原理：理论知识处于中心地位，它是社会革新与制定政策的源泉；（4）未来的方向：对科技的控制以及技术评估；（5）制定决策：创造新的“智能技术”。这一时期比较引人注目的还有生态现代化理论。生态现代化强调经济发展与生态进步的相互协调，主张建立新的环境议程，通过生态改革与环境保护加强经济竞争力，通过技术创新实行预防性环境政策，建立可持续发展的生态社会。生态现代化理论虽未能反映现代化发展的全貌，但却尤为深刻地提出了技术改革、工业创新、经济增长与环境保护之间的良性互动，从而为后发国家在实现现代化的进程中从工业主义走向生态主义、从工业文明走向生态文明提供了宝贵思路。

进入 20 世纪 90 年代，知识经济、知识社会、知识文明等一系列新概念引起世界广泛关注，从而影响到世界现代化的进程。知识化成为新一轮现代化的根本动力。基于此，我国学者何传启将 18—21 世纪的世界现代化过程分为两个阶段，即第一次现代化和第二次现代化。第一次现代化即经典现代化，是从农业经济向工业经济、农业社会向工业社会、农业文明向工业文明的转变过程，以工业化、理性化、市场化、民主化、城市化、制度化为主要特征；第二次现代化则是从工业经济向知识经济、工业社会向知识社会、工业文明向知识文明、物质文明向生态文明的转变过程，以知识化、信息化、全球化、多元化、生态化、绿色化等为主要特征，是一种新型的、更高级的现代化。第二次现代化也不是历史的终点，将来还有新的现代化。两次现代化具有不同的规律、特点、动力机制和发展范式，前者是后者的基础，后者是前者的继承与转向。两次现代化的协调发展并持续向第二次现代化转型的复合过程，则是综合现代化，这是发生在发展中国家的现代化现象，发展中国家通过综合现代化有可能达到世界先进水平，即第二次现代化水平。[①]在第二次现代化的理论视域下，现代化代表了文明的转型、文明的变化、文明的发展，现代化理论与文明理论之间的内在有机联系可表示为：现代化≈文明发展 × 文明转型 × 国际互动和地位变化。[②]

（三）不存在定于一尊的现代化模式

谈到世界现代化，就离不开对于现代化模式的讨论。所谓“现代化模式”，就是指“共同形态的现代生产力作用于不同的社会结构与文化传统，在不同的国际条件下，形成具有不同特点的生产方式、交换方式和权力结构形式，聚合成为新的多样化的发展模式”[③]。“模式”是对现代化发展道路基本特征的概括，“模式”中交织着现代化发展的普遍性与特殊性。没有工业化、市场化、城市化、民主化、法治化、世俗化、理性化，也就谈不上“现代化”，这是现代化发展的共性。但是任何国家现代化进程的内外环境不同，主客观条件相异，社会状况不一，会呈现出不同的发

---

① 参见中国现代化战略研究课题组：《中国现代化报告 2010——世界现代化概览》，北京大学出版社 2010 年版，第 133 页。

② 参见中国现代化战略研究课题组：《中国现代化报告 2010——世界现代化概览》，北京大学出版社 2010 年版，第 133 页。

③ 罗荣渠：《现代化新论——世界与中国的现代化进程》（增订本），商务印书馆 2009 年版，第 161 页。

展轨迹与发展样态，这又使得各个国家的现代化具有其个性。世界现代化的实践经验一再向世人昭示：现代化不存在定于一尊的发展模式，也不存在放之四海而皆准的现代化标准；各国现代化模式都是自身独特历史进程的产物，既体现现代化的统一性，又展现多样性，是多样性与统一性、特殊性与普适性、共性与个性的辩证统一；同时，“模式”本身也不是一成不变的，它会随着发展变化了的实际弃旧图新，体现守正与创新的统一。

根据不同的标准，现代化可以分成不同的类型或模式：按照现代化的起步时间，可以分为先发型现代化和后发型现代化；按照知识来源划分，可以分为内源型或外源型现代化、创新型或学习型现代化、跟进型或嫁接型现代化；按照性质来划分，可以分为主动型或被动型现代化、领先型或追赶型现代化、市场型或计划型现代化；按照区域来划分，可以分为西欧现代化、东欧现代化、北欧现代化、北美现代化、东亚现代化、拉美现代化、非洲现代化、中东现代化等；按照国家来划分，可以分为英国型、法国型、德国型或尼日利亚型等各种类型的现代化；按照传统性与现代性的互动关系，可以分为内生型、应激型和混合型的现代化。

在各类标准中，较有代表意义的是美国历史学家西里尔·E.布莱克所划分的世界现代化的七种类型。布莱克通过比较各国的现代化发展，认为现代性有可能从每个社会的传统性内部生长出来，现代化是传统的制度与价值观念在功能上对现代性的要求不断适应的过程。因此他得出这样的结论，即在现代化过程中，“从长期来看，使本国的传统制度适应新的功能比或多或少原样照搬西方的制度更为有效”[①]。这样一来，如果一个国家全盘抛弃自己的传统而完全照抄照搬西方模式来发展自己的现代化，多数是不能成功的。布莱克以社会结构和政治体制为标准对世界范围内的现代化不同道路进行了比较研究，把各个国家的现代化类型分为以下七种[②]。

1. 英法类型。这种类型的特点是：现代性挑战来自社会内部，没有严重的外国干涉，主要依靠国内利益的牵制；政治权力从传统到现代化领袖转变中享有优先性；近代领土和人口具有承续性；传统制度对现代功能的适应有一个缓慢的演化；贸易和殖民的长期经验赋予它们最初的国际影响力。

2. 英法在新世界的支系国组成的类型，以美国、加拿大、澳大利亚、新西兰为代表。这种类型的特点是：社会占优势的人口仍然是宗主国的居民，现代性的挑战仍然来自内部；拥有适应于现代性功能的发达制度；政治权力从传统到现代化领导的转化稍迟，与获得政治独立联系在一起；脱离了母国的传统社会结构；经济和社会的转型过程始于易变的、流动的社会结构；面临社会整合的政治问题。

3. 除英法外的欧洲其他国家类型，如西欧（英法除外）、北欧、东欧、南欧。这种类型的特点是：参与了现代观念和制度的发展；经济和社会发展方面存在着重大挫折性的迟滞；现代化政

① ［美］西里尔·E. 布莱克编：《比较现代化》，杨豫等译，上海译文出版社 1996 年版，第 5 页。

② 参见［美］西里尔·E. 布莱克：《现代化的动力——一个比较史的研究》，景跃进等译，浙江人民出版社 1989 年版，第 97—115 页。

治领导的稳固明显受外国模式影响；领土和政治重构的问题复杂；国家建设中的人力消耗较大；民族主义倾向较强；政策优先考虑政治安全、稳定和共识，而不是经济和社会的转型。

4. 欧洲社会在新世界的支系类型，即拉美国家类型。这种类型以拉丁美洲的 22 个独立国家为代表，其特征是：从旧世界来的移民占优势，并在很大程度上受那些外国的、并不重视现代化的国家的影响，因而其现代化姗姗来迟；国家独立后并没有取得领导现代化的权力，而是建立起另一种形式的新殖民主义，趋于永久维持传统生活方式；政府形式基于自由的欧洲模式，但在内容上它们的政治体制与现代公民制度和国家制度却不相称；到 20 世纪中期才形成稳固的现代化领导力量，处于经济转型的过程之中。

5. 受现代化早发社会间接影响而基本主动地进行现代化发展的类型，如俄国、日本、中国、伊朗、土耳其、阿富汗、埃塞俄比亚和泰国。这种类型的特点是：没有受到直接的外部干涉，却受现代化早发社会间接影响而进行现代化；传统政府有悠久的官僚集权统治经历，因此有充分的效能使它们在近现代能长期地抵抗直接和广泛的外国统治，不存在创立一个新国家的问题；现代化本质上是主动的，并具有领土与人口的重要承续；现代性的挑战本质上是外来的，这些外来的现代化知识形成对社会内部的挑战，使得传统政府统治者主动引进现代改革，但这些改革只是所谓有限的或防卫的现代化计划，即不是为了转变传统体制，而是加强传统政府力量以对付外国压力，这类政府既具有根本的传统性，也有一定的自觉性，这就使得这种类型的国家现代化进程缓慢曲折；这种类型国家因传统文化的凝聚力与认同感使其在面临来自国外强大的现代化压力下也能保持自身的完整。

6. 亚洲、非洲、美洲和大洋洲 34 个独立国家和 29 个附属地区的现代化类型。这种类型的特点是：具有非常发达的传统文化，能与较现代的保护（tutelary）社会的文化相互作用，以适应现代社会功能；现代化领导权的稳固始于保护状态之下，常常在独立时完成。

7. 次撒哈拉非洲和大洋洲的 31 个独立社会和约 20 个附属社会的现代化类型。这种类型的特点是：没有充分发达的宗教或语言或政治制度来适应现代化，往往从较现代社会借用或多或少不变的现代观念和制度，因此，殖民统治时期，它们无法开启任何实质性的现代化，独立以后面临着其他社会从现代性最初挑战以来遇到的全部问题，缺乏现代化的原创力。

德国学者茨阿波夫认为，已有的现代化理论和转型学说与当今全球社会发展的现实不相适应，尤其是欧洲发展模式及其理论对其他地区的非适应性，因此，他提出要研究现代化的不同发展路向，并探索构建了一个新的现代化理论——全球三层级发展模式。第一层级是经济合作与发展组织（OECD）各国；第二层级是转型社会；第三层级是待发展国家，也是当今世界社会中最大的群体。

罗荣渠按经济形态将现代化分为三大发展类型，即资本主义类型、社会主义类型和混合类型；又根据制度结构的三组变项即所有制形式、经济组织形式和国家权力结构将现代化模式分为三类：一是资本主义私有制 + 自由市场 + 分权型或集权型现代国家机构，这是西方资本主义现代化类型；二是社会主义公有制 + 计划指令与有限市场结合 + 集权型现代国家机构，这是苏联式社会主义现代化类型；三是混合经济 + 自由市场 + 集权型或分权型现代国家机构，这是发展中国家混合式现代化类型。[①]何传启则将现代化模式视为国家现代化过程中某一历史阶段的典型特征的抽象表述。现代化涉及诸如经济、政治、文化、社会、生态、制度、观念等诸多要素。现代化模式就是这些现代化要素的某种组合，并且这些要素组合会随社会条件和环境的改变而改变，从而形成丰富多彩的现代化模式。何传启甄选出工业化、民主化、城市化、知识化、信息化、生态化等基本现代化要素进行有机组合，得出国家现代化的56种组合模式，而这56种组合模式又动态分布在第一次现代化、第二次现代化和综合现代化的进程中。比如，在第一次现代化中，有工业化优先模式，有民主化优先模式，有工业化与民主化协调发展模式；第二次现代化中，有知识化优先模式，有信息化优先模式，有知识化与信息化协调发展模式；综合现代化中，有工业化优先模式，有生态化优先模式，有工业化与生态化协调发展模式等。[②]

二、现代化的共同特征

习近平总书记在党的二十大报告中指出，中国式现代化既有各国现代化的共同特征，更有基于自己国情的中国特色。科学认识中国式现代化，就要在世界现代化的共同特征中把握中国式现

---

① 参见罗荣渠：《现代化新论——世界与中国的现代化进程》（增订本），商务印书馆2009年版，第161—168页。

② 参见何传启主编：《中国现代化报告2011——现代化科学概论》，北京大学出版社2011年版，第48—51页。

代化的中国特色。现代化作为一种世界潮流，一种文明现象，一种社会转型，一种政策选择，既有普遍的基本共性，也有基于各国国情的独特个性。现代化的共性寓于个性之中，世界现代化的共同特征与价值目标反映在各国异彩纷呈的现代化发展道路之中；现代化的个性体现并丰富共性，各国现代化发展的特殊性和各国特色不断丰富着世界现代化的基本内涵与核心内容。那么，现代化究竟具有哪些基本的共同特征呢？下面，试着从三个方面作一下梳理。

（一）关于器物层面：工业化、城市化

在世界现代化运动中，工业化与城市化分别构成了现代化器物层面的两大主题。工业化是经济发展的主题，主要通过技术进步和产业结构升级实现。城市化是社会发展的主题，主要通过人口不断向城市迁移以及民众生活水平持续提高来实现。工业化是城市化的经济内涵，城市化是工业化的空间结果；工业化为城市化提供物质基础，城市化为工业化营造适宜的外部环境。现代化则是工业化和城市化发展质量不断提高的过程，融合于工业化和城市化的发展过程之中。

工业化是现代化的实质与核心。世界现代化进程就是从工业革命开始，由工业化引导和推动的。工业化带来了物质生产方式的转变，并进而引起人类生活方式、思维方式、社会关系等方面相应的变革，正是这些历史变革同工业化进程之间的互动，构成整个社会的现代化进程。因此，用“工业化”来概括现代社会变迁的动力、特征和进程，已得到学界的广泛认可。

何谓“工业化”？迄今为止，工业化并没有统一的定义。一

般而言，广义的工业化是指国民经济的全面工业化，包括在国民收入和就业结构中工业比重的连续上升、农业比重的连续下降，工业生产方式和观念渗透到全部经济领域的过程；狭义的工业化则指工业在国民收入和就业结构中所占比重连续上升的过程。①

工业化为国民经济中一系列基本的生产函数（或生产要素结合方式）连续发生由低级到高级的突破性变化（或变革）的过程。根据这一定义，“工业化”的基本特征可概括为以下四点：（1）工业化首要的也是最本质的特征，就是以机器劳动代替手工劳动，即通常所说的“机械化”过程，这既是生产技术的革命，从而也是社会生产力的突出性变革，同时也包含着生产组织和国民经济结构的阶段性调整和变动；（2）工业化不仅包括工业本身，还包括农业的机械化和现代化；（3）在工业化进程中，农业在国民经济中所占的相对比重有逐渐降低的必然趋势，这是工业化带有普遍性或规律性的特征；（4）工业化带来一系列连锁变化——首先是生产技术和社会生产力的变革，然后是国民经济结构的调整和变动，接着是人们思想观念和文化素质的变化，最后导致整个经济体制或社会制度的变化。②

综合学者们的观点，对于工业化的理解，有以下两点认识值得注意：（1）工业化是一个动态的、不断发展的过程，不同发展阶段有不同的内涵。不能将工业化仅仅理解为工业革命初始时

---

① 参见何传启主编：《中国现代化报告 2014 ~ 2015——工业现代化研究》，北京大学出版社 2015 年版，第 127 页。

② 参见张培刚：《论工业化与现代化的涵义及其相互关系》，《经济学家》1992 年第 4 期。

期的初期工业化或古典式工业化，工业化是一个有阶段的发展过程。（2）工业化的进程并非一个匀质的、均衡的进程，不同国家和不同领域的工业化是不同步的，工业化的空间分布、时间分布也是不均衡的。

所谓“城市化”，是指一个国家或地区的人口从农村向城市转移，城市人口不断增长，以农业为主的乡村社会逐步演变为以工业和服务业为主的城市社会，同时，城市文化、城市生活方式、城市价值观念成为主体，并向农村区域扩散的过程。一个国家的城市化水平体现了这个国家经济与社会的发展程度，同时，城市也承载了各类人的梦想，是各类要素的聚集地，是产业发展与技术创新最主要的空间载体，因此城市被一部分人认为代表了“文明的美德”，是“生机活力和文化创造的源泉”。但另一方面，世界现代化运动也带来越来越多的“城市病”，城市又成为犯罪暴力的滋生地、腐败贫困的集中区，故而有人认为城市是“一座冒烟的地狱”。

城市化如同工业化，也有其独特的发展阶段。一般来说，城市化初期阶段，城市化率为10%—30%，国民经济中第一产业部门农业所占比重较大，乡村人口占绝对优势，工业结构相对简单，以资源型或加工型工业为主。进入城市化中期阶段，城市化率为30%—60%，此时工业化部类基本齐全，第二、第三产业发展较快，农村富余劳动力加速向城镇转移，城市面积增大，城市人口增多，社会各种资源集聚在城市，资本也向城市流动。城市化步入后期阶段，城市化率达到70%—90%，从事农业的绝对人口规模不大，而随着农村剩余劳动力的减少，人口向城市转移的过程放缓，甚至有可能停滞，工业富余劳动力也在城市内部调整，第三产业比重明显超过第一产业和第二产业。世界城市化以1950年为界，分为两大阶段。1950年以前，世界城市化重心在西方世界，其中18世纪后期至19世纪中期是以英国为核心的世界城市化兴起与示范阶段，1851年至1950年，城市化在欧洲和北美等地区的发达国家广泛兴起与实现。1950年以后，城市化在全球蔓延，发展中国家成为这一时期世界城市化的主力军。

（二）关于制度层面：市场化、民主化

世界现代化运动首先兴起于西方资本主义世界，马克思恩格斯称之为“现代资本主义生产方式”或“资本主义的现代文明”。资本主义现代化运动促使传统的自给自足的自然经济瓦解，资本主义商品经济兴起。而市场是同商品相伴共生的一个重要范畴，“哪里有社会分工和商品生产，那里就有‘市场’；社会分工和商品生产发展到什么程度，‘市场’就发展到什么程度”[①]。“东印度和中国的市场、美洲的殖民化、对殖民地的贸易、交换手段和一般商品的增加……使正在崩溃的封建社会内部的革命因素迅速发展”，现代资产阶级本身就是生产方式和交换方式的一系列变革的产物。[②]因此，资本只有不断通过扩张市场空间，才能不断实现自身的增殖，才能推动社会经济不断发展和社会生产力的不断进步，“资本增殖的‘扩张推动力’与市场空间的‘吸引拉动力’，它们相互配合生成了‘资本的市场扩张动力系统’，它是推动社

---

① 《列宁全集》第1卷，人民出版社1984年版，第79页。

② 《马克思恩格斯选集》第1卷，人民出版社2012年版，第401—402页。

会经济扩张的强大动力体系”①，市场化因而成为世界现代化运动中最基础的动力。世界现代化本质是世界工业化进程，而世界工业化进程从根本上说是参与世界分工、参与世界市场的过程。因此，市场化改变的不仅仅是国家的经济制度，还包括社会政治结构以及其与外部世界的关系。

何谓“市场化”？一般包括三个基本内涵：一是指市场机制在社会经济中对资源配置发挥的作用持续增大，经济对市场机制的依赖程度不断加深和增强，市场机制从逐步产生、发展到成熟的演变过程；二是指资源配置方式由政府行政分配向市场调节转化，具体说，就是取消或放松国家对商品和生产要素供求数量及价格的管制；三是指一个形成市场经济的过程，即形成以市场机制为基础的经济资源配置方式、以市场为纽带组织社会经济关系的过程。简而言之，市场化体现为一种资源配置方式、一种经济制度安排、一种市场经济的形成过程。市场化虽然源起于资本主义现代化运动，但市场作为商品交换的场所、一切商品买卖关系的总和、各种经济活动运行的纽带，并非资本主义所专有，而市场机制一经形成也有其内在的、独特的运行规律。人类社会从封闭的自然经济转向开放的市场经济，代表着人类社会经济发展质的飞跃，经济市场化已成为世界经济现代化运动的普遍性趋势。

在世界现代化进程中，市场化和民主化分别构成了现代化制度层面的两大主线。就西方世界来说，民主化进程伴随着近代

---

① 鲁品越：《鲜活的资本论——从〈资本论〉到中国道路》，上海人民出版社 2016 年版，第 270 页。

资本主义的萌芽与发展逐渐产生、发展起来，经济市场化与政治民主化具有某种内在一致性。市场经济的发展造就具有强烈需求与独立利益的市场主体，利益的实现又进一步促使每个市场主体权利意识的形成。随着等价交换成为市场经济的基本原则，商品经济成为资本主义社会中普遍的经济形式，平等与自由的观念也必然得到广泛认可，“交换价值的交换是一切平等和自由产生的、现实的基础”①，因此，经济上的等价交换原则反映到政治上来，就是建立与之相适应的民主政治制度。

“民主”一词最早来自希腊文，由 Demos（人民）和 Cracy（权威或统治）组成，意为“人民的统治”，或“人民主权”“多数人的统治”。这是民主最原始的定义。从这一定义可以看出，民主的核心是权力归谁行使的问题。所以，民主首先意味着“人民的权力”“多数人的统治”“主权在民”，即由广大人民掌握国家权力，管理国家事务。民主后来演变为一种政治体制，即民主制度。民主制度发展的历史可以说是人类寻求表达意志、授予权力、制约权力的方式和程序的历史。从形式上看，当今世界民主制度分为两大类——直接民主制和间接民主制，前者是人民直接参与国家事务的决策和管理，后者是通过人民代表来行使决策权和授予权。因此，民主的实质与直接目的是人民对政府的制约，是个人权利对国家权力的制约，是权力所有者对权力行使的控制和监督。

民主化指的是一个国家从不民主走向民主的过程。它涉及对公民的权利和自由的规定和保障，改变正式的和非正式的制度的

① 《马克思恩格斯全集》第46卷，人民出版社1979年版，第197页。

性质、制度性权威的运作方式，建设有利于制度发展和制度建设的社会环境；还涉及锻造民主政治所需要的价值观，政治文化、市场化的经济制度，为民主的理想和制度提供社会依托的市民社会。民主化是指朝向民主路程的政治变迁。由于民主化造就了一个更加开放、更具参与性的社会，因此政治现代化的民主理念正在跨越不同的文化、社会和经济界限，获得世界性的拥趸。但一个不可否认的事实是：没有某种民主化模式能适合所有的社会。每个社会自己决定是否以及何时开始民主化，而这个过程中，又是每个社会自己来确定它的性质和步伐。由此可见，民主化进程如同民主一样，可以采用多种形式，经历多个发展阶段，这取决于具体的社会环境和民众诉求。

（三）关于观念层面：世俗化、理性化

德国学者马克斯·韦伯认为，社会的现代化和理性化就是一个"世俗化"的过程，也就是被称为"祛魅"的过程。世俗化与理性化是有效支撑观念现代性的两个核心特征。世俗化是观念现代化的外在表现，理性化是观念现代化的内在本质。

世俗化是现代社会区别于传统社会的一项重要内容，事关现代化内生动力能否形成以及现代化基本宗旨能否实现。作为世界现代化一个不可分割的组成部分，西方的世俗化自文艺复兴运动时开启。西方学术语境中的"世俗化"就是宗教丧失其对于社会生活多个领域的影响的过程。因此，世俗化的初始含义与宗教有关，意指宗教的非神圣化。随着社会实现现代化，世界会更加依赖于科学和技术来控制和说明，这就必然会出现一个世俗化的过程，因此，世俗化还意味着现实化与理性化。

美国学者拉里·席勒尔在《经验研究中的世俗化概念》中概括了世俗化的六种含义：一是指宗教的衰退，先前被接受的宗教象征、教义和制度丧失其重要性；二是指宗教团体的价值取向从“彼世”向“此世”转变，人们的注意力远离超自然者，转向此生急需解决的问题，宗教从内容到形式都变得适合于现代社会的市场经济；三是指宗教与社会的分离，宗教获得一种完全内向的特征，成为个人的私事，失去其公共性与社会职能；四是指宗教信仰、制度、行为转化为非宗教的形式，在世俗化过程中，各种主义发挥了过去由宗教团体承担的职能，扮演了宗教代理人的角色；五是指世界的非神圣化，自然成为理性分析与控制的对象，超自然者不再发挥任何作用；六是指神圣社会向世俗社会的转向，所有的决定和行为都建立在理性的和功利主义的基础之上。[①]从其观点可以得出，理性化包含在世俗化之中，是世俗化稳定的特质。

理性化是现代化的又一基本趋势。“理性化”这个概念是由马克斯·韦伯首先提出来的，他将科学、现代技术和科层制的发展整体描述为理性化，即依照效率原则，以技术性知识为基础，来组织社会和经济生活。[②]因此，理性化不仅是理解经济、社会和宗教的一把钥匙，更是理解现代化的一个角度。从某种意义上说，各个领域的现代化过程都体现了这种理性化趋势。具体来

---

① 参见孙尚扬：《宗教社会学》（修订版），北京大学出版社 2003 年版，第 168 页。

② 参见［英］安东尼·吉登斯：《社会学》（第五版），李康译，北京大学出版社 2009 年版，第 15 页。

说，技术现代化就是将建立在科学知识基础上的技术普遍运用于工业生产，以更先进的技术装备国民经济各部门，体现劳动手段的现代化；经济现代化意味着国民经济的全面工业化、劳动生产率的持续增长、产业结构的优化升级、国际经济竞争力的不断加强；政治现代化是指权威的理性化，国家的整合，政治功能的专门化，社会各阶级广泛的政治参与；社会现代化是社会领域的一种革命性变迁，包括城市化、福利化、流动化、专业化等，与社会发展、社会进步、社会适应、社会转型等概念紧密相关；文化现代化则是对传统文化继承、批判与创新以不断适应社会现代化的过程，其内容包括思想观念现代化、制度现代化、文化设施现代化、人的文化素养现代化，在道德伦理层面体现出人类理性的高度发展水平，在观念形态上是合理性、现实性与前瞻性的结合。[①]现代化在上述各个领域呈现出来的许多特点，如专业化、集中化、标准化、专门化、规模化、系统化、规范化等，都是社会生活全面理性化的条件与结果。

现代化≠西方化。以上对现代化共同特征的分析，虽然借鉴了一些西方学者的研究成果，他们的研究多基于对西方现代化实践的观察和总结，但并不表明我们完全认可这些观点，也不表明这些研究成果完全适合解释中国的现代化。梳理他们的观点，仅仅希望为研究中国式现代化提供启发和借鉴。

---

① 参见中国现代化战略研究课题组等：《中国现代化报告 2009——文化现代化研究》，北京大学出版社 2009 年版，第 100 页。

三、世界现代化的历史进程

世界现代化的历史进程，指从世界现代化起步到目前的演进过程。关于世界现代化的起点，学界并没有统一认识，文艺复兴、科学革命、启蒙运动、“双元革命”均被部分学者认为是世界现代化的起点。其中，以“双元革命”即18世纪中叶的英国工业革命和法国大革命作为世界现代化的起点得到更广泛认可，这个时间起点与工业时代来临的时间起点一致。习近平总书记指出：“18世纪出现了蒸汽机等重大发明，成就了第一次工业革命，开启了人类社会现代化历程。”[①]世界现代化的扩张是与工业革命、科技革命相伴随的，人类历史上出现的三次工业革命推进了世界现代化的三次浪潮。

（一）第一次工业革命与第一次现代化浪潮

18世纪60年代，发源于英国的第一次工业革命正式开启了世界现代化的进程，这也是第一次现代化浪潮的开端。第一次现代化浪潮从18世纪后期持续到19世纪中叶（大约1780—1860年），始于英国，然后向西欧地区扩散。工业革命扭转了人类文明发展的方向，引导人类社会从农业文明迈向一个崭新的工业文明。

第一次工业革命的物质技术基础是煤和铁，以动力代替人力或

① 习近平：《为建设世界科技强国而奋斗——在全国科技创新大会、两院院士大会、中国科协第九次全国代表大会上的讲话》，人民出版社2016年版，第3页。

者畜力是其主要特征之一。工业化的过程是从英国的棉纺织业开始的，当时棉纺织业的供需矛盾最为突出，技术变革就首先从纺织行业开始。随着飞梭、珍妮纺纱机、骡机和水力织布机的先后出现，英国纺织业生产效率极大提高，英国的棉纺织品也一举取代中国和印度成为国际市场新的垄断者。技术变革促进了机械化在纺织行业的推行，不久，其他工业部门如采煤、冶金等也都效仿纺织行业采用机器生产。随着机器生产越来越多，原有的动力如水力、风力、畜力等已经无法满足需要，这时动力问题就成为关键。1776 年瓦特发明了第一台具有实用价值的蒸汽机，1785 年瓦特改进的蒸汽机开始用作纺织的动力机，蒸汽机的发明成为工业革命的显著标志。大规模蒸汽机的使用催生了现代工厂制度，促进了交通运输事业的革新，开拓了世界市场，带动了世界工业化进程。

第一次现代化浪潮出现的国家主要集中在西欧、北美地区，如英国、法国、荷兰、比利时、卢森堡、美国等国家，其中以英国、法国、美国为典型。这些国家为什么能够首批获得现代化发展呢?

其一，民族国家形成与建立，这是现代化得以展开的有形载体。中世纪末期，西欧专制王权制度的建立标志着西欧开始向民族国家过渡，这也使西欧许多国家站在了步入现代社会的起跑线上。民族国家的形成，便于组建一个高效有机的政治共同体，积聚更多的人力物力资源，培养起共同的情感，形成身份认同。民族国家的出现是现代化的起点，也是现代化的载体，是现代化不可缺少的支架，没有这个支架，现代化就不能发生。[①]

---

① 参见钱乘旦主编:《世界现代化历程》总论卷，江苏人民出版社 2012 年版，第 174—181 页。

其二，工业革命与政治革命共同推动。英法等国都是先进行政治革命，然后发生工业革命。英国最早改变了封建专制制度，完成了政治改革，建立了君主立宪制政体，在政治现代化上先行一步。英国的新制度营造出一种宽松、自由、开放的氛围，从而为发动工业革命提供了合适的政治和社会环境。

其三，本国社会力量自身孕育出现代化的原生动力。第一批走进现代化的国家具有“内生性”特征，属于典型的“内生型”现代化模式，这种类型的现代化挑战主要来自国家内部。自中世纪晚期始，西欧历经农奴制解体、文艺复兴、科学革命、宗教改革、启蒙运动，这使人逐渐从中世纪的禁锢中解放出来，逐步摆脱人身的束缚、思想的束缚、知识的束缚、精神的束缚以及政治的束缚，人的解放与人的潜能的释放为现代化的发生积聚了关键因素，使创新成为可能。因此，卷入第一次现代化浪潮的国家都在技术、经济、组织、观念、制度领域不断创新。

其四，地理大发现与商业精神的形成。15 世纪至 17 世纪的地理大发现，刺激了正在形成中的商业资产者去东方寻找财富的冲动，重商主义成为许多西欧王朝的基本国策，因为它代表了民族国家、绝对王权以及一部分新兴商业资产者的利益，商业精神在西欧各国空前高涨。重商主义对内鼓励了制造业的发展，对外加速了殖民地的开拓，因此，工业主义与殖民主义为第一批走上现代化的国家提供了资源动力与广阔的发展空间，使得这些国家获得工业化的红利，成为第一次现代化浪潮的“弄潮儿”。

（二）第二次工业革命与第二次现代化浪潮

第二次工业革命从 19 世纪 70 年代开始，在 19 世纪末 20 世纪初基本完成，推动世界由“蒸汽时代”进入“电气时代”。第二次工业革命的物质技术基础是电力与钢铁，以电力的大规模应用为代表，以电灯的发明为标志。发电机的问世使电力从此成为影响人们生产和生活的一种新能源，而内燃机的创制与使用比蒸汽机更进一步提高了工业部门的生产力。电力与石油成为人类社会使用的主要新能源，科学家们从煤与石油等原材料中提炼出多种化学物质，用以制造化工合成材料。铁路建设成为这一时期新兴工业化的重心，并迅速推动了交通运输领域的革新。第二次工业革命推动工业结构实现了从轻工业到重工业的飞跃，并先后出现钢铁、电力、汽车、飞机制造业等的垄断组织。

第二次工业革命开始冲出西欧、北美，向全球扩张。大工业的历史不再是英国的历史，而已成为西欧的历史，后来又成为全世界的历史。最初是波及欧洲东部（俄国与东欧），然后向欧亚大陆蔓延，土耳其、埃及、伊朗、印度、中国、日本等国都受到现代化的冲击。

借助于第二次工业革命的东风进入第二次现代化发展的国家，如德国、俄国、日本等国，它们走的是与英法美不同的现代化发展道路。具体来说，第二批现代化国家的现代化道路具有明显的“外生型”特征。这些国家现代化的发展并非自身内部现代性因素的成熟所致，而是在第一批现代化国家外在的压力与挑战下，迫使政府主导国家权力自上而下完成改革以促进现代化的进程。如在德国，俾斯麦成为普鲁士首相后，推行“铁血政策”，通过战争排除内外势力的干涉，实现德意志国家统一，从而将德国推上工业化和军事现代化的道路；在俄国，沙皇亚历山大二世于 1861 年签署了废除农奴制的法令，迈出了俄国走向现代化的关键一步；在日本，1868年明治维新后，提出了“脱亚入欧”的口号。由于政府的全面干预，这些国家能在缺乏现代化积累和社会内部力量支持的情况下，在相对传统落后的社会结构下启动并迅速推进现代化。当然，由于外生型现代化是借助于政府的力量在较短时间内取得发展成效，因此，现代化发展的各要素之间往往存在不平衡的情况，比如德国、日本，它们只在社会的部分领域实现了现代化，但政治现代化却踯躅不前，为后来走上法西斯道路留下很大的隐患。

在第二波现代化浪潮的影响下，中国开启了早期现代化的步伐，与德国、俄国、日本一样，中国早期现代化也是典型的外源型现代化，起因于抵御外侮、救亡图存。中国早期的现代化步履维艰，在先后经历了洋务运动、维新变法、辛亥革命、孙中山的现代化构想、新文化运动等几次现代化的努力后，虽有一定的发展规模，却受困于各种内忧外患之中，进展缓慢。究其原因，一是因为现代化的领导阶级先天不足。地主阶级开明派兴办洋务，提出了“师夷长技以制夷”，但只停留在变器物层面，并未触动封建制度的根基；农民阶级不是先进生产力的代表，无力承担实现现代化的使命；中国民族资产阶级在封建主义与帝国主义的夹缝中求生存，天生具有软弱性、妥协性等特征，无论是资产阶级维新派还是资产阶级革命派，都无法完成反帝反封建的任务，更遑论成为近代中国现代化运动的领导力量。二是因为现代化的发生环境具有外生性、被迫性和被殖民性等历史特征。第一波现代化的国家基本都是由本国社会自身力量孕育并推动的，具有在地性、内生性、主动性等特征，而中国早期的现代化是在鸦片战争以后，在殖民侵略的冲击下萌生和引进的，是以“刺激—反应”

的方式形成的，具有明显的“外源”特征。这种现代化初始阶段的“对外路径依赖”，注定中国早期的现代化必定是一个缓慢曲折艰辛的过程。

（三）第三次工业革命与第三次现代化浪潮

以电气化为标志的第二次工业革命在带来生产力巨大进步的同时，也使欧美资本主义遭遇到发展性危机，进而引发了两次世界大战，并全面动摇了欧美各国所遵循的资本主义古典发展模式。第二次世界大战期间，由于各国对高科技的迫切需要，加之科学理论出现重大突破，二战结束后不久即20世纪四五十年代，第三次科技革命兴起。这是一场以原子能、电子计算机、空间技术和生物工程的发明和应用为主要标志，涉及信息技术、新能源技术、新材料技术、生物技术、空间技术和海洋技术等诸多领域的信息控制技术革命。第三次科技革命加快了科学技术转化为直接生产力的速度，并引起了产业结构的调整升级，信息产业日益代替传统工业，第三次现代化的浪潮正式开启。

第三批现代化的国家数量之多、地域之广、文化差异之大前所未有，这就使得第三次现代化浪潮中非工业化世界或发展中国家的现代化发展道路呈现出明显的多元化趋势。第一次现代化浪潮中只有资本主义现代化道路，第二次现代化浪潮中出现了以苏联为代表的社会主义现代化道路，第三次现代化浪潮中则出现了多种现代化道路，具体说来，大致有以下五种类型：其一，资本主义发展模式。如拉美的巴西、阿根廷、委内瑞拉、墨西哥等，亚洲的韩国、印度、新加坡、土耳其等，北非的埃及等，这些国家以私有制、市场机制为主动力，以经济增长为优先目标，实行一定程度的国家资本主义，市场对西方全面开放。其二，社会主义发展模式。如亚洲的越南、朝鲜、中国等，拉美的古巴、尼加拉瓜等，非洲的莫桑比克、安哥拉、刚果、埃塞俄比亚、马达加斯加等，这些国家有的选择以苏联模式作为样板，以公有制为主体，以计划经济为轴心，以社会主义作为发展方向；有的根据变化了的实际进行改革，如中国实行社会主义市场经济，从而形成自己独特的社会主义现代化模式。其三，混合型发展模式。如南亚的印度，非洲的加纳、塞内加尔、科特迪瓦、加蓬、多哥、几内亚等，这些国家将资本主义与社会主义的两种生产方式结合起来，既提倡私有经济，又不放弃社会主义发展方向的国有经济。其四，殖民地发展模式。工业化前的大部分第三世界国家属于这种模式，如巴西、阿根廷、泰国、埃及，以及非洲、南亚、中美洲地区一些传统农业占绝对优势的国家，它们的发展模式是传统封建主义与现代资本主义混合生长的变异体，属于一种过渡性生产方式。其五，伊斯兰发展模式。如伊朗，以伊斯兰历史文化遗产为基础，试图在西方资本主义经典现代化道路与东方社会主义道路之间寻找第三条道路，追求一种小生产者发展方式，既有保守性的一面，又有反对西方、自主独立的一面，成为现代化发展模式中独树一帜的存在。

值得注意的是，在第三波现代化浪潮中，亚非拉一些不发达国家的现代化发展模式多为依附型发展。何谓“依附”？依附是指一些国家的经济受制于它所依附的另一国经济的发展和扩张。不发达国家对西方发达国家有三种依附形式：一是殖民地商业—出口依附，二是金融—工业依附，三是技术—工业依附。依附关系说明，世界现代化进程是一个不均衡的发展过程，发达与不发达是同一过程的两个方面。同时，也说明依附性发展之路是行不通的，必须通过自身革命来改变内部政治经济结构，变“外向型发展”为“内向型发展”，从根本上消灭依附，才能真正实现现代化发展的目标。这对那些将欧美现代化模式奉为圭臬，导致最终落入“现代化陷阱”的后发展国家来说，是一种警醒。

第二章
中国式现代化的由来肇启

现代化是人类文明进步的重要标志，是每个国家和民族孜孜不倦的奋斗目标和价值追求。中国共产党从诞生之日起，就把推进社会革命和实现现代化作为自己肩负的双重使命。正如习近平总书记所说：“一百年来，中国共产党团结带领中国人民进行的一切奋斗、一切牺牲、一切创造，归结起来就是一个主题：实现中华民族伟大复兴。”中国式现代化是我们党领导全国各族人民在长期探索和实践中历经千辛万苦、付出巨大代价取得的成果。“中国式现代化”作为一个全新现代化模式，既体现了人类社会的普遍规律，更彰显出中国特色。

一、从工业化到“四个现代化”

中国现代化作为一个重大的理论和实践课题，经历了一个长期的发展历史过程。以毛泽东同志为主要代表的中国共产党人，把马克思主义基本原理同中国革命和建设的具体实际相结合，不断总结革命和建设经验，成功开辟了一个不同于西方的发展道路，为现代化建设奠定了坚实基础。

（一）为工业化和农业近代化而奋斗

实现中华民族伟大复兴是近代以来中国人民的共同梦想，无数仁人志士为此苦苦求索、进行各种尝试，但都以失败告终。探索中国现代化道路的重任，历史地落在了中国共产党身上。

新民主主义革命时期，以毛泽东同志为主要代表的中国共产党人，为开辟一条有别于西方模式和苏联模式、适应中国国情的现代化道路，提出了一系列具有预见性、原创性的现代化建设思想，极大地丰富了马克思主义现代化理论。1945 年，毛泽东在党的七大上指出：“中国工人阶级的任务，不但是为着建立新民主主义的国家而斗争，而且是为着中国的工业化和农业近代化而斗争。”[①]1949 年，在党的七届二中全会上，他强调，中国共产党人的目标就是“使中国稳步地由农业国转变为工业国，把中国建设成一个伟大的社会主义国家”[②]。

新民主主义革命时期，我们党团结带领全党全国各族人民，浴血奋战、百折不挠，经过北伐战争、土地革命战争、抗日战争、解放战争，推翻帝国主义、封建主义、官僚资本主义，成立了人民当家作主的中华人民共和国，实现了民族独立、人民解放，为实现现代化创造了根本社会条件。在这个过程中，以毛泽东同志为主要代表的中国共产党人，致力于实现中国工业化和农业近代化，在将中国由农业国转变为工业国的实践中取得了重要成就。土地革命战争时期，苏维埃政府积极鼓励发展根据地的工业生产，取得了较大成就。据统计，到 1934 年 2 月，中央根据地的兴国、胜利（位于雩都北部）、赣县等 17 县的手工业合作社发展到 176 个，社员 3.27 万余人，股金 5.05 万余元。中央被服厂设在瑞金七堡，全厂 700 多人，缝纫机 100 多架。中央钨砂公司下属铁山垅、盘古山、小垅等矿场，年产量约计 1800 吨，约有 5000 名工人。在广大农村，面对根据地的生产事业遭到严重破坏以及大批农村青壮年参加红军等情况，苏维埃政府积极动员和组织群众开展互助合作运动。1933 年，兴国县长冈乡每村一个劳动互助社，全乡社员 300 多人。1934 年 5 月，瑞金县互助社社员达 8987 人，兴国县达 5.17 万人，长汀县达

① 《毛泽东选集》第 3 卷，人民出版社 1991 年版，第 1081 页。
② 《毛泽东选集》第 4 卷，人民出版社 1991 年版，第 1437 页。

6717 人。[①]抗日战争时期，中国共产党领导解放区军民大力加强经济建设工作，取得了积极的成绩。在工业生产方面，主要发展食品、日用品生产以及兵器工业等。在金融方面，为了同国民党政府以及日伪政权开展斗争，各根据地政府先后建立银行，发行货币。比如，1938 年 3 月，晋察冀边区银行建立；同年 8 月，山东抗日革命根据地北海银行建立；1939 年 10 月，冀南银行建立。这些银行的建立有力地支持了敌后抗战，同时对推进根据地金融近代化发挥了积极作用。

（二）实现“四个现代化”战略目标[②]

新中国成立以来，为了改变中国经济文化比较落后的现状，毛泽东提出借鉴苏联现代化发展模式，推动我国现代化建设。1954 年 9 月，他在一届全国人大一次会议上致开幕词时强调：“将我们现在这样一个经济上文化上落后的国家，建设成为一个工业化的具有高度现代文化程度的伟大的国家。”[③]为了把一个落后的农业国转变为一个先进的工业国，中国共产党领导和团结各族人民迅速医治战争创伤，恢复和发展国民经济，开展各种社会改造，中国的现代化在新政权的巩固过程中取得了巨大成绩。据统计，我国社会总产值 1952 年比 1949 年增长 85.2%，年

① 参见中共中央党史研究室：《中国共产党历史》第 1 卷上册，中共党史出版社 2002 年版，第 459—460 页。

② 下文数据参见中共中央党史和文献研究院：《中国共产党的一百年》，中共党史出版社 2022 年版。

③ 《毛泽东文集》第 6 卷，人民出版社 1999 年版，第 350 页。

均增长 22.8%。国营工业在工业总产值（不包括手工业）中的比重，由 1949 年的 34.2% 上升到 1952 年的 52.8%。工业生产力在国民经济中的地位得到提升，在工农业总产值中，现代工业的比重由 1949 年的 17% 上升到 1952 年的 43.1%，比较好地完成了在《中国人民政治协商会议共同纲领》中规定的“以有计划有步骤地恢复和发展重工业为重点”，实现“创立国家工业化的基础”的任务，为把一个落后的农业国变成先进的工业国迈出了重要的一步。

实现国家工业化，是近代以来无数仁人志士梦寐以求的夙愿，也是中国共产党带领中国人民实现国家富强、人民幸福，使中华民族屹立于世界民族之林的必由之路。毛泽东指出：“没有工业，便没有巩固的国防，便没有人民的福利，便没有国家的富强。”[①]正是如此，在过渡时期总路线的指引下，全党和全国人民积极投身大规模经济建设，为实现社会主义工业化不懈奋斗。为了有计划地开展大规模经济建设，我国从 1951 年开始着手编制第一个五年计划；从 1953 年起一边实施，一边继续讨论修改；到 1957 年底，“一五”计划目标全面提前超额完成。到 1957 年，我国工农业总产值达 1241 亿元，按可比价格计算，比 1952 年增长 67.8%。苏联援建的 156 个重点项目有 135 个项目已经施工建设，有 68 个项目建成或部分建成投入生产。我国迅速建立起前所未有的新兴工业部门，如飞机、汽车、重型机器、发电设备、冶金和矿山设备、精密仪表、新式机床、塑料、无线和有线电器材制造等。“一五”期间，新中国经济建设取得了巨大成就，为我国建立独立完整的工业体系奠定了坚实的物质基础。

① 《毛泽东选集》第 3 卷，人民出版社 1991 年版，第 1080 页。

社会主义制度在中国建立以后，如何以现代化巩固和发展社会主义成为一个全新的历史性课题。1956 年 4 月，毛泽东在《论十大关系》一文中指出："最近苏联方面暴露了他们在建设社会主义过程中的一些缺点和错误，他们走过的弯路，你还想走？过去我们就是鉴于他们的经验教训，少走了一些弯路，现在当然更要引以为戒。"[①]他指出，中国工业化道路必须从中国的国情出发，以工业为主导，把重工业作为我国经济建设的重点，同时充分注意发展农业和轻工业，特别是加快发展轻工业，更好地供给人民生活的需要。1956 年 9 月，毛泽东在党的八大上又说，我们"要把一个落后的农业的中国改变成为一个先进的工业化的中国"[②]。1957 年，他提出要"将我国建设成为一个具有现代工业、现代农业和现代科学文化的社会主义国家"[③]。1959 年底到 1960 年初，他在《读苏联〈政治经济学教科书〉的谈话》中指出："建设社会主义，原来要求是工业现代化，农业现代化，科学文化现代化，现在要加上国防现代化。"[④]这是毛泽东首次完整表述"四个现代化"的内容，也是他对中国现代化的第一次明确阐述。根据毛泽东的谈话精神，1964 年 12 月，周恩来在三届全国人大一次会议上作的《政府工作报告》中正式提出"四个现代化"的战略目标，即"把我国建设成为一个具有现代农业、现代工业、现代

① 《毛泽东文集》第 7 卷，人民出版社 1999 年版，第 23 页。
② 《毛泽东文集》第 7 卷，人民出版社 1999 年版，第 207 页。
③ 《毛泽东文集》第 7 卷，人民出版社 1999 年版，第 117 页。
④ 《毛泽东文集》第 8 卷，人民出版社 1999 年版，第 116 页。

国防和现代科学技术的社会主义强国”。[1]同时提出实现“四个现代化”的两步走战略：第一步，建立一个独立的比较完整的工业体系和国民经济体系；第二步，全面实现农业、工业、国防和科学技术的现代化，使我国经济走在世界的前列。

社会主义建设时期，尽管经历曲折，全党和全国人民推动现代化建设仍取得了丰硕的成果。1966 年同 1956 年相比，全国工业固定资产按原价计算增长了 3 倍。在钢铁工业方面，除了我国最大的鞍山钢铁基地进一步建设以外，武汉、包头两大内地钢铁基地也开始建设起来。在机械工业方面，形成了冶金、采矿、电站、石化等工业设备制造以及飞机、汽车、工程机械制造等十几个基本行业，并且能够独立设计和制造一部分现代化大型设备。1964 年，我国主要机器设备的自给率已达 90% 以上。到 1965 年国内需要的石油已经实现全部自给，中国人靠“洋油”过日子的时代已经结束。从 1958 年到 1965 年，全国新增铁路营业里程 9000 多公里，鹰厦、包兰、兰青、兰新、川黔、黔桂等线建成通车。1964 年 10 月 16 日，我国成功爆炸第一颗原子弹，提高了我国的国际地位。即使在“文化大革命”期间，我国的社会主义现代化建设也获得长足的发展。以科技发展为例：1966 年 10 月，我国第一次成功进行了发射导弹核武器的试验。1967 年 6 月，氢弹试验获得成功。1970 年 4 月，成功发射第一颗人造地球卫星“东方红一号”。1971 年 9 月，洲际火箭首次飞行试验成功。1972 年，中国中医研究院成功提取出一种新型抗疟药青蒿素。1973 年，我国在世界上首次培育成功强优势的籼型杂交水稻。

---

① 《周恩来选集》下卷，人民出版社 1984 年版，第 439 页。

二、一以贯之推进社会主义现代化建设

改革开放和社会主义现代化建设新时期，以邓小平、江泽民和胡锦涛同志为主要代表的中国共产党人，在总结社会主义现代化建设的经验基础上，从中国实际出发，走自己的路，以三步走战略推进现代化建设，为中国式现代化提供了充满新的活力的体制保证和快速发展的物质条件。

（一）“中国式的四个现代化”

党的十一届三中全会以后，以邓小平同志为主要代表的中国共产党人解放思想、实事求是，在改革开放和社会主义现代化建设的道路上不断探索，赋予中国现代化新的内涵。1979 年 3 月 21 日，在会见英中文化协会会长马尔科姆·麦克唐纳时，邓小平首次提出“中国式的四个现代化”的全新概念。他明确指出：“我们定的目标是在本世纪末实现四个现代化。我们的概念与西方不同，我姑且用个新说法，叫做中国式的四个现代化。”[①] 12 月 6 日，邓小平在会见日本首相大平正芳时指出：“我们要实现的四个现代化，是中国式的四个现代化。我们的四个现代化的概念，不是像你们那样的现代化的概念，而是‘小康之家’。到本世纪末，中国的四个现代化即使达到了某种目标，我们的国民生产总值人均水平也还是很低的。要达到第三世界中比较富裕一点的国家

① 中共中央文献研究室编：《邓小平思想年编（1975—1997）》，中央文献出版社 2004 年版，第 496 页。

的水平，比如国民生产总值人均一千美元，也还得付出很大的努力。就算达到那样的水平，同西方来比，也还是落后的。所以，我只能说，中国到那时也还是一个小康的状态。”[①]在邓小平看来，“中国式的现代化”强调的是现代化发展水平。根据邓小平的讲话精神，党的十三大提出，通过三步走，把我国建设成为富强、民主、文明的社会主义现代化国家。

党的十一届三中全会以来，以邓小平同志为主要代表的中国共产党人，解放思想，实事求是，实行改革开放，努力奋斗，整个国家焕发出了勃勃生机，中华大地发生了历史性变化。社会生产力获得新的解放，安定团结的政治局面不断巩固，综合国力上了一个大台阶，12 亿人民的温饱问题基本解决，开始向小康社会迈进。据统计，1985 年同 1980 年相比，工农业总产值由 7707 亿元增加到 13335 亿元，按照 1980 年不变价格计算，平均年增长 11%；国内生产总值由 4588 亿元增加到 9099 亿元，按照 1980 年不变价格计算，平均年增长 10.6%。城镇居民人均可支配收入，由 1983 年的 564.6 元增加到 1988 年的 1180.2 元，农村居民人均可支配收入由 1983 年的 309.8 元增加到 1988 年的 544.9 元。居民消费支出水平由 1983 年人均 304 元增加到 1988 年的 639 元。我国科技事业蓬勃发展。1980 年 5 月 18 日，我国“东风五号”洲际导弹首次全程试射成功。1981 年，人工合成了完整的酵母丙氨酸转移核糖核酸，是世界上第一个人工合成的转移核糖核酸。1983 年 12 月，我国第一台每秒钟运算 1 亿次以上的“银河”巨型机由国防科技大学计算机研究所研制成功。1984 年 5 月，广州

① 《邓小平文选》第 2 卷，人民出版社 1994 年版，第 237 页。

市用150兆赫频段开通了中国第一个数字寻呼系统。1987年9月，北京计算机应用技术研究所建成我国第一个Internet电子邮件节点，揭开了中国人使用互联网的序幕。1988年10月，我国第一座高能加速器——北京正负电子对撞机首次对撞成功。我国在生物、航天、信息、自动化、能源、新材料、海洋等技术领域都取得重大进展，极大地增强了中国人自主发展高技术、参与国际竞争的信心。

（二）从温饱到小康的历史性跨越

党的十三届四中全会以来，以江泽民同志为主要代表的中国共产党人，高举邓小平理论伟大旗帜，贯彻“三个代表”重要思想，坚持理论创新、与时俱进，成功地稳住了改革和发展的大局。党的十五大立足我国现代化取得的巨大成绩，首次提出“两个一百年”奋斗目标：到建党100年时，使国民经济更加发展，各项制度更加完善；到21世纪中叶新中国成立100年时，基本实现现代化，建成富强民主文明的社会主义国家。世纪之交，我们党带领全国各族人民，锐意进取，积极开拓，成功把中国特色社会主义推向21世纪，推动现代化取得了重大的历史性成就。据统计，2001年，我国国内生产总值达到95933亿元，比1989年增长近两倍，年均增长9.3%，经济总量已居世界第六位，我国国际影响显著扩大。经济结构战略性调整取得成效，农业的基础地位继续加强，传统产业得到提升，高新技术产业和现代服务业加速发展。人民生活总体上实现由温饱到小康的历史性跨越，群众精神文化生活日益丰富。2000年，城乡居民家庭可支配收入分别达到6256元和2282元，“九五”期间，年均实际增长5.7%和5.0%。

科学技术领域实现了改革开放以来的新的历史性突破。1993 年 10 月，曙光 1 号大型并行计算机研制成功，达到当时世界先进水平。1997 年，长江三峡实现大江截流。1999 年 6 月，我国首次赴北极考察。从 1999 年起，我国神舟一号飞船成功进行了四次无人飞行的试验，揭开了我国航天史上崭新的一页。2000 年 11 月，我国独立研制第一台具有人类外观特征，可以模拟人行走等基本操作功能的类人型机器人，标志着我国机器人技术跻身国际先进行列。2001 年，人类基因组中国卷率先绘制完成。

（三）全面建设小康社会

党的十六大以来，以胡锦涛同志为主要代表的中国共产党人，坚持以马克思列宁主义、毛泽东思想、邓小平理论、“三个代表”重要思想为指导，深入贯彻落实科学发展观，深化改革开放，加快发展步伐，我国经济总量从世界第六位上升到第二位，社会生产力、经济实力、科技实力迈上一个大台阶，人民生活水平、居民收入水平、社会保障水平迈上一个大台阶，为全面建成小康社会打下了坚实的物质基础。党的十七大提出“建设富强民主文明和谐的社会主义现代化国家”，深化了对现代化建设的理解和认识。据统计，2011 年，城镇居民人均可支配收入 21810 元，比 2002 年增长 1.8 倍，扣除价格因素，年均实际增长 9.2%；农村居民人均纯收入 6977 元，比 2002 年增长 1.8 倍，扣除价格因素，年均实际增长 8.1%。在实施创新驱动发展战略的过程中，我国科学技术取得了一批重大自主创新成果。2003 年 10 月，神舟五号飞船载着中国第一位宇航员杨利伟升上太空，神舟载人航天飞行第一次成功。2005 年 10 月，中国航天员费俊龙、聂海胜乘坐神舟六号载人飞船，成功进入太空。2009 年中国第一个南极内陆科学考察站——昆仑站正式建成。2010 年 11 月，中国天河一号超级计算机以每秒 2570 万亿次的实测运算速度，成为世界上运算最快的超级计算机。探月工程取得重大进展，成功发射"嫦娥一号"和"嫦娥二号"探测器。

三、中国式现代化的推进和拓展

在长期的实践过程中，党领导人民不懈探索现代化路径，取得了社会主义现代化建设的伟大成就，用几十年完成了发达国家几百年走过的工业化历程。党的十八大以来，以习近平同志为核心的党中央，团结带领全党全国各族人民，坚持以中国式现代化推进中华民族伟大复兴，在理论和实践上实现一系列创新突破，成功推进和拓展了中国式现代化。

（一）认识上不断深化，为中国式现代化提供理论指导

现代化是各国人民的共同期待和目标，但每个国家都应结合自身实际作出路径选择。中国基于自己的国情、独特的客观条件、独具特色的社会制度和治国理政理念，以及现代化建设的长期实践，对现代化的规律性认识不断深化，形成与西方现代化理论完全不同的理论，是对现代化理论的重大创新。

一方面，以习近平同志为主要代表的中国共产党人，创立了习近平新时代中国特色社会主义思想，为中国式现代化提供了根本遵循。

党的十八大以来，国内外形势新变化和实践新要求，迫切

需要我们党从理论和实践的结合上深入回答关系党和国家事业发展、党治国理政的一系列重大时代课题。以习近平同志为核心的党中央，科学回答了新时代坚持和发展什么样的中国特色社会主义、怎样坚持和发展中国特色社会主义，建设什么样的社会主义现代化强国、怎样建设社会主义现代化强国等重大时代课题，创立了习近平新时代中国特色社会主义思想。这一科学思想立足中华民族伟大复兴战略全局和世界百年未有之大变局，对中国式现代化进行战略谋划和精心部署，把对中国式现代化的认识提高到了新高度新水平。

2017 年 10 月，习近平总书记在党的十九大上提出分两步走全面建成社会主义现代化强国。2020 年 10 月，习近平总书记在党的十九届五中全会上深刻阐明了中国式现代化的五个方面鲜明特征。2021 年 7 月 1 日，习近平总书记在庆祝中国共产党成立 100 周年大会上指出，我们创造了中国式现代化新道路，创造了人类文明新形态。2022 年 10 月，习近平总书记在党的二十大报告中，全面系统阐释了中国式现代化的中国特色、本质要求和重大原则等。2023 年 2 月，习近平总书记在学习贯彻党的二十大精神研讨班开班式上指出，中国式现代化蕴含的独特世界观、价值观、历史观、文明观、民主观、生态观等及其伟大实践，是对世界现代化理论和实践的重大创新。习近平总书记关于中国式现代化的一系列重要论述，是习近平新时代中国特色社会主义思想的重要组成部分，为全面建设社会主义现代化国家提供了根本遵循，也拓展了发展中国家走向现代化的途径，为人类对更好社会制度的探索提供了中国方案。

另一方面，以习近平同志为主要代表的中国共产党人，初步构建起中国式现代化的理论体系，使中国式现代化更加清晰、更加科学、更加可感可行。

现代化不等于西方化。中国已经探索出一条符合中国国情的发展道路。中国式现代化扎根中国大地，切合中国实际，具有中国特色。党的二十大将中国式现代化的中国特色概括为：人口规模巨大的现代化、全体人民共同富裕的现代化、物质文明和精神文明相协调的现代化、人与自然和谐共生的现代化、走和平发展道路的现代化。这五个中国特色，决定了中国必须既不走封闭僵化的老路，也不走改旗易帜的邪路。

在中国，实现现代化是一项前无古人的开创性事业，充满难以想象的挑战与艰险，没有哪一个政党能够代替中国共产党，把全党全国人民团结凝聚起来，完成这一艰巨任务。中国共产党始终以为人民谋幸福、为民族谋复兴、为人类谋大同为己任，对中国式现代化的本质要求，也必然有着高度的理论自觉。在党的二十大上，习近平总书记高度概括了中国式现代化的本质要求，即：坚持中国共产党领导，坚持中国特色社会主义，实现高质量发展，发展全过程人民民主，丰富人民精神世界，实现全体人民共同富裕，促进人与自然和谐共生，推动构建人类命运共同体，创造人类文明新形态。简而言之，就是一个领导力量、一个伟大旗帜、六个方面举措、一个世界影响，共同构成了一个有机整体。

回首走过的路，我们对继续推进中国式现代化信心满满；眺望前行的路，实现中国式现代化前途光明但任重道远。为此，在国内国际环境复杂，战略机遇和风险挑战并存，不确定难预料因素增多的情况下，我们党认识到，推进中国式现代化必须牢牢把握以下重大原则：坚持和加强党的全面领导，坚持中国特色社会主义道路，坚持以人民为中心的发展思想，坚持深化改革开放，坚持发扬斗争精神。

概括并形成包括中国式现代化的中国特色、本质要求、重大原则等在内的中国式现代化的理论体系，进一步深化了对中国式现代化的内涵和本质的认识，是中国共产党对全球现代化理论的重大创新，是科学社会主义的最新重大成果。

（二）战略上不断完善，为中国式现代化构筑坚实支撑

战略问题是一个政党、一个国家的根本性问题。战略上判断得准确，战略上谋划得科学，战略上赢得主动，党和人民事业就大有希望。中国式现代化是一项宏伟事业，必须在战略上进行谋划。党的十八大以来，为了更好地推进和拓展中国式现代化，我们党更加注重战略上的不断完善。

战略判断上更加准确。一是对我国发展历史方位作出新的判断。认清所处的历史方位，是决定发展成功的根本性问题。党的十九大提出，经过长期努力，中国特色社会主义进入新时代；强调，这个新时代，是继续夺取中国特色社会主义伟大胜利的时代，是决胜全面建成小康社会、进而全面建设社会主义现代化强国的时代，是逐步实现全体人民共同富裕的时代，是奋力实现中华民族伟大复兴中国梦的时代，是我国日益走近世界舞台中央、不断为人类作出更大贡献的时代。二是对我国社会主要矛盾作出新的判断。党的十九大提出，我国社会主要矛盾已经转化为人民日益增长的美好生活需要和不平衡不充分的发展之间的矛盾。这个论断，反映了我国发展的实际状况，揭示了制约我国发展的症

结所在，指明了解决当代中国发展问题的着力点。三是对国际国内局势作出新的判断。这个世界，各国相互联系、相互依存的程度空前加深，人类生活在同一个地球村里，生活在历史和现实交汇的同一个时空里，越来越成为你中有我、我中有你的命运共同体。习近平总书记强调，一个是中华民族伟大复兴的战略全局，一个是世界百年未有之大变局，这是我们谋划工作的基本出发点。胸怀“两个大局”，才能清醒认识国际国内各种不利因素的长期性、复杂性，妥善做好应对各种困难局面的准备。

战略谋划上更加科学。在目标上，党的十九大提出新两步走，即从 2020 年到本世纪中叶分两个阶段来安排，第一个阶段从 2020 年到 2035 年，基本实现社会主义现代化；第二个阶段从 2035 年到本世纪中叶，把我国建设成为富强民主文明和谐美丽的社会主义现代化强国。这是综合分析国际国内形势和我国发展条件之后作出的重大决策，意味着将原定的第二个百年奋斗目标提前了 15 年。综合研判，这一目标可以完成，但也需付出艰苦努力。在布局上，党的十八大以来，我们党创造性提出“四个全面”战略布局，这是我们党治国理政新的战略部署，是推进党和国家事业的重大安排。在各个领域，党的十八大以来，我们党对经济社会发展各个方面进行战略谋划，作出科教兴国战略、人才强国战略、乡村振兴战略等一系列重大战略部署，为各领域实现现代化提供了战略支撑。

战略实施上更加主动。党的十八大以来，习近平总书记多次强调，要下好先手棋，打好主动仗，做好应对任何形式的矛盾风险挑战的准备，做好经济上、政治上、文化上、社会上、外交上、军事上各种斗争的准备。面对外部环境变化带来的新矛盾新挑战，中央坚持实施扩大内需战略，实行更加积极主动的开放战略，提出“一带一路”倡议，作出加快构建以国内大循环为主体、国内国际双循环相互促进的新发展格局的战略谋划等，有效防范化解中国式现代化进程中的各类风险挑战。

（三）实践上不断拓展，为中国式现代化厚植强大基础

党的十八大以来，以习近平同志为核心的党中央全面贯彻习近平新时代中国特色社会主义思想，全面贯彻党的基本路线、基本方略，采取一系列战略性举措，推进一系列变革性实践，实现一系列突破性进展，取得一系列标志性成果，经受住了来自政治、经济、意识形态、自然界等方面的风险挑战的考验。取得的历史性成就和历史性变革，概括起来主要有以下 16 个方面。

一是创立了习近平新时代中国特色社会主义思想，明确坚持和发展中国特色社会主义的基本方略，提出一系列治国理政新理念新思想新战略，实现了马克思主义中国化时代化新的飞跃。二是全面加强党的领导，明确中国特色社会主义最本质的特征是中国共产党领导，中国特色社会主义制度的最大优势是中国共产党领导，中国共产党是最高政治领导力量，坚持党中央集中统一领导是最高政治原则，确保党中央权威和集中统一领导，确保党发挥总揽全局、协调各方的领导核心作用。三是对新时代党和国家事业发展作出科学完整的战略部署，提出实现中华民族伟大复兴的中国梦，以中国式现代化推进中华民族伟大复兴，统揽伟大斗争、伟大工程、伟大事业、伟大梦想，明确“五位一体”总体布局和“四个全面”战略布局，明确我国社会主要矛盾是人民日益增长的美好生活需要和不平衡不充分的发展之间的矛盾，并紧紧

围绕这个社会主要矛盾推进各项工作。四是实现了小康这个中华民族的千年梦想，打赢了人类历史上规模最大的脱贫攻坚战。五是提出并贯彻新发展理念，我国经济实力实现历史性跃升，进入创新型国家行列。六是以巨大的政治勇气全面深化改革，加强改革顶层设计，敢于啃硬骨头，敢于涉险滩，国家治理体系和治理能力现代化水平明显提高。七是实行更加积极主动的开放战略，形成更大范围、更宽领域、更深层次对外开放格局。八是坚持走中国特色社会主义政治发展道路，全面发展全过程人民民主，社会主义法治国家建设深入推进。九是确立和坚持马克思主义在意识形态领域指导地位的根本制度，社会主义核心价值观广泛传播，意识形态领域形势发生全局性、根本性转变。十是深入贯彻以人民为中心的发展思想，人民生活全方位改善，共同富裕取得新成效。十一是坚持绿水青山就是金山银山的理念，全方位、全地域、全过程加强生态环境保护，生态环境保护发生历史性、转折性、全局性变化。十二是贯彻总体国家安全观，国家安全得到全面加强，平安中国建设迈向更高水平。十三是确立党在新时代的强军目标，大刀阔斧深化国防和军队改革，人民军队现代化水平和实战能力显著提升。十四是全面准确推进“一国两制”实践，推动香港进入由乱到治走向由治及兴的新阶段；提出新时代解决台湾问题的总体方略，坚决反对“台独”分裂行径，坚决反对外部势力干涉，牢牢把握两岸关系主导权和主动权。十五是全面推进中国特色大国外交，推动构建人类命运共同体，坚定维护国际公平正义，我国国际影响力、感召力、塑造力显著提升。十六是深入推进全面从严治党，以党的政治建设统领党的建设各项工作，持之以恒正风肃纪，开展了史无前例的反腐败斗争，反腐败斗争取得压倒性胜利并全面巩固。

党的十八大以来党和国家事业取得的历史性成就、发生的历史性变革，对党和国家事业长远发展具有重大而深远的影响，在党史、新中国史、改革开放史、社会主义发展史、中华民族发展史上具有里程碑意义，特别是消除了绝对贫困问题、全面建成小康社会，为中国式现代化提供了更为完善的制度保证、更为坚实的物质基础、更为主动的精神力量。

第三章
中国式现代化的领导力量

中国式现代化是一项伟大而艰巨的事业。关于中国式现代化的领导力量，党的二十大报告给出了明确的答案：“中国式现代化，是中国共产党领导的社会主义现代化”。中国共产党作为中国式现代化的领导力量，是历史的选择。党的领导直接关系中国式现代化的根本方向、前途命运和最终成败。

一、党的领导决定中国式现代化的根本性质

中国式现代化与西方式现代化有着本质的区别，根本原因是中国式现代化是中国共产党领导的社会主义现代化。中国共产党的领导决定了中国式现代化的根本性质，所以在中国共产党领导下，我们走出了一条完全不同于西方的现代化之路，摒弃了西方以资本为中心的现代化、两极分化的现代化、物质主义膨胀的现代化、对外扩张掠夺的现代化老路。

（一）确保中国式现代化在正确的轨道上顺利推进

今日之中国，江山壮丽、人民豪迈、前程远大。在短短几十年时间里，为什么现代化在古老的中国能够呈现如此巨大的生命力和创造力？为什么现代化能够迅速地改变中国、改变中华民族的面貌？究其原因，是路走对了。这条路就是中国共产党领导开创的中国特色社会主义道路。

新中国成立之前的28年，我们党领导人民进行新民主主义革命。新中国成立后，我们党又领导人民进行了社会主义革命，完成了中华民族有史以来最广泛而深刻的社会变革。我国社会主义基本制度建立后，我们党对怎样在中国建设社会主义进行了长

期探索，取得重要成就，也经历了严重曲折。这里面最主要的问题，是在我国建设社会主义是前无古人的事业，没有现成的模式可循。

恩格斯指出："所谓'社会主义社会'不是一种一成不变的东西，而应当和任何其他社会制度一样，把它看成是经常变化和改革的社会。"[①]党的十一届三中全会以后，改革开放是我们党领导人民进行的伟大社会革命的继续。邓小平说："改革是中国的第二次革命。"[②]改革开放以来，我们一直在实践和探索，在坚持中国共产党领导和我国社会主义制度的前提下，在社会主义道路、理论、制度、文化上进行了一系列革命性变革，开辟了中国特色社会主义道路，使我国发展大踏步赶上时代。

中国特色社会主义开创于改革开放新时期，但了解其形成和发展的脉络，认识其历史必然性和科学真理性，应该拉长时间尺度，放在世界社会主义演进的历程中去把握。170 多年前，马克思、恩格斯在深入考察和研究资本主义社会基本矛盾的基础上，继承和扬弃圣西门、傅立叶、欧文等人的空想社会主义思想，提出唯物史观和剩余价值学说，给社会主义思想奠定了科学理论基础，创立了科学社会主义，社会主义由此从空想走向科学。科学社会主义同工人运动相结合，推动十月革命取得成功，建立了世界上第一个社会主义国家，科学社会主义由此从理论走向实践。第二次世界大战结束后，一批社会主义国家诞生，特别是我们党领导人民建立了新中国并建立了社会主义制度，科学社会主义由

---

① 《马克思恩格斯选集》第 4 卷，人民出版社 2012 年版，第 601 页。
② 《邓小平文选》第 3 卷，人民出版社 1993 年版，第 113 页。

此从一国实践走向多国发展。当时，社会主义阵营很兴旺，加上亚非拉国家反帝反殖民主义的斗争，同资本主义世界形成了基本上势均力敌的格局，所以毛泽东说“东风压倒西风”。

但是，历史发展从来不是笔直的，而是充满曲折和波折。20世纪80年代末90年代初，苏联解体、苏共垮台、东欧剧变，不仅导致第一个社会主义国家和东欧社会主义国家不复存在，而且对向往社会主义的广大发展中国家带来严重冲击，很多发展中国家被迫走上了照搬西方制度模式的道路。世界社会主义遭受严重曲折，正所谓“万花纷谢一时稀”。

早在1921年，列宁在纪念十月革命4周年时就曾深刻指出，“这第一次胜利还不是最终的胜利”，但“我们已经开始了这一事业。至于哪一个国家的无产者在什么时候、在什么期间把这一事业进行到底，这个问题并不重要。重要的是，坚冰已经打破，航路已经开通，道路已经指明”。①

历史总是按自己的逻辑向前演进。中国特色社会主义在中国取得巨大成功表明，社会主义没有灭亡，也不会灭亡，而且焕发出蓬勃生机活力。科学社会主义在中国的成功，对马克思主义、科学社会主义的意义，对世界社会主义的意义，是十分重大的。可以设想一下，如果社会主义在中国没有取得今天的成功，如果中国共产党领导和我国社会主义制度也在苏联解体、苏共垮台、东欧剧变那场多米诺骨牌式的变化中倒塌了，或者因为其他原因失败了，那社会主义实践就可能又要长期在黑暗中徘徊了，又要像马克思所说的那样作为一个幽灵在世界上徘徊了。

---

① 《列宁全集》第42卷，人民出版社2017年版，第185、186页。

据统计，目前世界上有100多个国家中130多个政党仍保持共产党名称或坚持马克思主义性质。广大发展中国家对中国投以羡慕的眼光，纷纷表示要向中国学习治国理政经验。中国特色社会主义正成为21世纪科学社会主义发展的旗帜，成为振兴世界社会主义的中流砥柱。

旗帜决定方向，道路决定命运。道路错误，我们不仅达不到目标，甚至可能中断中华民族伟大复兴的历史进程。习近平总书记指出："古今中外的历史都告诉我们，世界上没有一个民族能够亦步亦趋走别人的道路实现自己的发展振兴，也没有一种一成不变的道路可以引导所有民族实现发展振兴；一切成功发展振兴的民族，都是找到了适合自己实际的道路的民族。"① 从鸦片战争以来180多年、中国共产党成立100多年、新中国成立70多年、改革开放40多年的历史中，我们可以得出一个结论：中国特色社会主义道路就是一条符合中国具体实际的正确道路。这条道路顺应了时代发展潮流和要求，反映了人民意愿，得到人民的拥护和支持，是引领中国实现现代化的康庄大道。

中国犹如一辆高速行进的列车，中国共产党是列车的司机，中国特色社会主义道路就是地上的铁轨，而实现中国式现代化则是前进路上一个即将抵达的站点。未来，只有继续坚持中国共产党的领导，才能确保中国式现代化始终沿着中国特色社会主义道路顺利推进，并最终实现中华民族的伟大复兴。

---

① 习近平：《在纪念孙中山先生诞辰150周年大会上的讲话》，人民出版社2016年版，第5页。

（二）为中国式现代化提供科学指引

周恩来曾说过："我认的主义一定是不变了"[①]。很多早期共产党人都说过类似的话。中国共产党为什么能，中国特色社会主义为什么好，归根到底是马克思主义行，是中国化时代化的马克思主义行。

中国找到马克思主义是不容易的，接受马克思主义、坚守马克思主义的过程也是极其漫长、曲折且艰辛的。从鸦片战争到五四运动前夜，由于清政府的腐败，加上外国列强的入侵，中国逐渐沦为半殖民地半封建社会。为了挽救国家和民族危亡，魏源、康有为、孙中山等无数仁人志士开始向西方学习，以君主立宪制、议会制、多党制、总统制等政治方案救国救民，以为可以师夷长技以制夷，救民族于危难，救人民于水火，但是却收效甚微。1917 年俄国十月革命一声炮响，给中国送来了马克思列宁主义，让中国先进分子看到了解决中国问题的道路和希望。1921 年中国共产党一经成立，就把马克思主义鲜明地写在自己的旗帜上，把马克思主义作为共产党人的信仰，启发民众觉悟、组织群众，将马克思主义与中国革命道路结合起来，找到了中国革命的"金钥匙"，形成了毛泽东思想，实现了马克思主义中国化的第一次历史性飞跃，成立了新中国，彻底扭转了中华民族近代以来的悲惨命运，开启了对现代化的实践探索。

中国现代化的发展进程是在马克思主义理论的科学指引下有

① 《周恩来年谱（一八九八——一九四九）》，中央文献出版社 1989 年版，第 55 页。

序推进的。马克思不能将后来出现的所有问题都看到，也就不能在那时把所有的问题都加以解决。俄国的问题只能由列宁等人来解决，中国的问题只能由中国人解决。新中国成立后，在毛泽东思想的指引下，我们党团结带领人民完成社会主义革命，建立起独立的比较完整的工业体系和国民经济体系。改革开放和社会主义现代化建设新时期，在马克思主义中国化新的飞跃——中国特色社会主义理论体系的指导下，我们党作出把党和国家工作中心转移到经济建设上来、实行改革开放的历史性决策，大力推进实践基础上的理论创新、制度创新、文化创新以及其他各方面创新，实行社会主义市场经济体制，实现了从生产力相对落后的状况到经济总量跃居世界第二的历史性突破，实现了人民生活从温饱不足到总体小康、奔向全面小康的历史性跨越，为中国式现代化提供了充满新的活力的体制保证和快速发展的物质条件。党的十八大以来，在习近平新时代中国特色社会主义思想指引下，党和国家事业取得历史性成就、发生历史性变革，推动我国迈上全面建设社会主义现代化国家新征程，成功推进和拓展了中国式现代化。中国现代化建设的每一步成功探索都是在马克思主义指导下进行的，是在中国化时代化的马克思主义理论指引下开创的，我们的现代化建设须臾离不开马克思主义，离不开中国化时代化的马克思主义。

伴随着马克思主义中国化时代化的进程，中国式现代化的理论体系初步构建形成。毛泽东思想包含了对“四个现代化”蓝图的描绘，并提出现代化进程中需要处理好的十大关系等。中国特色社会主义理论体系提出现代化的三步走战略，明确了“中国式的现代化”概念，以三步走战略明确社会主义现代化国家建设目标，强调处理好现代化建设过程中的若干重大关系，不断深化对我国社会主义现代化发展规律的认识。习近平新时代中国特色社会主义思想作为当代中国马克思主义、21世纪马克思主义，提出中国式现代化具有基于自己国情的中国特色，具有九个方面的本质要求，从2020年到本世纪中叶分两个阶段实现中国式现代化等，初步构建起中国式现代化的理论体系，使中国式现代化更加清晰、更加科学、更加可感可行。

（三）为中国式现代化稳步前行提供坚强制度保证

古人云："凡将立国，制度不可不察也。"在中国共产党的领导下，中国人民建立和完善了中国特色社会主义制度，形成了包括中国特色社会主义根本制度、基本制度、重要制度等在内的一整套制度体系，为中国式现代化稳步前进提供了坚强制度保证。

鸦片战争以后，延续了2000多年的封建专制制度已经腐朽不堪，难以应对日益深重的政治危机和民族危机。无数仁人志士为寻求改变中华民族前途命运的道路进行了努力，历经了从技术层面、社会革命层面、实业层面到制度层面、文化层面的反复探索，尝试了君主立宪制、议会制、多党制、总统制等各种制度模式，但都以失败而告终。

我们党自成立之日起就致力于建设人民当家作主的新社会，提出了关于未来国家制度的主张，并领导人民为之进行斗争。土地革命时期，我们党在江西中央苏区建立了中华苏维埃共和国，开始了国家制度和法律制度建设的探索。抗日战争时期，我们党建立以延安为中心、以陕甘宁边区为代表的抗日民主政权，成立边区政府，按照"三三制"原则，以参议会为最高权力机关，建立各级立法、行政、司法机关。

新中国成立后，我们党创造性地运用马克思主义国家学说，为建设社会主义国家制度进行了不懈努力，逐步确立并巩固了我们国家的国体、政体和根本政治制度、基本政治制度、基本经济制度以及各方面的重要制度，中国特色社会主义制度不断完善，中国特色社会主义法律体系也不断健全，为改革开放和社会主义现代化建设提供了坚强制度保障。

党的十八大以来，在推进和拓展中国式现代化建设的过程中，我们推进全面深化改革，健全党的领导体制机制，加强人民当家作主制度建设，完成宪法部分内容修改，推动社会主义协商民主广泛多层制度化发展，深化党和国家机构改革，深化经济体制改革，深化司法体制综合改革，深化生态文明体制改革，深化国防和军队改革，建立国家监察制度，中国特色社会主义制度日趋成熟定型，中国特色社会主义法治体系不断完善，为推动党和国家事业取得历史性成就、发生历史性变革发挥了重大作用。

实践证明，我们党把马克思主义基本原理同中国具体实际结合起来，在古老的东方大国建立起保证亿万人民当家作主的新型国家制度，使中国特色社会主义制度成为具有显著优越性和强大生命力的制度，保障我国创造出经济快速发展、社会长期稳定的奇迹，也为发展中国家走向现代化提供了全新选择，为人类探索建设更好社会制度贡献了中国智慧和中国方案。

当今世界正经历百年未有之大变局，国际形势复杂多变，改革发展稳定、内政外交国防、治党治国治军各方面任务之繁重前所未有，我们面临的风险挑战之严峻前所未有。这些风险挑战，有的来自国内，有的来自国际，有的来自经济社会领域，有的来自自然界。其中，国与国的竞争，归根结底是国家制度的竞争。中国发展呈现出“风景这边独好”的局面，这其中很重要的原因就是我国国家制度和法律制度具有显著优越性和强大生命力。

制度属于上层建筑的范畴，一个国家的制度决定于这个国家的经济基础，同时又反作用于这个国家的经济基础。1980年，邓小平在总结“文化大革命”的教训时就指出：“制度好可以使坏人无法任意横行，制度不好可以使好人无法充分做好事，甚至会走向反面。”[①]当前，中国式现代化正处在爬坡过坎的“关键点”，有效应对各种风险挑战，顺利实现中华民族伟大复兴，需要我们党带领人民进一步加强制度建设，运用制度威力应对风险挑战的冲击，为中国式现代化稳步前行提供坚强制度保障，确保实现中华民族伟大复兴的中国梦。

（四）为中国式现代化提供强大精神力量

文化兴则国运兴，文化强则民族强。中国式现代化是物质文明和精神文明协调发展的现代化，现代化强国建设离不开中华文化繁荣兴盛。中国共产党自成立之日起，就是中华优秀传统文化的忠实传承者和弘扬者，是中国先进文化的积极引领者和践行者，也是现代化事业的引领和推动力量。

中国特色社会主义文化熔铸于中国共产党领导的现代化发展实践。1921年7月，中国共产党在先进知识分子苦苦探寻救国救民道路的过程中应运而生，自此中国人民的精神从被动转为主动。改革开放以后，党带领人民开辟了中国特色社会主义道路，大力发展中国特色社会主义文化，铸就了伟大改革开放精神、特区精

① 《邓小平文选》第2卷，人民出版社1994年版，第333页。

神等，极大丰富了推进现代化的精神内涵，为现代化提供了重要精神力量。党的十八大以来，中国特色社会主义进入新时代，在党的坚强领导下中国特色社会主义文化持续繁荣发展，文化强国建设展现新图景，为推进全面建成社会主义现代化强国、实现中华民族伟大复兴赋予愈来愈丰厚的精神支持。在追求国家富强、民族复兴、人民幸福的现代化道路上，党领导和发展的中国特色社会主义文化，持续激励着全体人民，大力增强全体人民在现代化发展中的获得感和认同感，赋予全体人民积极投身中国式现代化建设、为实现中国式现代化不懈奋斗的精神力量。

中国共产党为应对现代化发展中的风险挑战提供强大的文化精神力量。当今世界百年未有之大变局加速演进，中华民族伟大复兴进入关键时期，我们遭遇的风险挑战风高浪急，有时甚至是惊涛骇浪，形势十分严峻。国际上，乌克兰危机、巴以冲突等使得世界政治局势更为复杂；在国内，我国改革发展稳定面临不少深层次矛盾绕不开、躲不过，党的建设特别是党风廉政建设和反腐败斗争还面临不少顽固性、多发性问题。面对国际国内的双重考验，要引领现代化事业继续前进，必须靠中国共产党带领人民，继续建设中国特色社会主义文化，以精神文化的强大力量经受住来自政治、经济、意识形态、自然界等方面的风险挑战。

中国共产党为实现中国式现代化凝聚精神合力。改革开放 40 多年来，中国共产党带领人民形成了中国特色社会主义文化，它源自中华民族 5000 多年文明历史所孕育的中华优秀传统文化，熔铸于党领导人民在革命、建设、改革中创造的革命文化和社会主义先进文化，植根于中国特色社会主义伟大实践。源自中国优秀传统文化的道法自然、天人合一，天下为公、大同世界，自强不息、厚德载物，脚踏实地、实事求是，仁者爱人、以德立人，以诚待人、讲信修睦，清廉从政、勤勉奉公等思想，属于革命文化的井冈山精神、苏区精神、长征精神、抗战精神等，属于社会主义先进文化的大庆精神、北大荒精神、红旗渠精神等，今天仍是中国人民勠力同心，战胜前进路上一切困难挑战的重要道德滋养、精神力量和信心源泉。

二、党的领导确保中国式现代化锚定奋斗目标行稳致远

心中有目标，脚下有方向。中国式现代化是前无古人的开创性事业，中国式现代化这艘航船之所以能锚定目标、劈波斩浪、行稳致远，究其原因是有中国共产党的领导。正是中国共产党具有山长水阔不辞其远、赴汤蹈火不改其志的坚持和坚守，才能确保中国的现代化一以贯之锚定奋斗目标、以问题为导向落实奋斗目标、以系统观念推进实现奋斗目标，才能让亿万人民真正想在一起、干在一起，拼搏在一起、奋斗在一起，以强大前进动力、昂扬奋斗精神和坚定必胜信念开创中国式现代化新奇迹。

（一）一以贯之地锚定现代化的奋斗目标

马克思主义认为，社会革命以生产力和生产关系的矛盾运动为基础，不仅仅是一种破除旧的政治上层建筑的社会运动，更是一种新的社会建设运动。在革命战争年代，我们党带领人民开展的是破除旧的政治上层建筑的社会运动，新中国成立后，同时又开始了一种新的社会建设运动。因此，新中国成立后，我们党既

是马克思主义执政党，同时又是马克思主义革命党。正是深刻认识到这一点，我们党在成为执政党后，始终没有忘记自己是共产党人，是革命者，继续保持着过去革命战争时期的那么一股劲、那么一股革命热情、那么一种拼命精神，把革命工作做到底。

到本世纪中叶，我们党的历史将接近130年，新中国的历史将达到100年。邓小平说，“巩固和发展社会主义制度，还需要一个很长的历史阶段，需要我们几代人、十几代人，甚至几十代人坚持不懈地努力奋斗”①。这说明，要把中国特色社会主义建设好、建设成，需要一个很长的历史时期。苏共曾经何其强大，苏联曾经何其强大，早已是“故国不堪回首月明中”了。一代人干一代人的事，但没有历史眼光，没有长远眼光，也干不好当下的事情。

相对于巩固和发展社会主义制度的长期任务，实现社会主义现代化，就是中国共产党人“当下”的目标。中国共产党自诞生之日起，就把争取民族独立、人民解放和实现国家富强、人民幸福作为自己的奋斗目标，矢志不渝地探索适合中国国情的现代化道路，力求把中国建设成现代化强国，实现民族伟大复兴。1921年中国共产党成立，中华民族现代化探索进入了全新篇章。新中国成立后，以毛泽东同志为主要代表的中国共产党人，探索建立适合中国情况的现代工业体系，提出“四个现代化”战略设想和两步走战略，指明了中国现代化事业的努力方向。改革开放以来，建设社会主义现代化国家的奋斗目标循序渐进、一以贯之，并随着实践的发展而不断丰富完善。以邓小平同志为主要代表的中国共产党人，高度重视社会主义现代化建设问题，在总结新中国成

① 《邓小平文选》第3卷，人民出版社1993年版，第379—380页。

立以来正反两方面经验的基础上，找到了一条中国式的现代化道路，确立了“一个中心，两个基本点”的基本路线和“两手抓、两手都要硬”的战略方针，确立大体分三步走基本实现社会主义现代化的经济发展战略部署，开辟了改革开放和社会主义现代化建设新时期。以江泽民同志为主要代表的中国共产党人，根据国内外深刻变化进一步推进改革开放和社会主义现代化建设，形成了“三个代表”重要思想，提出经济建设、政治建设、文化建设“三位一体”思想，规划三步走发展战略，丰富了中国特色社会主义现代化建设的内容与实践。以胡锦涛同志为主要代表的中国共产党人，继续谋篇布局，在新的历史条件下提出科学发展观，强调建设富强民主文明和谐的社会主义现代化国家，为社会主义现代化建设目标新增“社会建设”的内容，构成“四位一体”总体布局，使中国的现代化不断有序向前推进。新时代，以习近平同志为主要代表的中国共产党人，科学研判新的历史形势和发展条件，坚持统筹推进“五位一体”总体布局，协调推进“四个全面”战略布局，强调建设富强民主文明和谐美丽的社会主义现代化国家，科学总结了我国现代化建设经验，创造性地提出并系统阐释了“中国式现代化”这一重大命题，极大地丰富和发展了我国的现代化理论，明确了中国共产党以中国式现代化全面推进中华民族伟大复兴的使命任务，开辟了中国式现代化建设的新境界。

纵观世界，没有哪一个国家、哪一个政党，如同中国、如同中国共产党这样如此执着于实现社会主义现代化，如此意志坚定、战略清晰和路径明确地追求社会主义现代化。中国共产党缘何如此执着于追求实现社会主义现代化？究其原因在于中国共产党是马克思主义执政党，同时是马克思主义革命党。唯有立志于千秋伟业，矢志不渝，才能一以贯之，才能行稳致远。

（二）以问题为导向聚焦现代化的奋斗目标

坚持问题导向，究其本质就是要发现问题、回答问题、解决问题。每一个时代的重大问题都藏匿于这一时期的社会主要矛盾之中。在实现社会主义现代化奋斗目标的进程中，我们党科学认识、准确把握、集中精力解决社会主要矛盾，以主要矛盾带动全局工作，突出重点，兼顾一般，把自己的事情办好，不断推进现代化向前发展。

党自成立之日起就十分重视用马克思主义矛盾理论透视中国社会问题，并持续不断对社会主要矛盾进行深入探索和分析解决。1937 年，毛泽东撰写《矛盾论》一文，详细阐发了“主要矛盾”及“主要矛盾的主要方面”这两个概念。他提出：“如果是存在着两个以上矛盾的复杂过程的话，就要用全力找出它的主要矛盾。捉住了这个主要矛盾，一切问题就迎刃而解了。”[①]毛泽东敏锐地意识到，半殖民地半封建社会的中国，其主要矛盾和非主要矛盾的关系呈现着复杂的情况，社会的主要矛盾会随着革命形势的发展而发生变化。正是基于这样的判断，在新民主主义革命的不同时期，中国共产党采取了不同的斗争策略，深刻影响了革命斗争的成败。新中国成立后，1956 年 9 月，党的八大提出，“我们国内的主要矛盾，已经是人民对于建立先进的工业国的要求同落后的农业国的现实之间的矛盾，已经是人民对于经济文化迅速发展的需要同当前经济文化不能满足人民需要的状况之间

---

① 《毛泽东选集》第 1 卷，人民出版社 1991 年版，第 322 页。

的矛盾”[①]，根本实质是先进社会制度与落后社会生产力之间的矛盾。为了寻求矛盾的解决，我们党从经济、政治、文化等方面下手，力求建成一个基本上完整的工业体系，大力发展文化教育卫生事业，并不断加强人民民主专政。但由于“左”的错误，造成了“文化大革命”的严重失误。

党的十一届三中全会开始拨乱反正，1981 年 6 月党的十一届六中全会通过的《关于建国以来党的若干历史问题的决议》对社会主要矛盾作了新的概括：“在社会主义改造基本完成以后，我国所要解决的主要矛盾，是人民日益增长的物质文化需要同落后的社会生产之间的矛盾。”[②]这一矛盾涉及人民的物质文化需要和社会生产两大主体，矛盾解决的关键点就是以经济建设为中心，大力发展生产力。

经过改革开放 40 多年的发展，社会生产力水平总体显著提升，基本摆脱落后状况，长期的经济短缺和供应不足情况已发生根本改变。因此，习近平总书记在党的十九大报告中郑重宣布：“中国特色社会主义进入新时代，我国社会主要矛盾已经转化为人民日益增长的美好生活需要和不平衡不充分的发展之间的矛盾。”[③]新时代社会主要矛盾的转化，一方面表明人民的美好生活

---

① 中共中央文献研究室编：《建国以来重要文献选编》第 9 册，中央文献出版社 1994 年版，第 341 页。

② 中共中央文献研究室编：《改革开放三十年重要文献选编》(上)，中央文献出版社 2008 年版，第 212 页。

③ 习近平：《决胜全面建成小康社会　夺取新时代中国特色社会主义伟大胜利——在中国共产党第十九次全国代表大会上的报告》，人民出版社 2017 年版，第 11 页。

需要日益广泛，呈现多样化、多层次、多方面的特点；另一方面表明解决发展不平衡、不充分问题，提升发展质量是亟须解决的重大实践问题。党的十九届六中全会通过的《中共中央关于党的百年奋斗重大成就和历史经验的决议》明确提出了解决问题的办法，即“必须坚持以人民为中心的发展思想，发展全过程人民民主，推动人的全面发展、全体人民共同富裕取得更为明显的实质性进展”①，为新征程解决社会主要矛盾、推动中国式现代化建设更上一层楼，指明了前进方向。

抓住了革命、建设、改革不同时期的主要矛盾，就能找到时代问题的解决之道，也就能找到实现现代化的发展路径，并最终实现现代化的目标。中国共产党深入研究、分析、解决社会主要矛盾的过程，就是以问题为导向推进现代化的过程。党成立以来的实践也充分证明，以问题为导向，我们党很好地把握了不同时期的主要矛盾，并推动了现代化奋斗目标的逐步实现。

（三）以系统观念推进实现现代化的奋斗目标

系统观念是具有基础性的思想和工作方法。万事万物是相互联系、相互依存的。只有用普遍联系的、全面系统的、发展变化的观点观察事物，才能把握事物发展规律。我国是一个发展中大国，仍处于社会主义初级阶段，在中国实现现代化是一项宏大的系统工程，必须坚持和运用系统观念谋划和推进。

总体上看，在系统观念的指导下，在长期实践探索和理论

① 《中共中央关于党的百年奋斗重大成就和历史经验的决议》，人民出版社 2021 年版，第 24 页。

总结的基础上，中国共产党在理论上，善于通过历史看现实、透过现象看本质，对中国式现代化的科学内涵、本质要求和重大原则等进行了系统思考，形成了中国式现代化的理论体系。在实践上，在推进现代化建设的不同时期，统筹考虑各方面建设，注重把握全局和局部、当前和长远、宏观和微观、主要矛盾和次要矛盾、特殊和一般的关系，注重战略思维、历史思维、辩证思维、系统思维、创新思维、法治思维、底线思维，对中国式现代化事业进行前瞻性思考、全局性谋划、战略性布局、整体性推进，将现代化事业不断推向前进。

中国共产党以系统观念对中国现代化事业进行总体布局，并始终站在全局高度对社会主义现代化事业进行科学认识、把握和谋划。改革开放以后，邓小平提出了现代化建设要坚持物质文明和精神文明"两手抓"的重要方针，强调"我们要在建设高度物质文明的同时，提高全民族的科学文化水平，发展高尚的丰富多彩的文化生活，建设高度的社会主义精神文明"①，从而使我国的发展布局从"大力发展生产力"完善为"两个文明建设"协调发展。1997 年 9 月，江泽民在党的十五大报告中指出："建设有中国特色社会主义的经济、政治、文化的基本目标和基本政策，有机统一，不可分割，构成党在社会主义初级阶段的基本纲领"②，这是第一次明确阐释社会主义初级阶段的基本纲领，并且初步构建起"三位一体"的总体布局。随后，2002 年 11 月党的十六大

① 《邓小平年谱（一九七五—一九九七）》（上卷），中央文献出版社 2004 年版，第 573 页。

② 《江泽民文选》第 2 卷，人民出版社 2006 年版，第 18 页。

报告提出不断促进社会主义物质文明、政治文明和精神文明的协调发展，标志着“三位一体”总体布局的成熟完善。2004 年 9 月党的十六届四中全会首次明确提出构建社会主义和谐社会的战略任务，将中国特色社会主义事业的总体布局从“三位一体”扩展为“四位一体”。随着我国工业化和城镇化进程的推进和加快，生态环境承受压力和所受损害越来越大，2009 年 9 月，党的十七届四中全会把生态文明建设提升到与其他四个建设并列的战略高度。党的十八大首次将生态文明建设纳入中国特色社会主义事业总体布局，党的十九大更是要求从全局高度落实“五位一体”总体布局，进一步制定了关于统筹推进“五位一体”总体布局的路线图和行动纲领。由此可见，“五位一体”总体布局的形成，随着社会主义现代化进程得到全面贯彻落实，实现了全面推进、全面发展。

中国共产党以系统观念对推进中国式现代化进行战略布局。党的十八大以来，以习近平同志为核心的党中央紧紧围绕坚持和发展中国特色社会主义这个主题，逐步破解发展中面临的突出矛盾和问题，深入总结实践经验，逐步形成了“四个全面”战略布局。习近平总书记指出：要“协调推进全面建成小康社会、全面深化改革、全面依法治国、全面从严治党，推动改革开放和社会主义现代化建设迈上新台阶”①。党的十九届五中全会强调，“协调推进全面建设社会主义现代化国家、全面深化改革、全面依法治国、全面从严治党的战略布局”②，体现新发展阶段“四个全面”

① 《习近平谈治国理政》第 2 卷，外文出版社 2017 年版，第 22 页。

② 《中国共产党第十九届中央委员会第五次全体会议公报》，人民出版社 2020 年版，第 9 页。

战略布局的新内涵、新要求，不断推进社会主义现代化进程和中国特色社会主义事业取得新的瞩目成就。改革开放以来，我们党对“四个全面”中的每一个“全面”都有过深刻的理论思考和实践部署。比如邓小平最先借用“小康”的概念，把“中国式的四个现代化”称之为“小康之家”，后来发展到“小康水平”“总体小康”“全面小康”；党的十一届三中全会开启改革开放的大幕，之后我们经历了由“改革”到“全面改革”和“深化改革”再到“全面深化改革”的演进过程；党的十一届三中全会后，中央明确提出了“加强社会主义法制”的任务，之后不同阶段从注重“法制”“法治”到“依法治国”再到“全面依法治国”；党的十一届三中全会后，我们党自觉加强自身建设，从开始加强“治党”到“从严治党”再到“全面从严治党”。现代化强国建设目标与总体布局、战略布局相互统一和呼应，深刻体现了我们党的系统观念和系统思维，为推进中国式现代化创造了有利条件和坚实思想基础。

三、党的领导激发建设中国式现代化的强劲动力

我们党自觉坚持和运用马克思主义生产力和生产关系的理论，来解决实现中国式现代化的动力问题。马克思主义认为，生产力决定生产关系，生产关系反作用于生产力，当生产关系不适应生产力发展时，必须改革生产关系。我国在完成社会主义改造后进入社会主义社会，所建立的生产关系促进了生产力的发展。但随着经济社会的发展，我们党发现，如果不能实现社会生产力的跨越式发展，搞不好就会被开除“球籍”，更不用说体现社会

主义的优越性了。为此，我们党从十一届三中全会后，拉开了改革开放的序幕。通过改革开放乃至之后的全面深化改革，极大解放和发展了生产力，为中国实现现代化提供了强劲动力。

（一）改革开放为现代化建设提供了强大动力

党的十一届三中全会是在党和国家面临何去何从的重大历史关头召开的。当时，世界经济快速发展，科技进步日新月异，而“文化大革命”十年内乱导致我国经济濒临崩溃的边缘，人民温饱都成问题，国家建设百业待兴。党内外强烈要求纠正“文化大革命”的错误，使党和国家从危难中重新奋起。邓小平深刻地指出：“如果现在再不实行改革，我们的现代化事业和社会主义事业就会被葬送。”①

党的十一届三中全会冲破长期“左”的错误的严重束缚，批评“两个凡是”的错误方针，充分肯定必须完整、准确地掌握毛泽东思想的科学体系，高度评价关于真理标准问题的讨论，果断结束“以阶级斗争为纲”，重新确立马克思主义的思想路线、政治路线、组织路线。

党的十二大以来，我们党发扬伟大历史主动精神，不断变革生产关系和生产力之间、上层建筑和经济基础之间不相适应的方面，不断推进各领域体制改革。1978 年，从安徽小岗村开始，率先探索农村实行家庭联产承包责任制，逐步转向城市经济体制改革并全面铺开，确立社会主义市场经济的改革方向，推进和完善基本经济制度和分配制度的改革，不断推进政治、文化、社会以

① 《邓小平文选》第 2 卷，人民出版社 1994 年版，第 150 页。

及党的建设等全方位的改革，不断推进形成和发展符合中国国情、充满生机活力的体制机制。同时，党确立对外开放的基本国策，从兴办深圳特区、开放浦东到推动沿海沿边沿江沿线和内陆中心城市的对外开放，加入世界贸易组织，从“引进来”逐步发展到“走出去”等。通过改革开放，我国从高度集中的计划经济体制转变为充满活力的社会主义市场经济，人民从站起来走向了富起来；通过改革开放，我国逐渐形成和发展符合当代中国国情、充满生机活力的体制机制，让一切劳动、知识、技术、管理和资本的活力竞相迸发，让一切创造社会财富的源泉充分涌流。所以，改革开放是决定当代中国命运的关键抉择，是发展中国特色社会主义、实现中华民族伟大复兴的必由之路。40 多年改革开放的生动实践证明，改革开放是中国人民和中华民族发展史上的一次伟大革命，正是这个伟大革命推动了中国社会主义现代化事业的伟大飞跃。

（二）全面深化改革为中国式现代化注入强劲动力

党的十八大以来，我们党以巨大的政治勇气全面深化改革，突出问题导向，不断为中国式现代化注入新的强大动力。改革开放让我国大踏步赶上时代步伐后，中国特色社会主义站在新时代这个新的历史起点上。新时代，我们党面对一系列长期积累及新出现的突出矛盾和问题，如经济结构性体制性矛盾突出，发展不平衡、不协调、不可持续，传统的发展模式难以为继，一些深层次的体制机制问题和利益固化藩篱日益显现，等等。面对这些问题，我们推进改革的复杂程度、敏感程度、艰巨程度，不亚于改革开放之初。站在发展的十字路口，中国该向何处去？党的十八届三中全会通过《中共中央关于全面深化改革若干重大问题的决定》，对全面深化改革作出顶层设计和全面部署，确定了全面深化改革的总目标、战略重点、优先顺序、主攻方向、工作机制、推进方式以及时间表和路线图。党的十八届三中全会实现了改革开放由局部探索、破冰突围到系统集成、全面深化的转变，开启了中国改革开放的新格局，为中国式现代化发展注入了新的活力。2019 年 10 月，党的十九届四中全会把以国家治理体系和治理能力现代化为目标的全面深化改革，推向了一个新的发展阶段。全面深化改革既是对过去 30 多年改革开放的延续和深化，也是对未来中国发展的全新启示和指引。这无疑将为中国的社会主义现代化建设注入更加强大的动力，也必将为世界上其他国家提供宝贵的发展经验和启示。

改革开放、全面深化改革，是改革也是一场革命，这场革命只有进行时，没有完成时，随着社会主义现代化的推进不断深入。但它不是社会制度的根本改变，不是要动摇、背离社会主义制度，而是在社会主义自身基础上的自我改进、自我完善。这种自我改进、自我完善，是在党和国家的领导下，依靠社会主义制度本身的力量，依靠亿万人民群众的实践自觉地进行的，使社会主义的优越性充分显现，使社会主义彰显出强大吸引力。

四、党的领导凝聚建设中国式现代化的磅礴力量

人民群众是推动历史发展和社会变革的决定力量。翻开中华民族上下 5000 年的历史画卷，从民族统一到疆域开拓，从文

明发展到重焕辉煌，中华民族能够历经种种磨难仍然屹立不倒，从根本上讲，是中华儿女共同奋斗的结果。习近平总书记指出："波澜壮阔的中华民族发展史是中国人民书写的！博大精深的中华文明是中国人民创造的！"[①]毫无疑问，中国式现代化的成功开拓与持续推进也离不开广大人民奋斗的磅礴力量。在推进中国式现代化的伟大进程中，中国共产党始终坚持人民至上，站稳人民立场，集中人民智慧，凝聚建设中国式现代化的磅礴力量，取得了显著的成就。

（一）以党的群众路线凝聚强大的向心力量

群众路线是党的生命线和根本工作路线。习近平总书记指出："不论过去、现在和将来，我们都要坚持一切为了群众，一切依靠群众，从群众中来，到群众中去，把党的正确主张变为群众的自觉行动，把群众路线贯彻到治国理政全部活动之中。"[②]党的群众路线是马克思主义群众观与中国共产党领导的革命、建设、改革伟大实践相结合的产物。1945 年，刘少奇在党的七大上作的《关于修改党章的报告》中明确概括了党的群众路线的基本观点，即一切为了人民群众的观点，一切向人民群众负责的观点，相信群众自己解放自己的观点，向人民群众学习的观点。1956 年，党的八大第一次将"群众路线"写入了党章，要求"必须不断地发

① 习近平：《论坚持人民当家作主》，中央文献出版社 2021 年版，第 232—233 页。

② 习近平：《论坚持人民当家作主》，中央文献出版社 2021 年版，第 48 页。

扬党的工作中的群众路线的传统”。1981 年，党的十一届六中全会通过的《关于建国以来党的若干历史问题的决议》指出，“群众路线，就是一切为了群众，一切依靠群众，从群众中来，到群众中去”[①]。党的十二大通过的党章又提出“把党的正确主张变成群众的自觉行动”，形成了关于群众路线的完整表述。百余年来，我们党始终坚持运用群众路线这个传家宝，造就了中国共产党的“能”，成就了中国特色社会主义的“好”。

人心就是力量。以党的群众路线凝聚强大的向心力量，就是把“一切为了群众，一切依靠群众”作为党动员群众建设中国式现代化的根本立场。中国共产党是全心全意为人民服务的党，共产党执政就是要为老百姓办事，把老百姓的事情办好。“一切为了群众”是党领导全面建设社会主义现代化国家的出发点。中国共产党干革命、搞建设、谋发展，都是为了让人民过上幸福生活，想问题、作决策、办事情都是要回应人民关切、体现人民愿望、增进人民福祉。“一切依靠群众”是党全面建设社会主义现代化国家的落脚点。党的根基在人民、血脉在人民、力量在人民，人民群众永远是党执政兴国最坚实的依托、最强大的底气。中国式现代化是一项庞大且艰巨的伟大事业，要时刻保持与人民群众的血肉联系，相信和依靠人民群众，充分发挥人民群众的力量源泉作用。党的十八大以来，以习近平同志为核心的党中央高度重视现代化进程中的民生问题，将提高人民生活品质摆在重要位置，以中国梦凝聚力量，以抓改革激发活力，以改作

① 中共中央文献研究室编：《十三大以来重要文献选编》（中），人民出版社 1991 年版，第 1196 页。

风振奋人心，极大地提振了人民的精气神；带领中国人民建小康、战贫困、促改革、抗疫情、治污染、化风险，形成奋进新时代、建设中国式现代化的强大力量，创造了令世界刮目相看的奇迹，在全面建设社会主义现代化国家的新征程上昂首迈进、阔步向前。

以党的群众路线凝聚强大的向心力量，就是把“从群众中来，到群众中去”作为党动员群众建设中国式现代化的根本领导方法。从认识论来看，“从群众中来，到群众中去”指的是决策的制定要从群众中“来”，决策的执行和评估要到群众中“去”。也就是将群众的意见集中起来，形成集中系统的意见，又到群众中去实行，并在群众实践中检验这些意见是否正确。如此循环，一次比一次更正确、更生动、更丰富，以形成正确的领导意见。从实践论看，在集中和坚持的过程中，必须采取一般号召和个别指导相结合的方法。领导干部要依照每一具体地区的历史条件和环境条件，统筹全局，正确地决定每一时期的工作重心和工作秩序，并把这种决定贯彻下去，让群众检验，并不断发展完善，务必得到一定的结果。在中国式现代化建设过程中，习近平总书记多次强调，要鼓励广大人民群众和社会各界以各种方式建言献策，切实把社会期盼、群众智慧、专家意见、基层经验充分吸收到国家政策规划中。为贯彻落实习近平总书记重要指示精神，2020 年 8 月 16 日，“十四五”规划编制工作开始开展网上意见征求活动，短短两周时间里，累计收到超过 101.8 万条建言，为文件起草工作提供了有益参考。

以党的群众路线凝聚强大的向心力量，就是“把党的正确主张变为群众的自觉行动”，作为党动员群众建设中国式现代化的必然要求。列宁指出："一个国家的力量在于群众的觉悟。只有当群众知道一切，能判断一切，并自觉地从事一切的时候，国家才有力量。"[①]"把党的正确主张变为群众的自觉行动"是群众工作的最终指向，也是凝聚人民力量建设中国式现代化的必然要求。这不仅靠群众觉悟的提高，靠党的宣传思想工作，还得靠发展全过程人民民主。随着我国经济社会的快速发展，人民群众的物质生活水平提升的同时，思想道德素质、科学文化素质等明显提升，精神面貌也发生较大变化，这为汇聚民智民力提供了现实基础。近些年，党的宣传方式发生了较大变化，借助信息化的传播媒介和载体，利用群众听得懂、愿意看的形式和语言，党的理论、路线、方针、政策更加深入民心，这为党的声音传播提供了更为便利的条件。同时，党通过发展最广泛、最真实、最管用的全过程人民民主，人民群众更加充分参与到党和国家决策全过程，人民群众的利益、愿望得到充分尊重和表达，人民群众对党的理论、道路、政策的理解和认同进一步提升，人民当家作主的主人翁地位更加彰显，人民群众为中国式现代化贡献力量的行动更加自觉。

（二）坚持以人民为中心的发展思想凝聚强大的奋进力量

党的十八大以来，习近平总书记坚持和发展唯物史观，提出"以人民为中心的发展思想"。2015 年 11 月，习近平总书记在主持十八届中央政治局第二十八次集体学习时指出："要坚持以人民为中心的发展思想。发展为了人民，这是马克思主义政治经济

① 《列宁选集》第 3 卷，人民出版社 2012 年版，第 347 页。

学的根本立场。”[①]在党的十九大报告中更加明确地提出了要坚持以人民为中心的思想，强调“新时代我国社会主要矛盾是人民日益增长的美好生活需要和不平衡不充分的发展之间的矛盾，必须坚持以人民为中心的发展思想，不断促进人的全面发展、全体人民共同富裕”[②]。在党的二十大报告中进一步提出了坚持人民至上，并指明新征程上要“坚持以人民为中心的发展思想。维护人民根本利益，增进民生福祉，不断实现发展为了人民、发展依靠人民、发展成果由人民共享，让现代化建设成果更多更公平惠及全体人民”[③]。新时代，中国共产党积极践行以人民为中心的发展思想，坚持把人民对美好生活的向往作为现代化事业的奋斗目标，并让现代化建设成果更多更公平惠及全体人民，使人民群众的获得感、幸福感、安全感更加充实、更有保障、更可持续，凝聚起全体人民建设中国式现代化的奋进力量。

把人民对美好生活的向往作为现代化事业的奋斗目标，体现了以人民为中心的发展思想，是凝聚人民奋进力量的基本前提。党的二十大报告指出：“为民造福是立党为公、执政为民的本质要求。必须坚持在发展中保障和改善民生，鼓励共同奋斗创造美好

---

① 习近平：《不断开拓当代中国马克思主义政治经济学新境界》，《求是》2020 年第 16 期。

② 习近平：《决胜全面建成小康社会　夺取新时代中国特色社会主义伟大胜利——在中国共产党第十九次全国代表大会上的报告》，人民出版社 2017 年版，第 19 页。

③ 习近平：《高举中国特色社会主义伟大旗帜　为全面建设社会主义现代化国家而团结奋斗——在中国共产党第二十次全国代表大会上的报告》，人民出版社 2022 年版，第 27 页。

生活，不断实现人民对美好生活的向往。”[①]进一步地说，就是“我们坚持把人民对美好生活的向往作为奋斗目标，坚持以人民为中心的发展思想，着力保障和改善民生，着力解决人民急难愁盼问题，让中国式现代化建设成果更多更公平地惠及全体人民”[②]。中国式现代化是为中国人民谋幸福的现代化。把人民对美好生活的向往作为现代化事业的奋斗目标，不仅是对社会主义现代化建设本质和目标的深化认识，更是发动和凝聚全民奋进力量的前提条件。它以提升人民福祉和生活质量为宗旨，通过广泛动员和凝聚社会各界的力量，推动社会公平、公正、全面发展，最终实现现代化。这个过程本身就是为民利民的过程，就是增进民生福祉的过程。正因为以人民对美好生活的向往为目标，也必然得到广大人民群众的广泛参与和支持。

马克思、恩格斯指出，无产阶级的运动是绝大多数人的、为绝大多数人谋利益的独立的运动，在未来社会生产将以所有人的富裕为目的。社会主义现代化建设的过程，也是为广大人民群众谋利益的过程，人民群众在幼有所育、学有所教、劳有所得、病有所医、老有所养、住有所居、弱有所扶上不断得到更多实惠。数据显示，截至 2022 年，我国人均预期寿命已增长到 78.2 岁；居民人均可支配收入增加到 3.51 万元。同时，我国还建成了世界上规模最

---

① 习近平：《高举中国特色社会主义伟大旗帜　为全面建设社会主义现代化国家而团结奋斗——在中国共产党第二十次全国代表大会上的报告》，人民出版社 2022 年版，第 46 页。

② 习近平：《中国式现代化是中国共产党领导的社会主义现代化》，《求是》2023 年第 11 期。

大的教育体系、社会保障体系和医疗卫生体系，人民的教育、健康、收入和社会保障等方面的权益得到了前所未有的关注和保障。人民生活得到全方位改善后，更加拥护党的领导，参与现代化建设的积极性更高，为中国式现代化建设注入强大的奋进力量。

（三）以全过程人民民主凝聚强大的主体力量

中国式现代化包含经济、政治、文化、社会等多个领域的现代化，民主建设也属于中国式现代化建设的重要一环。在实践过程中，民主发展与现代化建设相互融合，互动共进。列宁指出："民主是国家形式，是国家形态的一种……民主意味着在形式上承认公民一律平等，承认大家都有决定国家制度和管理国家的平等权利。"[①]社会主义民主是一种新型民主，相较于资本主义民主，社会主义民主不是建立在生产资料私有制的经济基础之上的，而是建立在以生产资料公有制为主体的经济基础之上的。社会主义民主不仅要实现全体人民的政治民主，还要实现人民群众的经济权利和社会权利平等，实质是人民当家作主。习近平总书记明确指出："人民当家作主是社会主义民主政治的本质和核心，发展社会主义民主政治就是要体现人民意志、保障人民权益、激发人民创造活力，用制度体系保证人民当家作主。"[②]全过程人民民主是我国的民主，植根于我国具体国情和历史文化传统，并伴随现代化的进程不断扩展和深化，其本质是全链条、全方位、全覆盖的民主。在中国式现代化的历史进程中，中国共产党始终坚持人

① 《列宁选集》第 3 卷，人民出版社 2012 年版，第 201 页。

② 《习近平谈治国理政》第 4 卷，外文出版社 2022 年版，第 259 页。

民当家作主，发展人民民主，密切联系人民群众，紧紧依靠人民群众，全过程人民民主先进性和优越性的日益彰显为中国式现代化凝聚起磅礴伟力。

制度就是力量。马克思主义唯物史观认为，生产力与生产关系、经济基础与上层建筑的矛盾规律是人类社会发展的基本规律。遵循此规律，为克服资本主义对工人阶级的剥削和压迫，改变工人阶级被剥削的地位，社会主义社会必须建立生产资料公有制的基本经济制度。与此相应，上层建筑应建立起以人民当家作主的民主政治为核心的政治、法律制度体系。通过国家的政治、法律制度体系安排，使民主制度化、程序化、法治化，确保人民当家作主得到切实保障和具体实现。根据我国具体实际，就是要在发展社会主义市场经济体制的基础上，发展全过程人民民主，健全人民当家作主制度体系，构成坚定不移走中国特色社会主义政治发展道路的制度基础。习近平总书记指出："我们要健全民主制度、拓宽民主渠道、丰富民主形式、完善法治保障，确保人民依法享有广泛充分、真实具体、有效管用的民主权利。"[①]这是党在新征程上的一项重要政治任务。构建这样的政治制度框架有利于保持人民的主体地位，反映人民意志，保护人民权益，激发人民的创造活力，充分调动广大人民群众的首创精神，共同为实现中华民族伟大复兴而奋斗。

在世界上人口最多的东方大国实现全过程人民民主，没有中国共产党的坚强领导是绝无可能的。中国共产党自成立之日起

① 中共中央党史和文献研究院编：《十九大以来重要文献选编》（上），中央文献出版社2019年版，第731页。

就高举起“争民主、争人权”的旗帜，鲜明宣示了救国救民、争取人权的主张。百余年来，中国共产党牢牢把握为中国人民谋幸福、为中华民族谋复兴的初心使命，推动形成并完善保障人权发展的制度机制，让中国人民成为国家、社会和自己命运的主人。在革命、建设、改革的伟大实践中，党领导人民积极探索和发展中国特色社会主义政治发展道路。这是近代以来中国人民长期奋斗历史逻辑、理论逻辑、实践逻辑的必然结果，是坚持党的本质属性、践行党的根本宗旨的必然要求。坚持和加强党的全面领导是发展全过程人民民主的最大政治优势。发展全过程人民民主，只有进一步发挥党总揽全局、协调各方的领导核心作用，才能确保人民民主切实有效地落实到实现人民权益的各方面、全过程。

（四）以中国式现代化的美好愿景凝聚强大的团结奋斗力量

美好生活令人向往，美好愿景振奋人心。习近平总书记强调，要“以中国式现代化的美好愿景激励人、鼓舞人、感召人，有效促进政党关系、民族关系、宗教关系、阶层关系、海内外同胞关系和谐，促进海内外中华儿女团结奋斗，凝聚起全面建设社会主义现代化国家的磅礴伟力”[①]。中国式现代化的美好愿景不仅指向物质生活的丰裕和社会的繁荣，还包括了人的全面发展，包括精神、文化等多个维度的进步。通过描绘中国式现代化的美好愿景，全体人民对未来有了更明确、更具体的期待和目标，从而大大提

① 习近平：《中国式现代化是中国共产党领导的社会主义现代化》，《求是》2023 年第 11 期。

高了人民参与社会发展和现代化建设的积极性和主动性。从唯物辩证法的视角来看，一方面，美好的现代化愿景激发了广大人民的奋斗意愿，使每个人都能在追求和创造美好生活中找到自己的位置和价值，从而凝聚了强大的团结奋斗力量。另一方面，广大人民团结奋斗力量的集聚又进一步推动了现代化事业的发展，使美好愿景更加清晰、更加具体，二者形成了一种积极的循环。

在推动中国式现代化的道路上，我们党勇担重任，以高瞻远瞩的战略眼光勾画出清晰的发展目标与美好愿景。这些目标如同灯塔，指引着人民迈向光辉未来，共同书写中华民族伟大复兴的新篇章。党的二十大报告绘就了一幅壮丽的中国式现代化建设的宏伟蓝图，科学谋划了未来五年以及更长时期党和国家发展的目标任务和大政方针，指明了中国式现代化建设的方向，使人民心中有希望、奋斗有目标，极大地激发和凝聚了全民的力量。

不断递进的阶段性目标，让人民更有踏实奋进的动力和希望。全面建成社会主义现代化强国的两步走战略安排展现了中国式现代化的阶段愿景，有助于通过有具体目标的步骤去凝聚和激发全体人民的团结奋斗力量。两步走战略安排为：从 2020 年到 2035 年基本实现社会主义现代化；从 2035 年到本世纪中叶，把我国建成富强民主文明和谐美丽的社会主义现代化强国。到 2035 年，我国发展的总体目标是：经济实力、科技实力、综合国力大幅跃升，人均国内生产总值迈上新的大台阶，达到中等发达国家水平；实现高水平科技自立自强，进入创新型国家前列；建成现代化经济体系，形成新发展格局，基本实现新型工业化、信息化、城镇化、农业现代化；基本实现国家治理体系和治理能力现代化，全过程人民民主制度更加健全，基本建成法治国家、法治政府、法治社会……这样的战略安排，以具体的时间节点和阶段性目标，将现代化愿景转化为具体可行的步骤，使全体人民能够在每一个阶段中都看到自己的任务和使命。这种清晰的阶段性设定，有利于激发全体人民的积极性和主动性，以团结协作的姿态共同迈向设定的目标，有效地调动和凝聚起推进现代化建设的团结奋斗力量。

触手可及的可操作性目标，让人民更有团结奋进的激情和期盼。党的二十大提出的未来五年的战略规划，揭示了中国式现代化建设短期内可以实现的目标图景，这一准确而清晰的行动导向，为引导全体人民共同参与这项伟大事业提供了指引和动力。这五年是全面建设社会主义现代化国家开局起步的关键时期，主要目标任务是：经济高质量发展取得新突破，科技自立自强能力显著提升，构建新发展格局和建设现代化经济体系取得重大进展；改革开放迈出新步伐，国家治理体系和治理能力现代化深入推进，社会主义市场经济体制更加完善，更高水平开放型经济新体制基本形成；全过程人民民主制度化、规范化、程序化水平进一步提高，中国特色社会主义法治体系更加完善；人民精神文化生活更加丰富，中华民族凝聚力和中华文化影响力不断增强……这些规划，并非仅仅是一个宏观的战略设定，而是在两步走战略安排的基础上进一步细化的主要任务，以其可操作性强和目标明确的特点，将中国式现代化建设的路线图转化为一个个具体目标。这些具体目标让人民心中有盼、眼中有光，是凝聚全体人民团结奋斗力量的精神引擎和行动向导，能够极大激发全国人民建设中国式现代化的信心和热情，迸发出一股股前所未有的激情和力量，汇聚成推动中国式现代化建设的磅礴力量。

第四章 中国式现代化的中国特色

中国式现代化既有各国现代化的共同特征，更有基于自己国情的中国特色，体现为中国式现代化是人口规模巨大的现代化，是全体人民共同富裕的现代化，是物质文明和精神文明相协调的现代化，是人与自然和谐共生的现代化，是走和平发展道路的现代化。这些特征是对中国式现代化与西方现代化模式显著差别的深刻揭示，科学昭示了世界上既不存在定于一尊的现代化模式，也不存在放之四海而皆准的现代化标准，生动说明了中国式现代化为人类实现现代化提供了新选择，为人类社会进步发展贡献了新方案。

一、人口规模巨大的现代化

人口规模巨大是中国式现代化面临的基本国情和具有的首要特征。充分认识人口规模巨大的基本国情，对于以中国式现代化全面推进中华民族伟大复兴具有重要意义。

（一）中国式现代化是立足人口多基本国情的现代化

中国人口多、底子薄的基本国情是正确理解和大力推进中国式现代化的现实条件与基本起点。与迄今为止世界上实现现代化的国家和地区不超过 30 个、总人口不超过 10 亿人相比较，中国人口多、底子薄、耕地少，人均资源相对不足，经济社会发展不平衡等基本国情决定了中国实现现代化既是人类社会前无古人的崭新事业，也会面临更多的困难与挑战。

中国人口规模巨大的现代化事业影响必定广泛而深远。2020 年第七次全国人口普查数据显示，全国人口达到 14.1 亿人，约占全球总人口的 18%。其中，31 个省份中，人口超过 1 亿人的省份有 2 个，在 5000 万人至 1 亿人之间的省份有 9 个，在 1000 万人至 5000 万人之间的省份有 17 个，少于 1000 万人的省份有 3 个。约占世界 1/5 人口的中国，立足采取契合国情特征的制度条件并对社会成员进行充分动员，主动选择独立自主迈向现代化的道路并取得显著发展绩效，这在人类现代化发展史上是一件具有深远意义的大事。应当承认，在人类过去几百年的进程中，西方国家一直占据着发展优势地位，以致形成了“现代化＝西方化”的迷思。中国式现代化将使世界第一大人口规模的经济体，成功跨越“中等收入陷阱”，进入高收入经济体行列，进入现代化序列，让现代化国家人口规模实现翻番，必将彻底改写世界经济发展史，彻底改写现代化世界版图。中国式现代化基于人口数量众多、人口规模巨大的基本国情，采取具有自身特色的方式来推进现代化，必将打破“现代化＝西方化”的迷思，必将对其他发展中国家独立自主实现现代化产生巨大鼓舞。可以确定的是，在中国共产党的坚强领导下，在全体中华儿女奋力拼搏下，比现在所有发达国家和地区人口总和还要多的中国已经全面建成小康社会，顺利实现第一个百年奋斗目标，并迈上了全面建设社会主义现代化国家新征程。未来，中国式现代化因其巨大的人口规模必将彪炳史册，必将为人类现代化事业发展贡献力量。

当然，我们须正确认识全面推进中国式现代化的艰巨性和复杂性。党的二十大报告指出，我国 14 亿多人口整体迈进现代化社会，规模超过现有发达国家人口的总和，艰巨性和复杂性前所未有。对任何国家而言，现代化都是一个涉及经济社会形态转变的历史过程，都需要在一个时段内来完成。但不同国家实现现代化所需要付出的时间、经历的过程并不相同。对于中国这样人口规模巨大且现代化启动时生产力水平较低的国家来说，现代化过程必定要经历更长时间，必定要付出更大努力。

首先，人口对经济社会和资源环境造成的压力将长期存在。

习近平总书记指出，在未来相当长时期内，我国人口众多的基本国情不会根本改变，人口对经济社会发展的压力不会根本改变，人口与资源环境的紧张关系不会根本改变。人口规模巨大意味着人口的差异性、多样性和复杂性更强，人口和经济社会治理的难度更大。当前，我国就业、医疗、住房、社保等基本公共服务面临巨大的人口压力，尽管我国已经消除了绝对贫困，但相对贫困仍然存在。如何提高国家治理的现代化水平，如何缓解人口与资源环境的紧张关系，如何用一部分“先富”带动大规模的“后富”从而实现共同富裕，都是我国现代化建设必须解决的现实问题。低生育率和人口老龄化叠加而蓄积的人口负增长压力正与日俱增。生育率持续低迷，由低生育率造成的少子化将增加社会风险和负担。长期严格的“一孩”政策与社会经济发展共同作用形成了低生育文化，使我国育龄夫妇的生育意愿比多数极低生育率国家还要低，生育率较难回升。如果生育率得不到尽早回升，低生育率和超低生育率造成的人口规模减小过多过快，将会导致市场日益萎缩、产业链逐步断裂、一些中小城市不断衰败、现代化的城市资源被浪费等，对经济社会发展产生致命影响。而这就需要使生育率上升并保持适度生育水平，并使之与经济、资源、环境相匹配、相协调，有效促进人口长期均衡发展和经济社会可持续发展。

其次，与发达国家的老龄化通常发生在经济富裕之后或伴随经济富裕同时发生相比较，中国是在“未富先老”的情况下进入老龄社会的，老龄化规模大、程度深、速度快、高龄化趋势明显等特点无疑会给经济社会发展带来严峻考验。即使生育政策调整和人口迁移流动能够在短期内改变人口结构，缓解人口老龄化对经济带来的负面影响，但从长期来看，难以在根本上完全扭转由人口结构快速改变而带来的养老服务和健康需求增加、社会负担加重和劳动力短缺等发展困境。因此，在面临经济增长和养老负担加重的双重压力下，及早并积极应对人口老龄化带来的风险仍是亟待解决的重要议题。

最后，城镇化质量与城乡协调发展水平还有待提升。城镇化水平不断提升在解决旧问题的同时也带来了新问题。一是因为我国城镇化水平的提高大部分来源于农业人口转移到城镇非农领域，较高的房价、较高的生活成本以及城乡融合的制度性障碍，导致农业转移人口对于城市生活的归属感并不强，虽然长期居住在城市却无法在城市安居，最终不得不返乡。二是特大城市存在过度城市化的问题，医疗、教育资源紧张，"大城市病"显现。三是农村基础教育、医疗卫生资源以及社会保障水平还有待提升，青壮年涌入城市而老人留在农村，致使我国长期存在农村人口老龄化问题，农村发展动力不足对我国解决"三农"问题、实现乡村振兴提出了严峻挑战。

（二）中国式现代化是充分释放人口与人才红利的现代化

中国人口规模巨大的现代化既反映了中国式现代化的复杂和艰难程度，也体现了中国式现代化发展过程的强大动力。人口规模巨大为中国式现代化提供了充裕的劳动力资源，特别是随着人口受教育程度和健康水平的提高，人口红利和人才优势始终是中国式现代化发展的基础性、战略性支撑。

中国人口规模巨大，为中国式现代化提供充足人口红利。人口红利是我国取得历史性成就的基石之一，更是拓展延伸中国式现代化的基础性支撑。人既是生产者，也是消费者，具有创造财富、扩大需求和实现财富积累的能力。巨大的人口数量蕴藏着巨大的发展力量，我国人口规模巨大意味着我国拥有巨大的劳动力规模，也决定了我国可以形成超大规模市场和超大规模经济体。

一方面，规模巨大的有效劳动力供给为推动社会经济发展提供了关键支撑。我国的现代化发展实际表明，在合适的人口结构和经济体制等条件下，巨大的人口规模尤其是劳动年龄人口规模内含着巨大力量。特别是伴随现代化经济快速发展，多元化的产业结构需要同多元多样化的人力资源结构相匹配，才能达到资源配置效率最大化，从而为社会发展提供足够创新动力并创造更多社会财富。虽然从总体趋势看，我国总人口数量和劳动年龄人口比重将会持续下降，但我国的劳动力资源仍然相对丰富，劳动年龄人口数量和比重始终高于发达国家，仍然保持着人口数量的规模优势。从长远看，人口要素仍将持续为中国式现代化发展提供坚实基础和持久动力。另一方面，规模巨大的人口优势为经济社会发展创造了强大的供需空间和市场优势。14 亿多人的巨大人口规模客观上造就了巨大的供需关系体系，有利于更好地推动产业分工及其专业化成长，有利于维持超大规模市场和超大规模经济体，为加快构建以国内大循环为主体、国内国际双循环相互促进的新发展格局提供有力支撑，推动实现经济社会持续发展。深厚的人力资源基础和超大规模市场优势叠加，为中国式现代化提供了强大的动力引擎和不竭的动力源泉。

人口质量大幅提高，为中国式现代化提供充足人才红利。高质量发展需要的是高素质的劳动力。伴随教育水平提升带来更多科学技术进步与创新资源，健康状况改善带来有效劳动供给增加和劳动生产率提高，以及城镇化水平提升带来有效劳动力集中优势，中国人口质量显著提升、人力资源不断优化，人口发展整体趋势逐步从数量巨大与规模发展向较高质量和素质转换。

首先，人口受教育水平明显提升，以人均受教育水平提升为驱动力的人口素质水平得到极大提高。从教育结构来看，全国各类高等教育的总规模不断扩大，高学历人口规模逐步扩大，教育总体结构由低学历向高学历转变，教育普及水平实现历史性跨越，高等教育进入大众化阶段。从人口受教育水平来看，人口受教育水平从以初、高中文化程度为主跨越到以大学文化程度为主，低学历人口比例逐渐缩小，平均受教育年限不断增加，高等教育年龄人口比例持续、显著提高。并且在未来人口队列规模继替的推动下，中国人口教育素质仍会大幅提升。其次，国民健康水平不断提升，健康素质显著改善。从人口健康水平变化来看，中国人均预期寿命逐步延长，超过世界平均水平，妇幼人口健康水平显著提高。这些积极变化都从深层次推动了对人力资源的不断开发利用，从而为经济社会可持续发展提供了持续动力。最后，城镇化水平快速提高，人口和经济活动进一步聚集，规模经济仍有较大提升空间。城镇化水平稳定提升和流动人口规模不断扩大，使人口迁移、流动带来的集聚效应愈发明显，可以有效促使劳动力资源在市场经济条件下与区域、产业、岗位等实现多方面、多层次更好配置，进而充分激发经济社会发展活力，推动经济社会健康发展。改革开放以来，我国城乡人口转移成为经济增长的重要来源。未来，我国城镇化水平提升仍将有效加速劳动力集聚效应及生产力水平提高，有利于增强产业发展需求与劳动力匹配度，从而进一步提高劳动生产率、推动高质量发展，并进一步改善收入分配结构，缩小城乡收入差距，推进全方位的现代化建设。所以，受教育水平、健康水平与城镇化水平提升作为人口质量提升的核心要素，为我国实现高质量发展奠定了重要基础，正在推动中国从人口数量大国向人力资源强国迈进，使中国迎来了人才红利的重要发展时机。

人口规模巨大是我国基本国情，是推进中国式现代化必须考虑的首要问题。推进中国式现代化必须牢牢立足巨大的人口规模与庞大的社会体量，紧紧抓住人民日益增长的美好生活需要和不平衡不充分的发展之间的矛盾，凸显人民利益至上的价值思维和以人民为中心的发展思路，充分发挥人力资源优势和超大规模市场优势，以及集中力量办大事的社会主义制度优势，推动实现现代化发展成果由全体人民共享的最终目标。

二、全体人民共同富裕的现代化

全体人民共同富裕是中国共产党奋力实现中华民族伟大复兴中国梦的初心坚守和使命担当，是百年大党对亿万人民的庄严承诺。习近平总书记在党的二十大报告中指出：“中国式现代化是全体人民共同富裕的现代化。共同富裕是中国特色社会主义的本质要求，也是一个长期的历史过程。我们坚持把实现人民对美好生活的向往作为现代化建设的出发点和落脚点，着力维护和促进社会公平正义，着力促进全体人民共同富裕，坚决防止两极分化。”[①]这充分揭示了中国式现代化的重要特征，彰显了我国实现共同富裕的“全体性”和“人民性”要求。新征程上，只有不断满足最广大人民对美好生活的需要，坚决防止两极分化，才能引领和保障中国式现代化不仅走得通、走得对，而且走得稳、走得远。

（一）共同富裕是中国特色社会主义的本质要求

共同富裕是中国式现代化的重要特征，也是中国特色社会主义的本质要求。作为中国式现代化发展的既定目标，共同富裕是马克思主义的重要观点，彰显了中国共产党的初心使命。

共同富裕是社会主义的本质要求。马克思、恩格斯从历史唯物主义高度深刻揭露了资本主义社会基本矛盾和发展趋势，并指出，在未来社会，生产将以所有人的富裕为目的，生产资料的社会占有将能够保证一切社会成员有富足充裕的物质生活。马克思主义对未来社会实现共同富裕的强烈追求，决定了我们党以实现共同富裕作为发展社会主义的必然要求。邓小平在阐明“社会主义本质”的基础上，将走共同富裕之路作为坚持和发展中国特色社会主义的战略选择，他指出：“社会主义的本质，是解放生产力，发展生产力，消灭剥削，消除两极分化，最终达到共同富裕。”[②]进入新时代，习近平总书记指出：“消除贫困、改善民生、逐步实现

① 习近平：《高举中国特色社会主义伟大旗帜　为全面建设社会主义现代化国家而团结奋斗——在中国共产党第二十次全国代表大会上的报告》，人民出版社2022年版，第22页。

② 《邓小平文选》第3卷，人民出版社1993年版，第373页。

共同富裕，是社会主义的本质要求，是我们党的重要使命。”[①]这进一步揭示了共同富裕与社会主义本质的内在联系，即贫穷不是社会主义，社会主义在本质上从生产力、所有制、制度体系等方面为实现共同富裕提供基础和保障，离开了社会主义就不可能有共同富裕。

共同富裕是中国共产党的历史使命。实现共同富裕是一个长期的历史过程，需要一代又一代人的接续努力。百余年来，我们党为实现共同富裕进行了不懈的探索与实践，走出了一条薪火相传的“富裕路”。以毛泽东同志为主要代表的中国共产党人为改变国家积贫积弱的面貌，带领中国人民推翻了三座大山，通过土地革命开启了推动共同富裕的新篇章。新中国成立后，我们党实施过渡时期总路线，逐步确立了社会主义制度，并在此基础上进行大规模经济建设，初步建立起独立的比较完整的工业体系和国民经济体系，不仅促进了人民物质财富的增加，更为实现共同富裕奠定了物质基础和制度保障。改革开放以来，我们坚持以经济建设为中心，坚持发展是第一要务。经过40余年的努力，我国工业化、城镇化、信息化向着现代化发展的方向逐步推进，经济实现了前所未有的增长，国力极大增强，人民生活水平不断提高。尤其是党的十八大以来，以习近平同志为核心的党中央团结带领全国人民打赢脱贫攻坚战，全面建成小康社会，正式进入扎实推动共同富裕的历史新阶段。历史在前进，人民在期待，在向第二个百年奋斗目标迈进的新发展阶段，我们党既抓住实现共同富裕的有利条件，也深刻洞悉面临的现实挑战，以钉钉子精神在

① 《习近平扶贫论述摘编》，中央文献出版社2018年版，第13页。

接续推进共同富裕方面取得了更多新的实效。

共同富裕是中国特色社会主义的发展目标。在“富起来”的同时推进“共同富裕”，是中国特色社会主义发展的重要目标，昭示了中国建成社会主义现代化强国和实现共同富裕历史进程的一致性。改革开放以来，我们坚持把促进共同富裕摆在重要位置上，作为改革开放的出发点和落脚点，通过设立经济特区、开放沿海城市，实施西部大开发战略、中部崛起战略、振兴东北老工业基地战略、鼓励东部率先发展等一系列改革措施，让一部分人先富起来，充分调动了人民群众参与建设社会主义的积极性，为实现共同富裕奠定了深厚的物质基础。党的十八大以来，以习近平同志为核心的党中央把逐步实现全体人民共同富裕摆在更加重要的位置上，从“部分富裕”到“普遍富裕”，从物质富裕到精神富裕，从低层次富裕到高层次富裕，不断扩充共同富裕的内容。历史地看，坚持和发展中国特色社会主义构成了我们实现共同富裕的强大社会制度基础，这不仅是我们有效推进共同富裕的制度性保障，也是中国式现代化与西方式现代化的本质区别。

（二）实现人民对美好生活的向往是中国式现代化的出发点和落脚点

百余年来，中国共产党坚持将增进民生福祉、提高人民生活水平作为衡量现代化建设成效的重要标杆，从“解决温饱”到“小康生活”再到“共同富裕”，从告别贫困到走向繁荣富强，人民群众对美好生活的向往总体上已经从“有没有”转变为“好不好”，并且呈现出多样化、多层次、个性化的特点。

以满足人民日益增长的美好生活需要为方向引领。民之所需党必行之，民之所盼党必念之。百余年来，我们党始终代表最广大人民的根本利益，坚守人民立场、维护人民利益，对人民之问作出科学回答，彰显了中国现代化鲜明的人民性特征。尤其在经过40多年的改革开放后，人民生活水平越来越高，人民群众对美好生活的向往也变得愈加强烈。比如，期盼拥有更稳定的工作、获得更丰厚的收入，期盼得到更加公平的受教育机会、享有更加优质的教育资源，期盼有更高标准、更可持续的社会保障，期盼在城市里的居住条件更加舒适、生活环境更加优美、空气质量更加优良等。这既是我国社会生产力水平显著提高的必然结果，也对实现全体人民共同富裕提出了新要求。为此，以习近平同志为核心的党中央坚持以人民为中心的发展思想建设社会主义现代化国家，朝着解决人民群众所需所盼的重点问题聚焦发力，用心用情用力地满足人民期待，在真抓实干、务求实效中一件一件抓落实、一年一年接着干，以实实在在的发展成效带领全体人民走向共同富裕。

以解决发展不平衡不充分的问题为动力支撑。解决发展不平衡不充分的问题始终贯穿建成社会主义现代化强国的奋斗目标和实现中华民族伟大复兴的中国梦之中。从顶层设计来看，中国特色社会主义进入新时代，我国社会主要矛盾已经转化为人民日益增长的美好生活需要和不平衡不充分的发展之间的矛盾。面对人民共享发展成果的愿望更加强烈，以习近平同志为核心的党中央，通过统筹推进“五位一体”总体布局和协调推进“四个全面”战略布局，通过创新发展、协调发展、绿色发展、开放发展和共享发展，大力提升发展质量，不断缩小地区差距、收入差距、城乡差距，使现代化建设成果更多、更公平地惠及全体人民。从宏观布局来看，我们党在现代化建设的过程中，始终考虑全体人民的共同利益。从脱贫攻坚战中“决不能落下一个贫困地区、一个贫困群众”的誓言，到全面建成小康社会进程中“一个民族都不能少”的承诺；从“努力让每个人都有人生出彩的机会”，到不断缩小地区差距、城乡差距、收入差距，让区域、行业发展更协调、平衡和包容；从“人民有所呼、民主有所应”的全过程人民民主，到推进人权法治保障；从“功在当代、利在千秋”的生态文明建设，到“刮骨疗毒、壮士断腕”的党风廉政建设和反腐败斗争，都是我们党心系全体人民切身利益、依靠人民共同努力，激发人民追求公平发展、共同发展的主体自觉，在真正为民造福中推进和拓展了中国式现代化，增强了全体人民的获得感、幸福感、安全感。

以保障和改善民生为重点环节。现代化之道，民生为最实。保障和改善民生是中国式现代化的根本目的，不仅关乎着每个人最直接、最现实的利益，更关乎着中华民族的永续发展。百余年来，我们党带领全体人民建设社会主义的光荣任务就是强国富民，保障和改善民生，让人民群众过上安稳富裕的生活。习近平总书记指出，“保障和改善民生没有终点，只有连续不断的新起点”[①]。增进民生福祉、提高人民生活品质是实现共同富裕和体现中国式现代化的本质要求，也是一代又一代中国共产党人立党为公、执政为民的使命担当。党的十八大以来，我们党始终强调把改善民生放在更加突出的位置，为建设中国式现代化、做好民生

① 《习近平谈治国理政》第2卷，外文出版社2017年版，第362页。

工作指明了方向，提供了基本遵循。面对突如其来的新冠疫情，以习近平同志为核心的党中央坚持人民至上、生命至上，开展抗击疫情人民战争、总体战、阻击战，最大限度保护了人民生命安全和身体健康，统筹经济发展和疫情防控，为恢复人民生产生活秩序创造必要条件。10余年奋斗光阴，我们党始终以人民之问为导向，书写了让人民群众的获得感成色更足、幸福感更可持续、安全感更有保障的优秀答卷，创造了以民生之本推进共同富裕的现实途径。

（三）着力维护和促进社会公平正义，坚决防止两极分化

社会公平正义是实现共同富裕应有的价值主线，是彰显社会主义制度优越性的内在要求。与西方以资本为中心、缺少公平正义的现代化模式截然不同，中国式现代化着力维护和促进社会公平正义，始终坚持以维护绝大多数人的根本利益为目的，坚决防止两极分化，走出了一条全体人民共建共享共同富裕的现代化之路。

在全面发展中实现公平正义。促进全面、协调、开放发展，是建设社会主义现代化国家的内在要求，更是实现共同富裕的必然选择。从国内自身发展特点来看，中国式现代化是带有中国自身特色、自身国情的现代化。在发展过程中，我们坚持从人民生活的实际出发制定现代化的战略规划和目标任务，既不好高骛远，也不裹足不前，而是自始至终追求平衡、协调、可持续的发展，讲究人与自然和谐共生，注重发展的充分性、永续性，展现了中国式现代化的整体性、系统性、协同性特征。从国际发展大局来看，中国式现代化是世界现代化大潮流的重要组成部分，中

国在现代化发展的过程中有效带动其他国家现代化发展，展现出鲜明的开放性。我国在现代化建设过程中主动肩负起大国应有的责任和担当，主张通过对话协商、合作共赢与其他国家实现共同发展，充分体现了中国式现代化不仅追求中国人民的共同富裕，更追求与世界共同繁荣的恢宏气度。正是我们党在统筹国际国内两个大局的基础上作出具有前瞻性的战略判断，谋划推进改革发展稳定的各项任务，为坚决防止两极分化提供了保障。

在着力扩大中等收入群体规模中实现公平正义。社会公平正义作为实现共同富裕应有的价值主线，是引领现代化趋向实现人的自由全面发展的精神力量。贫富差距过大是当前西方国家的现实难题，更是阻碍西方现代化发展的重要因素。所以必须时刻警惕，防止贫富分化成为影响社会公平正义的突出问题。解决贫富差距大的核心和关键是着力扩大中等收入群体规模。中国式现代化区别于西方式现代化的一大关键在于，中国式现代化在推进过程中始终注意防止贫富两极分化。尤其在向着第二个百年奋斗目标迈进的新征程上，我国更加注重以扩大中等收入群体规模为抓手，推动全体人民共同富裕取得了更为明显的实质性进展。一方面，为确保社会生产力继续发展，解决“发展不充分”的问题，把“蛋糕”做大，为实现更高标准的社会公平正义“奠定更加坚实物质基础”。党的十八大以来，我们强化了各类社会保障和救助制度之间的互补和协调，有效巩固了中等收入群体规模，建成了覆盖全民、城乡统筹、权责清晰、保障适度、可持续的现代化社会保障体系。另一方面，只有在公平公正原则的指导下制定出完备的分配方案，成功地实现人们在收入分配上的平等，这个社会的分配才是正义的。党的二十大报告明确提出，促进机会公平，增加低收入者收入，扩大中等收入群体。中国式现代化的过程注重正确处理增长和分配的关系，对形成现代化发展的持久动力具有重要意义。我们坚持优化收入分配结构，以严格收入分配秩序、规范财富积累机制作为实现收入公平的重要前提，健全知识、技术、管理、数据等生产要素由市场评价贡献、按贡献决定报酬的机制，加大政府对税收、社保、转移支付等调节力度并提高精准性，有效防止了居民收入差距过大而衍生出的贫富两极分化问题。

在促进基本公共服务均等化中实现公平正义。共同富裕体现的是一个整体的指标，而不是一个部分的指标，是指全体人民在总体水平上逐渐摆脱贫困，从而逐步地去提高个人的生活水平与质量，实现改革发展成果的共享。这是实现社会公平正义的客观要求，也是实现共同富裕的有效途径。其中，促进基本公共服务均等化是实现共同富裕的重要手段。如果不能通过基本公共服务均等化缩小差距，保障全体人民公平享有基本生存权与发展权，实现共同富裕就会缺乏坚实基础。因此，在中国式现代化推进过程中，针对城乡差距、地区差距等导致的资源配置问题，我国加大对农村、中西部、边远地区公共服务的资金、资源投入，不断提升弱势地区公共服务水平，最大程度地满足了全体人民多样化、多层次、多方面公共服务需求，更加展现出以公共服务推进共同富裕的精准性。

共同富裕是中国式现代化的重要特征，也是中国式现代化建设和发展的根本目标。站在全面建设社会主义现代化国家的新征程上，我们必须坚持和加强党的全面领导，发挥中国特色社会主义对共同富裕的政治保障和制度保障作用，不断满足人民群众日益增长的美好生活需要，坚决防止两极分化，接续推进中国式现代化实现可持续、更高水平的发展，为人类文明进步提供全新选择。

三、物质文明和精神文明相协调的现代化

习近平总书记指出："实现中国梦，是物质文明和精神文明比翼双飞的发展过程。"[①]社会发展是以物质文明和精神文明共同进步为前提的，在现代化进程中，二者犹如车之两轮、鸟之两翼，只有二者相辅相成、协同发力，才能推动社会整体跃升、行稳致远。

（一）物质富足、精神富有是社会主义现代化的根本要求

习近平总书记在党的二十大报告中指出："物质富足、精神富有是社会主义现代化的根本要求。"[②]中国式现代化是物质文明和精神文明相协调的现代化，推动物质文明和精神文明协调发展，才能不断彰显中国精神、中国智慧、中国价值、中国力量，使中国式现代化具有更加强大的说服力和感召力，使中国式现代化道路越走越宽广。

物质文明和精神文明协调发展是马克思主义的基本观点。

---

① 习近平：《论党的宣传思想工作》，中央文献出版社 2020 年版，第 68 页。

② 习近平：《高举中国特色社会主义伟大旗帜　为全面建设社会主义现代化国家而团结奋斗——在中国共产党第二十次全国代表大会上的报告》，人民出版社 2022 年版，第 22 页。

马克思主义哲学认为，物质与精神是辩证统一的关系。物质文明与精神文明是人类认识世界和改造世界过程中所形成的一切物质的和非物质成果的总和，两者共同构成了人类文明的基本内容。一方面，物质文明具有基础性。物质生产活动及生产方式是人类社会赖以存在和发展的基础，也是其他一切人类活动的首要前提。在社会生产和交往过程中发展起来的物质生产活动及其所创造出的物质文明，在一切时代都构成人们精神生产和生活的基础，也为精神文明的发展提供物质条件和现实基础。另一方面，精神文明发展也具有相对独立性。人们精神世界的变化往往与物质世界的变化具有不同步性、与社会经济发展之间存在不平衡性，精神世界自身的发展规律使精神文明具有历史传承性，精神世界中诸多因素、诸多表现相互影响、相互作用使其体现为作用机理和呈现方式的复杂性和多变性。精神世界的相对独立性表明，在实现现代化过程中如果忽视以精神文明建设筑牢精神支柱，就会导致人们精神世界无从归依，也会影响物质文明的建设。因此，只有推动物质文明与精神文明相互促进、文化自信与开放包容相互协调、科技创新创造与弘扬优秀传统文化相互融合，才能不断顺利推进中国式现代化行稳致远。

物质文明与精神文明协调发展是科学社会主义理论的核心要义。在科学社会主义理论中，马克思、恩格斯不仅论证了社会主义代替资本主义的历史必然性，而且阐明了科学社会主义的主要特征，即社会主义意味着物质文明与精神文明都高度发展。由于社会主义社会“是以生产力的巨大增长和高度发展为前提的”[①]，

① 《马克思恩格斯文集》第 1 卷，人民出版社 2009 年版，第 538 页。

所以，社会主义社会的物质财富应该是充盈的，不仅要消灭普遍贫困和消除两极分化，而且要为人们更好地享受精神生活创造坚实的物质条件。恩格斯在《社会主义从空想到科学的发展》中指出："通过社会化生产，不仅可能保证一切社会成员有富足的和一天比一天充裕的物质生活，而且还可能保证他们的体力和智力获得充分的自由的发展和运用"[①]。社会为人们提供了丰富充足的物质财富后，人们就有"充分的闲暇时间去获得历史上遗留下来的文化——科学、艺术、社交方式等等——中一切真正有价值的东西"[②]。显然，在马克思、恩格斯看来，超越资本主义的社会主义社会不仅比以往社会能够创造更加丰厚的物质财富，为社会成员的自由全面发展创造物质条件，而且也创造更多有价值的精神财富，尤其是伴随私有制和私有观念的消灭，人类道德将实现从"阶级道德"到"真正人的道德"的转化，人的精神境界极大地提高，社会具有良好的道德风尚。有鉴于此，马克思在《1844 年经济学哲学手稿》中认为，人的本质力量的对象化以及社会的演进是物质与精神的双重变化。"通过私有财产及其富有和贫困——或物质的和精神的富有和贫困——的运动，正在生成的社会发现这种形成所需的全部材料"[③]。概而言之，马克思、恩格斯对科学社会主义的预想中不仅包含了高度发达的物质文明，还包含了高度发达的精神文明，而且始终将人的全面发展作为社会发展的终

① 《马克思恩格斯文集》第 3 卷，人民出版社 2009 年版，第 563—564 页。

② 《马克思恩格斯文集》第 3 卷，人民出版社 2009 年版，第 258 页。

③ 《马克思恩格斯文集》第 1 卷，人民出版社 2009 年版，第 192 页。

极目标，这超越了以资本为中心的西方式现代化。

当前，中国式现代化以物质文明和精神文明相协调的方式走出了一条不同于西方单方面强调物质而忽视精神的现代化道路，以推动物质富足与精神富有相统一为更高要求，以实现生产力发展与人民生活水平提高为根本目标，充分展现了中国式现代化的道路优势、理论优势、制度优势和文化优势。

（二）不断夯实现代化的物质基础

发展是党执政兴国的第一要务，是解决一切问题的“总钥匙”。没有发达的物质文明，一个国家和民族就会缺乏自立于世界的物质基础。中国式现代化不断促进物质文明发展进步，是一个物质积累的过程。

不断推动生产力发展。当今世界，科学技术是第一生产力、第一竞争力。要把科学技术由潜在的生产力变为现实的生产力，就要把先进的科学技术运用到工业和国民经济当中，带动和引领工业和国民经济的发展，推动社会生产力的发展。科学技术推动先进生产力的发展，主要体现在产业结构的升级换代，不仅要运用现代科学技术改造传统产业，升级现有产业，还要大力发展以高新技术为龙头的新兴产业，实现产业布局的整体优化和核心竞争力的整体提升，推动社会生产力由小生产向大生产、由工业化向信息化、由人工化向智能化的发展，不断提高生产的社会化水平和科学技术含量，使先进生产力得到充分发展。科学技术是现代化的关键，只有科学技术发展了，才能引导、带领和推动社会的生产力发展水平达到现代科学技术所应达到的高度，实现国家由农业文明向工业文明、由落后产业向先进产业、由落后生产力向先进生产力的转变，提高生产力的发展水平和国家的现代化程度。科学技术能够为国家的现代化进程提供战略性、基础性、根本性支撑。现代化是由蒸汽、电力、信息、数字技术等现代科学技术所引发的大变革。可以说，世界现代化发展的历史，就是一部科学技术带动和推动生产力发展的历史，特别是促进落后生产力向先进生产力转变和发展的历史。科学技术现代化在不同历史时期有不同的含义，当今世界的科学技术现代化日益表现为工业化、信息化、数字化和智能化，科学技术在现代化进程中的关键作用已被并将继续被现代化发展的实践所证实。

不断推动经济高质量发展。党的十九大报告指出，我国经济已由高速增长阶段转向高质量发展阶段。2018 年中央经济工作会议强调，中国特色社会主义进入了新时代，我国经济发展也进入了新时代，基本特征就是我国经济已由高速增长阶段转向高质量发展阶段。党的二十大报告再次强调，到 2035 年，建成现代化经济体系，形成新发展格局。经济发展从数量的扩张到质量的提升，传统动能的支撑力量正在衰减，需要深化供给侧结构性改革培育壮大新动能。在推动供给侧结构性改革的过程中，既需要深化改革开放以释放市场活力、优化资源配置，更要坚持创新驱动、转变动力机制和提高全要素生产率。这也将助力经济结构与形态的升级，催生新经济的发展。当前，在世界科技发展欲待突破的背景下，世界经济发展进入转型期，由新一轮科技革命和产业革命所引致的新经济，与中国建设现代化经济体系的高质量发展阶段高度契合。因此，大力发展新经济既是积极应对新一轮科技革命和产业变革的战略选择，更体现了通过供给侧结构性改革来提高经济发展质量和效益的本质要求。面对世界经济增长乏力、国际市场需求低迷、贸易保护主义抬头的外部环境，在我国社会发展进入新时代、社会主要矛盾业已转化、增长动力亟待转变的背景下，新经济是推动我国经济高质量发展的重要力量。深化对新经济的理解和认识，有助于我们在经济发展中更好地遵循经济规律，为建设社会主义现代化强国贡献智慧。

（三）大力发展社会主义精神文明

中国式现代化是物质文明和精神文明相协调的现代化。我们要在不断厚植现代化物质基础、不断改善人民幸福生活物质条件的同时，大力发展社会主义先进文化，加强理想信念教育，传承中华文明。在全面建设社会主义现代化国家开局起步的关键时期，要坚持把文化建设放在全局工作的突出位置，大力发展社会主义精神文明，为中国式现代化提供更为牢固的思想引领、精神支撑、价值认同。

高举马克思主义旗帜，大力发展社会主义先进文化。没有先进文化的积极引领，没有人民精神世界的极大丰富，没有民族精神力量的不断增强，一个国家、一个民族不可能屹立于世界民族之林。中国共产党百余年来始终高举马克思主义、中国特色社会主义伟大旗帜，坚持社会主义文化前进方向，把握正确舆论导向，巩固壮大主流思想舆论，有力引领人民群众。进入新时代以来，我们党始终从为国家立心、为民族立魂的战略高度来把握文化强国建设的重要性和必要性，不断增强社会主义意识形态的凝聚力和引领力。在锚定社会主义文化强国建设目标并开展相关实践时，始终坚持唱响主旋律，壮大正能量，更好强信心、聚民心、暖人心、筑同心，积极推动社会主义先进文化建设，凸显以文“化人”的本质属性，着力于构筑中国精神、中国价值、中国力量，取得了历史性成就，发生了历史性变革，使社会主义先进文化成为人民精神成长的“推进器”、思想共识的“黏合剂”、道德养成的“风向标”，不断满足人民美好精神生活需要；始终坚定中国特色社会主义文化发展道路，坚持马克思主义在意识形态领域的指导地位，坚守中华文化立场，把马克思主义基本原理同中国具体实际相结合、同中华优秀传统文化相结合，构建了当代中国文化理念，谱写了马克思主义与中华优秀传统文化相结合的新篇章，推动了中华优秀传统文化的创造性转化和创新性发展，赓续了中华文化。全党全国各族人民文化自信明显增强、精神面貌更加昂扬。

加强理想信念教育，筑牢共同思想基础。文化是民族生存和发展的重要力量。中华文化既坚守本根又不断与时俱进，使中华民族保持坚定的民族自信和强大的修复能力，形成了共同的理想和价值、共同的信念和精神。在漫长的历史长河中，中华民族从来不是一帆风顺的，遇到了无数艰难困苦，但我们都挺过来、走过来了，其中一个很重要的原因就是世世代代的中华儿女发展了博大精深的中华文化，培育了独具特色的理想信念，为中华民族克服困难、生生不息提供了强大的精神支撑。特别在马克思主义传入中国后，在马克思主义中国化时代化的进程中，在中国共产党团结带领全国各族人民为实现人民幸福、国家富强、民族复兴而奋斗的伟大历程中，党和人民对马克思主义的信仰、对中国特色社会主义和共产主义的信念更加坚定。新时代新征程，我们党始终坚持以社会主义核心价值观为引领，注重用社会主义先进文化、革命文化、中华优秀传统文化培根铸魂、启智润心，用共同理想信念凝聚民族意志，不断丰富人民精神世界、增强人民精神力量，巩固全党全国各族人民团结奋斗的共同思想基础，广泛凝聚起中华儿女团结奋斗推进中国式现代化的磅礴伟力。

传承发展中华优秀传统文化，建设中华民族现代文明。习近平总书记在出席文化传承发展座谈会时发表重要讲话强调，中国式现代化赋予中华文明以现代力量，中华文明赋予中国式现代化以深厚底蕴。在现代化的过程中，始终存在着“传统”与“现代”之争。对于中国式现代化而言，文化传统与现代文明是互相依存、互利共存的。中华优秀传统文化不是中国式现代化的累赘，而是中国式现代化的深厚文化底蕴，为中国式现代化构筑了坚实的思想文化基础。众所周知，中华文明源远流长、博大精深，是中华民族独特的精神标识，是当代中国文化的根基，是维系全世界华人的精神纽带，也是中国文化创新的宝藏。中国人民的理想和奋斗，中国人民的价值观和精神世界，始终深深植根于中华优秀传统文化沃土之中，同时又是随着历史和时代前进而不断与日俱新、与时俱进的。作为中华优秀传统文化传承者和弘扬者的中国共产党，不仅用马克思主义真理的力量激活了中华文明，使其迸发出强大的精神力量，而且把马克思主义思想精髓和中华优秀传统文化精华融会贯通，团结带领中国人民在伟大斗争中孕育创造了激昂向上的革命文化。中华优秀传统文化和革命文化是建设社会主义文化强国的资源宝库，是丰富人民精神世界的精神财富。新时代新征程，推进中国式现代化、丰富人民精神世界，我们党始终坚持推动中华优秀传统文化创造性转化、创新性发展，不断继承优秀文化基因、抛弃过时文化要素、增加现代文化内容，建设中华民族现代文明，使人民在厚重的中华传统文化中涵养丰沛的精神源泉，在先进的现代文化中构筑丰盈的精神家园。

中国式现代化的发展是物质文明和精神文明的协调发展，中国式现代化要避免只重视物质文明轻视精神文明、只注重物质富足忽视精神富足的片面发展、畸形发展的倾向。因为，只有物质文明与精神文明协调发展、物质需要和精神需要都得到满足、物质生活与精神生活都更加富足的现代化，才是符合中国特色社会主义本质、道路和要求的现代化，才是人民群众真正需要的现代化。

四、人与自然和谐共生的现代化

我们党历来高度重视生态环境保护和生态文明建设。党的百余年奋斗史，也是认识和处理人与自然关系、探索和开展环境保护、进行生态文明建设的历史。党的十八大以来，以习近平同志为核心的党中央把生态文明建设作为关系中华民族永续发展的根本大计，开展了一系列根本性、开创性、长远性的工作。党的十八大把生态文明建设纳入中国特色社会主义事业“五位一体”总体布局，使生态文明建设的战略地位更加明确。党的二十大进一步要求，到 2035 年，广泛形成绿色生产生活方式，碳排放达峰后稳中有降，生态环境根本好转，美丽中国目标基本实现；到本世纪中叶，把我国建成富强民主文明和谐美丽的社会主义现代化强国。这为在中国特色社会主义现代化建设新征程中正确处理人与自然的关系提供了根本遵循和行动指南。

（一）人与自然是生命共同体

人与自然的关系是人类社会最基本的关系。人与自然和谐共生是指人与自然之间存在共生、共存、共育、共荣的有机关系，构成不可分割的生命共同体。自然是生命之母，自然孕育了人类，人类的生存发展离不开自然。同时，人类的实践活动给自然打上深深的烙印，人类在同自然的互动中形成一种共生共存关系，体现为人类发展和自然发展二者相互影响、相互制约，一荣俱荣、一损俱损，人类对大自然的伤害最终会伤及人类自身。人类必须尊重自然、顺应自然、保护自然，在尊重自然规律的前提下利用自然、改造自然。

从世界发展历史来看，人类进入工业文明之后，在创造巨大物质财富的同时也加速对自然资源的攫取。地球生态系统原有的循环和平衡被破坏，造成人与自然关系紧张，引发气候变化、生物多样性丧失等全球性生态危机、环境危机和资源危机。人类生存和发展面临严峻挑战，必须重新审视人与自然的关系，克服工业文明的弊病。显然，建设现代化国家，走西方发达国家先污染后治理的老路是行不通的。构建人与自然和谐发展的生态文明新形态，体现了人与自然和谐发展的新要求，是人类社会发展进步的必然趋势。

生态兴则文明兴，生态衰则文明衰。生态文明作为人类文明的一种新形态，反映了人与自然、人与人、人与社会和谐共生、良性循环、全面发展、持续繁荣的社会形态。社会主义生态文明建设，不仅是经济发展问题，更是关乎民生福祉的社会问题和关乎中华民族永续发展的政治问题。我国作为世界上最大的发展中国家，通过生态文明建设，有效破解困扰人类自进入工业文明时代以来数百年间发展和保护的“二元悖论”，以社会主义“五个文明”一体发展模式推进中国式现代化，具有鲜明的中国特色。

（二）坚持可持续发展战略

持续发展指发展的状态是稳定的、健康的发展，而可持续发展则更强调发展的后劲和能力。可持续发展不同于过去的封闭式发展，是推动经济、环境和社会的全面发展，是既满足当代人需要，又不危及后代人需要的发展。自1992年联合国环境与发展大会以来，可持续发展逐渐成为国际共识。中国一直是可持续发展理念的坚定支持者和积极实践者，20世纪90年代将可持续发展确立为国家战略并持续深入实施。党的十八大以来，我国在可持续发展领域取得了举世瞩目的成绩。2015年9月，习近平主席出席联合国发展峰会，同各国领导人一道通过了《2030年可持续发展议程》，推动世界走上可持续发展之路。该议程包括17项可持续发展目标。习近平主席强调，落实可持续发展议程是当前国际发展合作的共同任务，也是国际社会的共同责任。中国不断创新和丰富可持续发展内涵，在可持续发展领域取得举世瞩目的成绩，极大地增进了14亿多中国人民的福祉，也为全球可持续发展和人类共同的未来作出了巨大贡献。然而，中国仍是发展中国家，仍在工业化、城镇化进程中，以重化工为主的产业结构、以煤为主的能源结构和以公路运输为主的交通运输结构没有根本改变，生态环境保护结构性、根源性、趋势性压力总体上尚未根本缓解，生态环境质量同人民群众对美好生活的期盼相比还有较大差距，中国实现可持续发展目标任重道远。

建设生态文明实现中华民族永续发展。生态环境是人类生存最为基础的条件，是可持续发展最为重要的基础。生态文明建设是关系中华民族永续发展的根本大计。习近平总书记指出，生态环境保护和经济发展是辩证统一、相辅相成的。发展经济不能对资源和生态环境竭泽而渔，生态环境保护也不是舍弃经济发展而缘木求鱼，要坚持在发展中保护、在保护中发展，实现经济社会发展与人口、资源、环境相协调。我们建设现代化国家，实现中华民族永续发展，必须坚决摒弃西方发达国家大量消耗资源能源、严重污染环境、先污染后治理的现代化老路。党的十八大以来，以习近平同志为核心的党中央高度重视生态文明建设，把生态文明建设摆在党和国家事业发展全局中的重要位置，作出一系列重大战略部署，把生态文明建设纳入“五位一体”总体布局，把坚持人与自然和谐共生纳入新时代坚持和发展中国特色社会主义的基本方略，把绿色发展纳入新发展理念，把“美丽”写入社会主义现代化强国目标，推动我国生态环境保护从认识到实践发生了历史性、转折性和全局性变化。环境保护是功在当代、利在千秋的事业，必须以对人民群众、对子孙后代高度负责的态度和责任，坚持可持续发展，坚定不移走人与自然和谐共生的现代化新路。

坚持节约资源和保护环境的基本国策。改革开放以来，我国经济发展取得历史性成就，同时也积累了大量生态环境问题，如大气、水、土壤污染严重，生态环境亟须修复治理。从资源环境约束来看，环境承载能力已经达到或接近上限，难以承载高消耗、粗放型的发展。这些都使我们清醒认识到节约资源和保护环境的紧迫性和艰巨性。因此，1983 年第二次全国环境保护会议把保护环境确立为我国基本国策。1997 年全国人大通过、2007 年修订的《中华人民共和国节约能源法》把节约资源确立为我国基本国策。我们还确立了坚持节约优先、保护优先、自然恢复为主的方针。在资源开发与节约中，把节约放在优先位置，以最少的资源消耗支撑经济社会持续发展；在环境保护与发展中，把保护放在优先位置，在发展中保护、在保护中发展；在生态建设与修复中，以自然恢复为主，与人工修复相结合。将经济社会发展建立在资源得到高效循环利用、生态环境受到严格保护的基础上，形成节约资源和保护环境的空间格局、产业结构、生产方式，推进我国经济社会可持续发展。

坚持绿色低碳循环发展。2015 年 4 月，中共中央、国务院印发的《关于加快推进生态文明建设的意见》提出，绿色发展、循环发展、低碳发展是生态文明建设的三个基本途径。绿色发展是创新、协调、绿色、开放、共享五大新发展理念之一。新发展理念主要解决发展不平衡、不协调、不可持续的问题。我国现在处于工业化城镇化的快速发展阶段，资源消耗和环境污染物排放较多，绿色发展是以环境友好型为发展理念的生产方式和生活方式，重点要解决经济发展中的环境污染和生态损害问题；循环发展强调资源循环利用，提高资源效率，解决以资源可持续利用支撑经济社会可持续发展问题；低碳发展指以低耗能、低污染、低排放为特征的可持续发展模式，形成以提高能源效率、发展可再生能源及碳汇产业为重点的生产方式和消费方式，目的是应对气候变化问题。推动绿色低碳发展是国际潮流所向、大势所趋，是当今时代科技革命和产业变革的方向。生态环境问题归根到底是经济发展方式问题，建立在过度资源消耗和环境污染基础上的增长得不偿失。生态环境保护的成败，归根结底取决于经济结构和经济发展方式。我们通过加快发展方式绿色转型，改变过去以牺牲生态为代价换取一时经济增长的方式，把绿色发展融入经济社会发展的各方面，推进形成绿色发展方式和生活方式，从根本上缓解了经济发展与资源环境约束的矛盾。通过创新发展思路和发展路径，坚定不移地走保护优先、绿色低碳循环发展之路，加快转变经济发展方式，改变资源消耗大、环境污染严重的增长模式，走出一条代价小、排放低、效益好、可持续发展的路子。

（三）坚定不移走生产发展、生活富裕、生态良好的文明发展道路

生产发展，是走文明发展道路的基础环节。离开生产发展，社会进步就失去前提，生活富裕也不可能实现。生活富裕，是走文明发展道路的重要体现。不断提高整个社会的物质生活和精神生活水平，使社会财富得到合理分配，使全体社会成员共享发展成果，人类文明才能不断进步。生态良好，是走文明发展道路的应有之义。遵循经济规律和自然规律，合理利用自然资源，保护和优化生态环境，坚持可持续发展，实现人与自然和谐相处，人类文明才能得到持久永续发展。正确处理生产、生活、生态三者关系，不仅是建设生态文明的需要，也是人与自然和谐共生的必然要求。生产发展、生活富裕、生态良好是紧密联系、辩证统一的关系。生产发展是生活富裕和生态良好的物质基础，生活富裕是生产发展和生态良好的社会动力，而生态良好是生产发展和生活富裕的必要条件。

生产发展是生活富裕和生态良好的物质基础。生产发展能够为人民实现生活富裕、过上美好生活提供重要物质基础。马克思

主义政治经济学强调生产力的作用，认为物质资料生产是社会进步的动力，是经济发展的基础条件。从马克思和恩格斯对未来社会的设想中可以看出，只有当社会生产力发展到一定高度，才能真正消灭剥削和社会财富占有的不平等，实现全社会的共同富裕，人类才能获得自由和全面的发展。可见，马克思主义理论重视生产力的发展，并认为高度发展的生产力是实现共同富裕的物质基础。党的十八大以来，我国脱贫攻坚取得巨大成就，全面建成小康社会，我国的社会生产力水平得到了极大提高，人民生活显著改善，人均国民总收入不断迈上新台阶，总体上达到中等偏上收入国家水平。我国能够取得这样伟大的经济发展成就，正是由于对发展社会生产力的高度重视。因此，实现人民生活富裕必须要努力发展，尤其是发展生产。生产发展能够为建设生态文明、实现生态良好创造条件。发展是党执政兴国的第一要务，是解决中国一切问题的硬道理。发展必须是高质量发展。党的二十大报告强调，高质量发展是全面建设社会主义现代化国家的首要任务。高质量发展，就是体现新发展理念的发展，是创新成为第一动力、协调成为内生特点、绿色成为普遍形态、开放成为必由之路、共享成为根本目的的发展。实现高质量发展，就要坚持不懈推动绿色低碳发展，建立健全绿色低碳循环发展经济体系，促进经济社会发展全面绿色转型，走生态优先、绿色发展之路，以绿色发展促进经济高质量发展与生态环境高水平保护共赢。通过高质量发展，实现高水平保护，为建设生态文明、实现生态良好创造条件。

生活富裕是生产发展和生态良好的社会动力。生活富裕，是指建立在社会生产力不断发展基础上的劳动者物质文化生活需要得到最大限度的满足。人的需要是一个由不同层次构成的从低至高的系统。生存需要是最基本需要，而已经得到满足的第一个需要本身、需要满足的活动和已经获得的为满足需要用的工具又引起新的需要。生态环境具有满足人的多层次需要的功能。比如，优美怡人的自然景观使人心情愉悦、神清气爽。在过去很长一段时间里，我国的社会主要矛盾是人民日益增长的物质文化需要同落后的社会生产之间的矛盾。现在我国已经进入上中等偏上收入国家行列，部分城市的人均 GDP 达到发达国家水平，富裕生活体现为物质丰裕、政治民主、文化繁荣、社会和谐、环境优美等方面的满足程度，人们对干净的水、新鲜的空气、放心的食品、优美的环境要求越来越高，这将促进市场生产提供满足这种需求的清新空气、干净水源、绿色食品、宜居环境等。这些潜在的需求如果能激发出来并拉动供给，就会成为新的经济增长点，因此，生活富裕既能在经济方面促进消费升级和生产发展，而且对于改善生态环境具有积极意义。此外，生活富裕还通过提升人的素质作用于生态环境的改善，因为环境关心与人们的收入有着显著的正相关关系。

生态良好是生产发展和生活富裕的必要条件。党的十八大以来，习近平总书记提出，保护生态环境就是保护生产力、改善生态环境就是发展生产力；绿水青山就是金山银山。这突破了以往单纯重视社会生产力的狭隘发展观，是对生态良好是生产发展和生活富裕的必要条件这一观念的精辟概括和理论提升。生态本身就是经济，根源在于，生态系统为人们提供生存条件，支撑生命、提供资源、共生互动，并且为生产发展提供原材料。保护好生态环境，可以为发展生产力提供生长点，把生态效益转化为经济效益和社会效益，把生态环境优势转化成经济社会发展优势，绿水青山就可以源源不断地孕育出金山银山。人民对美好生活的向往，是我们党的奋斗目标。生活富裕是美好生活的重要内容。习近平总书记强调，在全面建设社会主义现代化国家新征程中，我们必须把促进全体人民共同富裕摆在更加重要的位置，脚踏实地、久久为功，向着这个目标更加积极有为地进行努力，促进人的全面发展和社会全面进步，让广大人民群众获得感、幸福感、安全感更加充实、更有保障、更可持续。近些年来，我们始终坚持和践行绿水青山就是金山银山的理念，坚持生态效益和经济社会效益相统一，探索绿水青山转化为金山银山的路径，健全自然资源资产产权制度体系，全面建立生态保护补偿机制，加快建立健全以产业生态化和生态产业化为主体的生态经济体系，因地制宜壮大“美丽经济”，使绿水青山产生巨大效益，进一步增进民生福祉、提高人民生活品质，努力满足人民日益增长的美好生活需要，为实现全体人民共同富裕不断创造条件。

人与自然和谐共生既是中国式现代化的本质要求，又体现中国式现代化的鲜明特色。中国式现代化是以人民为中心的现代化，既要创造更多物质财富和精神财富以满足人民日益增长的美好生活需要，也要提供更多优质生态产品以满足人民日益增长的优美生态环境需要。中国式现代化是物质文明、政治文明、精神文明、社会文明、生态文明协调发展的现代化，坚持可持续发展，坚持节约优先、保护优先、自然恢复为主的方针，坚定不移走生产发展、生活富裕、生态良好的文明发展道路，才能实现中华民族永续发展。建设人与自然和谐共生的现代化，是一种全新的人类文明发展理念，构建了人类文明发展新形态，拓展了发展中国家走向现代化的路径。

五、走和平发展道路的现代化

和平是发展之基，发展是和平之本。走和平发展道路，是中国式现代化的鲜明特征和必然选择。改革开放以来，中国经济社会发展取得举世瞩目的成就，创造了经济快速增长和社会长期稳定“两大奇迹”。世界既惊叹中国经济发展的速度，又疑虑崛起的中国会走上“国强必霸”的老路。中国在推进现代化的过程中始终坚守永远不称霸、不搞扩张、不谋求势力范围的庄严承诺。中国式现代化道路既不是传统大国崛起的翻版，更不是“国强必霸”的再版，而是一条造福中国、利好世界的正道。

（一）中国的现代化道路是有别于西方式现代化的崭新道路

历史上，一些西方国家的现代化建立在对他国的剥削、压迫和殖民的基础上，而我国不走一些国家通过战争、殖民、掠夺等方式实现现代化的老路，因为那种损人利己、充满血腥罪恶的老路给广大发展中国家人民带来深重苦难。新中国成立之初就提出和平共处五项原则，70 多年来中国从未主动挑起一场战争，从未侵占别国一寸土地，中国的和平记录经得起历史检验。中国是世界上唯一将和平发展道路写入宪法的国家，是核大国中唯一承诺不首先使用核武器的国家，体现了中国走和平发展道路的坚强决心和坚定意志。中国坚持和平发展，把为国家发展营造和平稳定的国际环境作为对外工作的中心任务，积极为世界和平与发展作出自己应有的贡献，始终是维护世界和地区和平稳定的坚定力量。

中国和平发展道路的根本途径，就是要在经济全球化进程中，在同国际社会实现合作共赢的进程中，独立自主地建设中国特色社会主义。中国坚持独立自主，把国家发展的基点和重心放在主要依靠自己的力量上，注重从本国国情出发，主要依靠自身力量和改革创新推动经济社会发展，从来不把问题和矛盾转嫁给别国。在强调依靠自身力量和改革创新实现发展的同时，坚持对外开放，以开放的姿态融入世界，不断提高对外开放水平，加强同世界各国交流合作，寻求与各国互利共赢和共同发展。

中国和平发展道路的根本目标，就是要实现国家现代化和人民共同富裕。中国式现代化道路与西方式现代化道路不同，它是一条坚持以人民为中心的现代化道路，坚持人民至上，以造福全体人民为根本目标。《中国的和平发展》白皮书指出："实现国家现代化和人民共同富裕是中国和平发展的总体目标。"①《新时代的中国与世界》白皮书指出："让老百姓过上好日子，始终是中国发展的最大目标。"②中国的发展是为了让中国人民过上更加美好的幸福生活。中国在坚定维护世界和平与发展中谋求自身发展，同世界各国携手构建人类命运共同体，共同建设持久和平、普遍安全、共同繁荣、开放包容、清洁美丽的世界。

---

① 中华人民共和国国务院新闻办公室：《中国的和平发展》，人民出版社 2011 年版，第 9 页。

② 中华人民共和国国务院新闻办公室：《新时代的中国与世界》，人民出版社 2019 年版，第 54 页。

（二）和平发展合作共赢是中国式现代化的题中之义

2014年3月28日，习近平总书记在德国科尔伯基金会的演讲中指出："走和平发展道路，是中国对国际社会关注中国发展走向的回应，更是中国人民对实现自身发展目标的自信和自觉。这种自信和自觉，来源于中华文明的深厚渊源，来源于对实现中国发展目标条件的认知，来源于对世界发展大势的把握。"[①]习近平总书记统筹国内国际两个大局，贯通历史、现实和未来，阐明了中国走和平发展道路的必然性。

坚持走和平发展道路是基于中国历史文化传统的必然选择。中国走和平发展道路源于中华文明以和为贵、天下太平的世界秩序观。中国是历史悠久的礼仪之邦，中华民族历来崇尚和平。中华民族的血液中没有侵略他人、称王称霸的基因，和平基因深植于中华民族血脉之中。自古以来，中华民族就积极开展对外交往通商，所到之处，传播中国文化，开展经贸往来，而不是对外侵略扩张。19世纪中叶以来，中国不断遭受西方列强侵略，主权和领土完整被严重损害，威胁中华民族的生存。中国共产党带领中国人民为争取民族独立和人民解放、捍卫国家主权和领土完整历经千辛万苦。以史为鉴，近代中国饱受侵略、扩张之不幸，中国人民深知和平之宝贵、发展之重要。没有和平与国家安全，就不可能有国家发展与百姓安居乐业。和平与发展是中国的百年梦想，和平发展道路是中国历史的选择。今天的和平发展道路来之不易。

① 《习近平外交演讲集》第1卷，中央文献出版社2022年版，第116页。

坚持走和平发展道路是基于中国国情的必然选择。中国走和平发展道路，来源于对实现中国发展目标条件的认知。中国是世界上最大的发展中国家，发展始终是中国共产党执政兴国的第一要务。党的二十大报告指出："高质量发展是全面建设社会主义现代化国家的首要任务。发展是党执政兴国的第一要务。没有坚实的物质技术基础，就不可能全面建成社会主义现代化强国。"①我国仍处于并将长期处于社会主义初级阶段的基本国情，决定了我们必须坚持发展是第一要务，坚持以经济建设为中心，不断夯实中国式现代化的物质基础。当前全球经济发展面临极大的不确定因素，发展经济对每个国家都至关重要。中国发展所面临的国际环境中出现的新挑战以及我国是世界上最大的发展中国家的国际地位，决定了我们必须坚持高质量发展，把经济质量有效提升和量的合理增长有机结合起来，保持中国经济的健康持续发展。在中国式现代化建设进程中，倡导全球化、扩大开放、保持快速增长既是实现第二个百年奋斗目标的需要，也是应对外部挑战的最好办法。

坚持走和平发展道路是顺应世界潮流的必然选择。中国坚持走和平发展道路，不是权宜之计，是中国根据时代潮流和国家根本利益作出的战略抉择，是中国发展的内在需要。中国几十年的发展得益于和平稳定的外部环境。当今世界正经历百年未有之大变局，世界又一次站在历史的十字路口。习近平总书记指出："什么是当今世界的潮流？答案只有一个，那就是和平、发展、

---

① 习近平：《高举中国特色社会主义伟大旗帜　为全面建设社会主义现代化国家而团结奋斗——在中国共产党第二十次全国代表大会上的报告》，人民出版社2022年版，第28页。

合作、共赢。”[①]“一方面，和平、发展、合作、共赢的历史潮流不可阻挡，人心所向、大势所趋决定了人类前途终归光明。另一方面，恃强凌弱、巧取豪夺、零和博弈等霸权霸道霸凌行径危害深重，和平赤字、发展赤字、安全赤字、治理赤字加重，人类社会面临前所未有的挑战。”[②]国际社会再次来到何去何从的十字路口，和平与发展比任何时候都更为重要。中国作出的选择是站在历史正确的一边，顺应和平、发展、合作、共赢的时代潮流。中国走和平发展道路、倡导合作共赢，以坚决维护国家核心利益为底线。习近平总书记指出：“中国主权、安全、发展利益和民族尊严绝不允许任何势力侵犯，同时任何力量也不能动摇我们坚持和平发展的信念。”[③]中国绝不走“国强必霸”的道路，但中国再也不能重复鸦片战争以后在列强坚船利炮下被奴役被殖民的历史悲剧。在涉及我国核心利益的问题上，我们敢于亮剑，坚决斗争。中国坚定不移走和平发展道路，既通过维护世界和平发展自己，又通过自身发展维护世界和平。和平发展道路能不能走得通，很大程度上要看我们能不能把世界的机遇转变为中国的机遇，把中国的机遇转变为世界的机遇，在中国与世界各国的良性互动、互利共赢中开拓前进。

---

① 《习近平外交演讲集》第 1 卷，中央文献出版社 2022 年版，第 118 页。

② 习近平：《高举中国特色社会主义伟大旗帜　为全面建设社会主义现代化国家而团结奋斗——在中国共产党第二十次全国代表大会上的报告》，人民出版社 2022 年版，第 60 页。

③ 习近平：《在纪念中国人民抗日战争暨世界反法西斯战争胜利 69 周年座谈会上的讲话》，人民出版社 2014 年版，第 18 页。

（三）以自身发展更好维护世界和平与发展

中国发展是世界发展的重要组成部分，中国的发展离不开世界，世界的发展需要中国。经过改革开放40多年不懈努力，中国创造了经济快速发展和社会长期稳定两大奇迹，以自身发展为世界创造了更多机遇，以自身发展促进了世界的和平。中国始终坚持开放合作、互利共赢，用实际行动表明，中国是世界和平的建设者，是全球发展的贡献者，是国际秩序的维护者。

中国为全球减贫事业作出重大贡献。贫困是人类社会的顽疾，如何稳定地消除贫困，一直是全世界面临的共同挑战。2015年9月，第70届联合国大会通过了《2030年可持续发展议程》，首要目标是“在全世界消除一切形式的贫困”。中国是世界上最大的发展中国家，基础差、底子薄，发展不平衡，长期饱受贫困问题困扰。中国的贫困规模之大、贫困分布之广、贫困程度之深世所罕见，贫困治理难度超乎想象。党的十八大以来，党中央把脱贫攻坚工作纳入“五位一体”总体布局和“四个全面”战略布局，作为实现第一个百年奋斗目标的重点任务，作出重要部署。中国的减贫成绩备受世界瞩目。中国是世界上减贫人口最多的国家，对全球减贫的贡献率超过70%，是第一个完成联合国千年发展目标中减贫目标的发展中国家。2020年中国全面建成小康社会，完成了消除绝对贫困的艰巨任务，解决了困扰中华民族几千年的绝对贫困问题，提前10年实现联合国《2030年可持续发展议程》减贫目标，创造了人类减贫史上的奇迹，给广大的发展中国家、国际社会树立了榜样和信心。中国“一带一路”倡议的全面实施将帮助数十个发展中国家开展反贫困治理，减少760万极端贫困人口和3200万中度贫困人口。中国为全球减贫事业和人类发展进步作出了重大贡献。

中国是世界经济增长的主要力量和最大贡献者。据世界银行统计，从2013年到2021年，中国对全球经济增长的平均贡献率达到了38.6%，超过了七国集团（G7）国家贡献率的总和，这一数据充分显示中国是推动全球经济增长最强引擎。中国在世界经济中扮演越来越重要的角色。自2012年以来，中国国内生产总值稳居世界第二位。2022年中国国内生产总值突破121万亿元人民币，占全球经济的比重由2012年的11.4%上升到18%以上，中国作为世界第二大经济体的地位得到巩固提升；中国已成为140多个国家和地区的主要贸易伙伴，2022年中国的进出口总值突破40万亿元大关，中国全球货物贸易第一大国的地位更加稳固。2013—2021年，中国经济平均增长率为6.6%，远高于2.6%的同期世界平均增速，也高于3.7%的发展中经济体平均增速。新冠疫情在全球蔓延的3年间，在世界经济波动幅度加大的情况下，2020年中国成为全球率先实现经济正增长的主要经济体。2021年，中国经济总量占世界经济比重达到18.5%。2022年，中国经济画出一条“V”形复苏曲线，国内生产总值突破120万亿元。

中国是世界和平的建设者。当今世界正处于大发展大变革大调整时期，各国之间相互联系和依存日益加深，和平、发展、合作、共赢成为不可逆转的时代潮流。与此同时，世界经济增长动能不足，大国博弈日趋激烈，地缘冲突不断加剧，地区热点问题此起彼伏，传统与非传统安全威胁交织叠加。中国积极推进国际和平事业，参与国际军控、裁军和防扩散进程。中国奉行防御性国防政策，2015年宣布裁减军队员额30万人。中国向国际社会庄严承诺在任何时候和任何情况下都不首先使用核武器、无条件不对无核武器国家和无核武器区使用或威胁使用核武器，并积极参与国际军控和防扩散进程。中国已成为派遣维和人员最多的安理会常任理事国，迄今派出5万多人次参加联合国维和行动。中国海军自2008年开始参加在亚丁湾、索马里海域的常态化护航行动，为维护国际重要水道安全作出积极贡献。中国是联合国第二大联合国会费国、第二大维和摊款国。中国军队始终是世界和平的坚定捍卫者。中国军队忠诚践行人类命运共同体理念，为世界和平与发展提供战略支撑。中国外交取得成功斡旋沙特、伊朗和解等举世瞩目的成果，赢得国际社会广泛赞誉。

中国是国际秩序的维护者和多边主义的践行者。中国是第一个在联合国宪章上签字的创始会员国，中国始终坚定维护以联合国为核心的国际体系和以国际法为基础的国际秩序，维护联合国宪章宗旨和原则，维护联合国在国际事务中的权威和核心作用。多边主义是维护和平、促进发展的有效途径。中国始终坚定支持多边主义，积极参与全球治理体系改革和建设，发挥负责任大国作用。中国坚持对话协商和平解决争议，一贯致力于通过和平方式处理同有关国家的领土主权和海洋权益争端，积极推动政治解决国际和地区热点问题，同各国携手应对恐怖主义、公共卫生、气候变化、网络安全等全球性挑战。

我们胜利完成“十三五”规划目标任务，取得全面建成小康社会的伟大历史性成就，进入全面建设社会主义现代化国家、向第二个百年奋斗目标进军的新发展阶段。针对当前形势下国际和平与安全面临的新问题和新挑战，处在新发展阶段的中国需要维护和平的前景，拓宽发展的前路，继续走好和平发展道路。中国是世界上最大的发展中国家，集中力量办好自己的事，保持稳定发展，就是对世界和平发展的重大贡献。2021 年 10 月 25 日，习近平总书记在中华人民共和国恢复联合国合法席位 50 周年纪念会议上发表讲话指出："站在新的历史起点，中国将坚持走和平发展之路，始终做世界和平的建设者；坚持走改革开放之路，始终做全球发展的贡献者；坚持走多边主义之路，始终做国际秩序的维护者。"[①]中国的力量每增长一分，世界的和平就多一分希望。

① 《习近平谈治国理政》第 4 卷，外文出版社 2022 年版，第 477 页。

第五章
中国式现代化的本质要求

党的二十大报告明确提出中国式现代化的本质要求，即坚持中国共产党领导，坚持中国特色社会主义，实现高质量发展，发展全过程人民民主，丰富人民精神世界，实现全体人民共同富裕，促进人与自然和谐共生，推动构建人类命运共同体，创造人类文明新形态。中国式现代化的本质要求不是针对某一领域提出的，也不是针对某一方面提出的，更不是针对某一阶段提出的，而是有着深刻的内在规定性以及内涵丰富性。中国式现代化的本质要求从不同方面彰显着中国式现代化的属性和特征，深化了对中国式现代化的规律性认识，为推进社会主义现代化建设提供了根本遵循。正如习近平总书记所指出的：“这个概括是党深刻总结我国和世界其他国家现代化建设的历史经验，对我国这样一个东方大国如何加快实现现代化在认识上不断深入、战略上不断完善、实践上不断丰富而形成的思想理论结晶，我们要深刻领会、系统把握，特别是要把这个本质要求落实到各项工作之中。”[①]

① 习近平:《为实现党的二十大确定的目标任务而团结奋斗》,《求是》2023 年第 1 期。

一、从根本方向把握本质要求

中国式现代化是中国共产党领导的社会主义现代化。习近平总书记指出，全面小康之后还要现代化，这只有在中国共产党领导和我国社会主义制度下才能实现。中国共产党领导、中国特色社会主义，这是事关中国式现代化前途命运的根本性问题。离开党的领导，偏离中国特色社会主义，中国式现代化不可能形成，更不可能推进。

（一）中国式现代化是中国共产党领导的现代化

在中国式现代化的本质要求中，第一条就是坚持中国共产党领导。党的领导对中国式现代化至关重要。列宁在《怎么办？》中曾指出："任何革命运动，如果没有一种稳定的和能够保持继承性的领导者组织，就不能持久。"[①]毛泽东在谈及能动性问题时也指出："一切事情是要人做的……做就必须先有人根据客观事实，引出思想、道理、意见，提出计划、方针、政策、战略、战

① 《列宁选集》第1卷，人民出版社2012年版，第404页。

术，方能做得好。”[①]中国式现代化是中国共产党领导的现代化，中国式现代化得以开创并不断向前推进，根本在于有中国共产党的领导。

中国式现代化是在党的领导下探索出来的。对于中国式现代化的探索历程，习近平总书记在党的二十大报告中指出：“在新中国成立特别是改革开放以来长期探索和实践基础上，经过十八大以来在理论和实践上的创新突破，我们党成功推进和拓展了中国式现代化。”[②]中国式现代化道路是一步一步走出来的。新中国成立后，我们党提出了“四个现代化”的战略目标和分两步走的战略步骤。改革开放后，我们党对社会主义现代化建设进行了谨慎思考和积极谋划，正式提出三步走发展战略。实现总体小康后，又相继对全面建设小康社会、全面建成小康社会进行部署。在此基础上，党的十九大作出分两步走全面建成社会主义现代化强国的战略安排，党的二十大对全面建成社会主义现代化强国两步走战略安排进行宏观展望，重点部署未来5年的战略任务和重大举措。在现代化实践中，中国共产党牢牢把握现代化的前进方向和实践导向，明确战略目标，制定战略步骤，有力推进了中国式现代化的探索进程。

中国式现代化是在党的领导下不断夯实实践基础的。比如，在推进工业化建设过程中，随着信息化浪潮的涌现，我们党敏锐

① 《毛泽东选集》第2卷，人民出版社1991年版，第477页。

② 习近平：《高举中国特色社会主义伟大旗帜　为全面建设社会主义现代化国家而团结奋斗——在中国共产党第二十次全国代表大会上的报告》，人民出版社2022年版，第22页。

认识到"没有信息化就没有现代化"，因此没有按部就班先工业化再信息化，而是提出"坚持以信息化带动工业化，以工业化促进信息化"的融合发展思路，进而把握了历史主动，缩小了与发达国家的发展代差。又如，在中国特色社会主义事业总体布局由"两位一体"向"五位一体"发展演进过程中，社会主义现代化目标也在不断拓展升级。党的十三大提出，把我国建设成为富强、民主、文明的社会主义现代化国家的目标。党的十七大增加了"和谐"的目标。党的十九大又将"美丽"纳入其中，同时把"社会主义现代化国家"提升为"社会主义现代化强国"。在此过程中，塑造出物质文明、政治文明、精神文明、社会文明、生态文明协调发展的整体态势，不断夯实现代化建设的实践基础。

中国式现代化能够接续推进得益于党的领导。在竞争性政党体制下，政党上台后更关注任内之事。随着政治极化日趋明显，政党轮替后，执政党往往推翻前任政府许多重大政策，造成公共政策的反复"翻烧饼"。与西方政党不同，中国共产党作为长期执政的马克思主义政党，在治国理政实践中有着"打基础、谋长远"的政治优势和行动自觉。"打基础、谋长远"的执政思维蕴含着共产党人"一张蓝图绘到底"的历史耐心、"功成不必在我"的精神境界、"积小胜为大胜"的意志品质。正是有中国共产党接续推进社会主义现代化建设，中国式现代化的目标才得以逐渐由"概念"变为"蓝图"，由"蓝图"变成"现实"。实践证明，把长期任务转化为若干个环环相扣、层层递进的阶段性目标，在不断达成阶段性目标的基础上最终完成任务，这种治国理政方式日益彰显出实践效能和执政优势。

总之，中国式现代化道路的选择、目标的确定、战略的规划、实践的推进等，都同中国共产党的领导紧密相关。中国共产党是中国式现代化的领导力量，也是中国式现代化沿着中国特色社会主义道路继往开来、持之以恒、一以贯之、赓续推进的可靠支撑，更是新时代中国式现代化创新发展、实现第二个百年奋斗目标的坚强保证。坚持中国共产党领导，是中国式现代化最鲜明的特征和最突出的优势，是推进中国式现代化必须坚持的最高原则。

（二）中国式现代化是中国特色社会主义的现代化

习近平总书记指出："当代中国的伟大社会变革，不是简单延续我国历史文化的母版，不是简单套用马克思主义经典作家设想的模板，不是其他国家社会主义实践的再版，也不是国外现代化发展的翻版。"[①]把"坚持中国特色社会主义"纳入中国式现代化的本质要求，表明中国式现代化坚持中国特色社会主义道路，具有立足中国实际的内生性，从道路维度明晰了中国式现代化与西方式现代化的根本区别。

中国特色社会主义明确了中国式现代化的性质和方向，同资本主义的现代化道路区分开来。走什么路实现现代化，这是事关现代化性质和方向的问题。自18世纪工业革命以来，实现现代化成为各国共同追求的目标，在此过程中大致形成了两条实现道路，即资本主义现代化道路和社会主义现代化道路。资本主义现代化道路是先发型现代化国家的主要选择。这条道路以资本为导向，追求"物"的现代化，在物质财富不断积累的同时阶级矛盾、

① 《习近平谈治国理政》第3卷，外文出版社2020年版，第76页。

贫富差距、环境污染等问题也在积聚。拉美地区以及东南亚一些国家采用这条道路后，在实现现代化的途中普遍陷入经济停滞、贫富分化、社会动荡的“中等收入陷阱”，这再次证明资本主义现代化道路的弊端。中国走的是一条社会主义现代化道路，中国式现代化是中国特色社会主义的现代化。中国特色社会主义决定了中国式现代化的基本性质和未来走向。这条路坚持以人民为中心，坚持尊重社会发展规律和尊重人民历史主体地位的一致性，坚持生产力发展与人的全面发展的统一性，实现了对资本主义现代化道路的超越。

只有坚持中国特色社会主义，才能确保中国式现代化行稳致远。坚持中国特色社会主义，中国式现代化就有了正确的发展道路、科学的理论指导、有力的制度保障以及强大的精神力量。中国特色社会主义道路、理论、制度、文化是中国特色社会主义的组成部分，这四个方面各有侧重，又内在统一。具体来说，中国特色社会主义道路是中国式现代化的实现途径，中国特色社会主义理论体系是中国式现代化的行动指南，中国特色社会主义制度是中国式现代化的根本保障，中国特色社会主义文化是中国式现代化的精神力量，共同推动中国式现代化不断向前发展。事实胜于雄辩。改革开放以来，我们取得一切成绩和进步的根本原因，归结起来就是：开辟了中国特色社会主义道路，形成了中国特色社会主义理论体系，确立了中国特色社会主义制度，发展了中国特色社会主义文化。我国创造了用几十年时间走完发达国家几百年走过的工业化进程的发展成就。我们坚持中国特色社会主义，如期全面建成小康社会，实现了全体人民共同享有小康生活。这一成就有力证明了中国特色社会主义所具有的优越性。推进中国式现代化必然要坚持中国特色社会主义，坚持道不变、志不改，既不走封闭僵化的老路，也不走改旗易帜的邪路，坚持把国家和民族发展放在自己力量的基点上，坚持把中国发展进步的命运牢牢掌握在自己手中。

二、从总体布局把握本质要求

实现高质量发展，发展全过程人民民主，丰富人民精神世界，实现全体人民共同富裕，促进人与自然和谐共生，不是解决阶段性问题的一时之需，也不是应对当前形势变化的权宜之计，而是中国式现代化在经济建设、政治建设、文化建设、社会建设、生态文明建设领域提出的本质要求。这五个方面，与中国特色社会主义“五位一体”总体布局相对应，与富强民主文明和谐美丽的社会主义现代化强国目标相呼应，与物质文明、政治文明、精神文明、社会文明、生态文明相适应。把这五个方面纳入中国式现代化的本质要求，彰显出中国式现代化的整体性，明确了推进中国式现代化的实践路径，有利于推动“五个文明”整体提升。

（一）彰显中国式现代化的整体性

习近平总书记指出：“要在坚持以经济建设为中心的同时，全面推进经济建设、政治建设、文化建设、社会建设、生态文明建设，促进现代化建设各个环节、各个方面协调发展，不能长的很长、短的很短。”[①]把“实现高质量发展，发展全过程人民民主，丰富人民精神世界，实现全体人民共同富裕，促进人与自然和谐共生”纳入中国式现代化的本质要求，也就意味着中国式现代化不是只强调单一指标的达成，也不是经济一个方面的发展，而是经济建设、政治建设、文化建设、社会建设、生态文明建设的全面发展和协调推进，是全面发展的现代化，具有鲜明的整体性。

现代化建设各个环节、各个方面的协调发展至关重要。以往基于“工业化是现代化的核心”的认识，工业发展状况一度成为评判一国现代化水平的重要指标。对发展中国家颇具吸引力的赶超战略就十分强调工业化水平等经济指标的赶超，但也产生了农业等其他产业发展滞后、经济增长与社会发展不同步、发展后劲不足、环境污染等问题。实践表明，单一方面的发展不足以推动现代化的全面进步。与之不同，中国式现代化理论和实践探索的一个鲜明特点就是追求整体性。改革开放以来，我们党不断深化对现代化的认识，把现代化事业作为有机整体来认识、来推进。1979 年 9 月 29 日，叶剑英在庆祝中华人民共和国成立 30 周年大会上的讲话中对现代化的实现条件有过论述。他指出：“我们所说的四个现代化，是实现现代化的四个主要方面，并不是说现代化事业只以这四个方面为限。我们要在改革和完善社会主义经济制度的同时，改革和完善社会主义政治制度，发展高度的社会主义民主和完备的社会主义法制。我们要在建设高度物质文明的同时，提高全民族的教育科学文化水平和健康水平，树立崇高的革

① 《习近平谈治国理政》第 2 卷，外文出版社 2017 年版，第 79 页。

命理想和革命道德风尚，发展高尚的丰富多彩的文化生活，建设高度的社会主义精神文明。这些都是我们社会主义现代化的重要目标，也是实现四个现代化的必要条件。”[①]在改革开放的过程中，随着经济社会发展和实践深入推进，形成经济建设、政治建设、文化建设、社会建设、生态文明建设“五位一体”总体布局。从物质文明、精神文明“两个文明”，到经济建设、政治建设、文化建设“三位一体”，从经济建设、政治建设、文化建设、社会建设“四位一体”，再到经济建设、政治建设、文化建设、社会建设、生态文明建设“五位一体”，中国特色社会主义总体布局不断拓展和完善，推进中国特色社会主义事业全面发展、全面进步，中国式现代化的整体性得以彰显。

我们党认识到社会主义社会是全面发展、全面进步的社会，这一认识构成中国式现代化整体性的理论逻辑。中国特色社会主义总体布局经历了从“两位一体”到“五位一体”的发展演进，这一实践构成中国式现代化整体性的实践支撑。中国式现代化是全面发展的现代化，克服了单一维度支撑现代化的理论缺陷和实践缺失，创造出实现现代化所需的复合条件，使中国的现代化进程呈现出协调发展、整体向上的态势。中国式现代化的整体性内在要求实现高质量发展，发展全过程人民民主，丰富人民精神世界，实现全体人民共同富裕，促进人与自然和谐共生。这五个方面既是中国式现代化的发展目标，又是中国式现代化的支撑条件，有利于化解中国式现代化进程中的各种制约因素，更好地推

① 中共中央文献研究室编：《三中全会以来重要文献选编》（上），人民出版社 1982 年版，第 233—234 页。

动中国式现代化的实践发展，确保实现全面建成社会主义现代化强国的目标。

（二）明确推进中国式现代化的实践路径

根据新分两步走战略安排，到本世纪中叶，我国将建设成为综合国力和国际影响力领先的社会主义现代化强国。到那时，我国物质文明、政治文明、精神文明、社会文明、生态文明将全面提升。社会主义是干出来的，中国式现代化是干出来的。推进中国式现代化，就要把“五位一体”总体布局置于中国式现代化的宏大视野下来统筹推进。

第一，实现高质量发展。高质量发展是全面建设社会主义现代化国家的首要任务。新时代新征程，我国的发展必须是高质量发展。实现高质量发展具有多重现实规定性。我国社会主要矛盾已经转化为人民日益增长的美好生活需要和不平衡不充分的发展之间的矛盾，解决这一社会主要矛盾需要推动高质量发展。贯彻新发展理念，内在要求实现创新成为第一动力、协调成为内生特点、绿色成为普遍形态、开放成为必由之路、共享成为根本目的的高质量发展。我国经济已由高速增长转向高质量发展，经济社会发展必须以推动高质量发展为主题。中国式现代化要经得起检验，就得达到国际社会公认的发展程度和技术水平。一方面，我国整体的经济实力、科技实力、综合国力都有很大提升；另一方面，人均收入、科技创新、金融服务等方面同发达国家相比仍存在较大差距。没有坚实的物质技术基础，就不可能全面建成社会主义现代化强国。把实现高质量发展纳入中国式现代化的本质要求，有助于提升发展质量和效益，厚植现代化的物质技术基础。

第二，发展全过程人民民主。人民民主是社会主义的生命，是全面建设社会主义现代化国家的应有之义。“没有民主就没有社会主义，就没有社会主义的现代化，就没有中华民族伟大复兴。”①现代化不仅仅限于物质财富的创造、精神生活的丰富，还包括人民权利的保障。民主作为社会主义现代化强国的目标之一，具有手段和目的的统一性。全过程人民民主是社会主义民主政治的本质属性，是最广泛、最真实、最管用的民主。全体人民依法实行民主选举、民主协商、民主决策、民主管理、民主监督，依法通过各种途径和形式管理国家事务，管理经济和文化事业，管理社会事务。全过程人民民主实现了过程民主和成果民主、程序民主和实质民主、直接民主和间接民主、人民民主和国家意志相统一。把发展全过程人民民主纳入中国式现代化的本质要求，有助于建设高度的政治文明，凝聚社会主义现代化建设的磅礴力量。

第三，丰富人民精神世界。丰富人民精神世界，是文化维度、精神层面的要求，旨在增强推进中国式现代化的精神力量。“没有中华文化繁荣兴盛，就没有中华民族伟大复兴。”②社会要向前发展，需要物质的力量，也需要精神的力量。如果把视野再放宽，国与国的竞争，既有经济、科技、军事等硬实力的较量，也有以文化为内核的软实力的比拼。一个民族的复兴需要强大的物质力量，也需要强大的精神力量，没有先进文化的积极引领，没

① 《习近平谈治国理政》第 4 卷，外文出版社 2022 年版，第 259 页。

② 习近平：《在文艺工作座谈会上的讲话》，人民出版社 2015 年版，第 5 页。

有人民精神世界的极大丰富，没有民族精神力量的不断增强，一个国家、一个民族不可能屹立于世界民族之林。以中国式现代化全面推进中华民族伟大复兴，必然要求促进物质文明和精神文明相协调，在不断厚植现代化的物质基础的同时，以社会主义核心价值观为引领，发展社会主义先进文化，弘扬革命文化，传承中华优秀传统文化，满足人民日益增长的精神文化需求。把丰富人民精神世界纳入中国式现代化的本质要求，有助于推动物质文明和精神文明协调发展，克服西方式现代化物质主义膨胀、精神贫乏等痼疾，促进物的全面丰富和人的全面发展。

第四，实现全体人民共同富裕。2023 年 4 月，习近平总书记在广东考察时指出，中国式现代化与西方现代化有本质不同，西方现代化那种两极分化、掠夺别国等道路我们不能走也走不通。共同富裕体现了社会主义制度的优越性，是中国特色社会主义的本质要求，也是中国式现代化的本质要求。邓小平在概括社会主义本质时把共同富裕纳入其中，他强调："共同致富，我们从改革一开始就讲，将来总有一天要成为中心课题。社会主义不是少数人富起来、大多数人穷，不是那个样子。社会主义最大的优越性就是共同富裕，这是体现社会主义本质的一个东西。"[①]把实现全体人民共同富裕作为中国式现代化的本质要求之一，既有彰显制度优势的需要，也有立足现实条件的可能。打赢脱贫攻坚战，全面建成小康社会，为促进共同富裕创造了良好条件。把实现全体人民共同富裕纳入中国式现代化的本质要求，有助于促进社会公平正义，促进人的全面发展，做到发展为了人民、发展依靠人

---

① 《邓小平文选》第 3 卷，人民出版社 1993 年版，第 364 页。

民、发展成果由人民共享。

第五，促进人与自然和谐共生。生态环境是人类生存和发展的根基，生态环境变化直接影响文明兴衰演替。“生态兴则文明兴，生态衰则文明衰”就是从世界史、中华民族发展史中得出的结论。实践表明，绿色是生命的象征、大自然的底色，是永续发展的必要条件和人民对美好生活追求的重要体现。中国式现代化要创造人类文明新形态，必然要求处理好人与自然的关系，促进人与自然和谐共生。党的十八大以来，生态文明建设被摆在全局工作的突出位置。党的二十大报告强调：“大自然是人类赖以生存发展的基本条件。尊重自然、顺应自然、保护自然，是全面建设社会主义现代化国家的内在要求。”①把促进人与自然和谐共生纳入中国式现代化的本质要求，有助于走出一条生产发展、生活富裕、生态良好的文明发展之路，有助于实现中华民族永续发展。

三、从国际影响把握本质要求

把“推动构建人类命运共同体”“创造人类文明新形态”纳入中国式现代化的本质要求，从世界性维度体现出中国共产党致力于人类和平与发展崇高事业的情怀，体现出中国共产党肩负着破解人类社会发展面临的种种难题的使命，展现出中国共产党为推动人类文明进步所贡献的智慧和力量。

---

① 习近平：《高举中国特色社会主义伟大旗帜　为全面建设社会主义现代化国家而团结奋斗——在中国共产党第二十次全国代表大会上的报告》，人民出版社 2022 年版，第 49—50 页。

（一）致力于人类和平与发展崇高事业

中国式现代化同已有的现代化道路有着本质不同。中国式现代化不依靠殖民掠夺、侵略战争、剥削压迫、依附他国，而是坚持和平、发展、合作、共赢，坚持人与自然和谐共生，这就同已有的现代化发展道路区分开来。中国式现代化致力于人类和平与发展的崇高事业，在坚定维护世界和平与发展中谋求自身发展，又以自身发展更好维护世界和平与发展。

回顾历史，一些资本主义国家在走向现代化的过程中为了实现原始积累，对内剥削压迫，对外侵略扩张。特别是通过建立殖民地、侵占领土、抢夺财富等方式掠夺弱者。到了 20 世纪初，少数资本主义国家已经奴役和控制着世界绝大部分国家和地区，这在人类历史上都是少有的。正因如此，习近平总书记指出："我国不走一些国家通过战争、殖民、掠夺等方式实现现代化的老路，那种损人利己、充满血腥罪恶的老路给广大发展中国家人民带来深重苦难。"①

有别于资本主义现代化道路，中国式现代化道路致力于人类和平与发展崇高事业，强调推动构建人类命运共同体，走出了一条现代化新路。中华民族的血液中没有侵略他人、称王称霸的基因。和平、和睦、和谐是中华民族 5000 多年来一直追求和传承的理念。中国先人很早就提出了"强不执弱，富不侮贫"的箴言，

---

① 习近平：《高举中国特色社会主义伟大旗帜　为全面建设社会主义现代化国家而团结奋斗——在中国共产党第二十次全国代表大会上的报告》，人民出版社 2022 年版，第 23 页。

强调“国虽大，好战必亡”。近代以来，中国人民对战争带来的苦难有着刻骨铭心的记忆，更加认识到和平的珍贵，更加坚定对和平的追求。如果说中华文明的深厚底蕴赋予了中国式现代化推动构建人类命运共同体的文化基因，那么中国式现代化的实践、世界发展大势则是中国式现代化推动构建人类命运共同体的现实因素。在探索实践中，中国不认同“国强必霸”的陈旧逻辑，坚信只有和平发展道路才可以走得通。中国式现代化是几代中国人依靠自己的智慧和汗水辛辛苦苦干出来的，从未侵略过他国、掠夺过别国。在国与国的关系上，中国与他国既不是依附关系，也不是脱钩关系，更不是对抗关系，而是体现相互尊重、公平正义、合作共赢的新型国际关系。中国自觉把握和顺应世界发展大势，高举和平、发展、合作、共赢的旗帜，奉行独立自主的和平外交政策，坚持走和平发展道路，推动构建人类命运共同体。

（二）破解人类社会发展面临的种种难题

中国式现代化蕴含着独特的世界观、价值观、历史观、文明观、民主观、生态观，实现了对西方式现代化理论的超越。中国式现代化作为人类文明新形态，与西方式现代化形成鲜明对比，其具体实践和成效为破解人类社会发展面临的种种难题提供了新思路，为广大发展中国家独立自主迈向现代化提供了新选项。

比如，在环境保护问题上。随着工业革命的推进，加之受到以征服自然为基调的环境伦理观的影响，在现代化进程中对自然的无限度索取所带来的环境污染与生态破坏问题日益凸显。第二次世界大战后国际局势的变化使得越来越多的国家认识到经济增长的紧迫性，纷纷开始追求经济增速。经济增长的成就是明显的，但代价也是沉重的，资源枯竭、环境污染、生态破坏、公害事件等问题接踵而至，经济增长与环境保护的矛盾不断升级。拿日本来说，从1954年开始，日本在20年的时间里保持着年均9.4%的增长率，创造了经济奇迹。但是世界八大公害事件中，日本就占了4个，分别是熊本县水俣病事件、富山骨痛病事件、四日市哮喘病事件、爱知县米糠油事件。

在文明形态上，资本主义现代化以工业化为显著标志，以工业文明为主要形态，在处理人与自然关系问题上留下深刻教训。中国共产党在把握工业文明基本规定性的同时，抓住了生态文明的发展态势，坚决摒弃“先污染，后治理”的老路，没有按部就班地先建设工业文明再建设生态文明，也没有越过工业文明直接转向生态文明，而是统筹推进“五位一体”总体布局，塑造出工业文明与生态文明协调发展的文明形态。“五位一体”总体布局中，有一项是生态文明建设；新时代坚持和发展中国特色社会主义的基本方略中，有一条就是坚持人与自然和谐共生；新发展理念中，有一项是绿色发展；三大攻坚战中，有一战是污染防治；社会主义现代化强国目标中，有一个是美丽中国；中国式现代化的重要特征中，有一条是人与自然和谐共生。党的十八大以来，我们坚持绿水青山就是金山银山的理念，坚持山水林田湖草沙一体化保护和系统治理，全方位、全地域、全过程加强生态环境保护，生态文明制度体系更加健全，污染防治攻坚向纵深推进，绿色、循环、低碳发展迈出坚实步伐，生态环境保护发生历史性、转折性、全局性变化。中国式现代化揭示出经济价值与生态价值的内在统一，在处理经济发展和环境保护关系上探索出了新思路。

比如，在发展动力问题上。20世纪60年代以来，全球100

多个中等收入经济体中只有十几个成功进入高收入经济体。为什么有的国家能够实现跨越，而大部分国家却陷入徘徊甚至倒退呢？这背后涉及发展动力的问题。事物能否变化发展取决于动力状况，动力足、动力新，事物变化发展就快；而动力弱、动力旧，则变化发展就慢，甚至无法实现发展。研究表明，一个国家的现代化内生动力如果偏弱，那么，这个国家现代化建设的推进无疑是十分艰难的，甚至会半途而废，或者变形走样。

中国式现代化的动力来自内部，是依托改革创新实现内生性演化的结果。中国发展所取得的成就不是靠别国的恩赐，也不是靠掠夺和战争，推动其发展的根本力量就是改革创新。在探索实践中，中国共产党提出了“改革开放是我国经济社会发展的动力”①，“创新是一个国家、一个民族发展进步的不竭动力”②等论断。如果说改革侧重“破旧”，摆脱来自传统的束缚，那么创新则追求“立新”，实现对传统的超越。改革与创新两者共同发力，形成不僵化、不懈怠的自我发展机制，成为经济社会发展的动力。

改革创新的动力效果已得到实践的证实。经过改革开放 40 多年的探索，改革创新所依赖的思想共识、体制机制等方面的条件日益齐备。“四个全面”战略布局把全面深化改革作为战略举措，旗帜鲜明地传递出改革是关键一招；新发展理念把创新置于首位，旗帜鲜明地传递出创新是引领发展的第一动力。随着全面建设社会主义现代化国家新征程的开启，“四个全面”战略布局

---

① 《习近平谈治国理政》第 2 卷，外文出版社 2017 年版，第 100 页。

② 《中共中央关于党的百年奋斗重大成就和历史经验的决议》，人民出版社 2021 年版，第 69 页。

中“全面建成小康社会”的战略目标升级为“全面建设社会主义现代化国家”，这就明晰了全面深化改革在全面建设社会主义现代化国家中的地位；贯彻新发展理念明确了我国现代化建设的指导原则，这就明晰了新发展理念和现代化的关系，这些与时俱进的理论创新能够推动改革创新的动力效应持久释放。

比如，在贫富差距问题上。贫富差距大，两极分化严重，显然与公平正义的价值观背道而驰，同时也是引发群体分裂、导致社会不稳定的重要因素。西方式现代化建立在资本主义剥削制度的基础上，贫富差距不断加大成为资本主义现代化过程中普遍存在的现象。以美国为例，现如今美国仍没有处理好贫富差距问题，据统计，美国最富有的 10% 人口拥有的平均收入是其余 90% 人口的 9 倍多；最富有的 1% 人口的平均收入则是这 90% 人口的 39 倍以上；最富有的 0.1% 人口的平均收入可达这 90% 人口的 196 倍以上。

中国式现代化不断实现人民对美好生活的向往，追求全体人民共同富裕。消除贫困是缩小贫富差距、实现共同富裕的基础工作，然而要把这项工作做好并非易事。为了实现消除绝对贫困的目标，中国共产党出台《关于打赢脱贫攻坚战的决定》等政策文件；把精准脱贫作为三大攻坚战之一进行全面部署；提出精准扶贫的理念，按照“五个一批”分类施策；建立五级书记一起抓的工作机制；选好配强干部队伍，选派第一书记和驻村工作队……正是采取了强有力的措施，党的十八大之后平均每年 1000 多万人脱贫，相当于一个中等国家的人口脱贫，最终完成消除绝对贫困的艰巨任务。占世界人口近 1/5 的中国全面消除绝对贫困，提前 10 年实现联合国《2030 年可持续发展议程》减贫目标，这不仅是中华民族发展史上具有里程碑意义的大事件，也是人类减贫史乃至人类发展史上的大事件，为全球减贫事业发展和人类发展进步作出了重大贡献。

从本质要求的高度强调创造人类文明新形态，体现出中国式现代化为推动人类文明进步贡献力量的使命担当和行动自觉。习近平总书记指出：我们党带领人民“破解了人类社会发展的诸多难题，摒弃了西方以资本为中心的现代化、两极分化的现代化、物质主义膨胀的现代化、对外扩张掠夺的现代化老路，拓展了发展中国家走向现代化的途径，为人类对更好社会制度的探索提供了中国方案”[①]。中国式现代化是创造人类文明新形态的创新性实践，为破解人类社会发展难题贡献了中国智慧、提供了可行选项。

---

① 《习近平著作选读》第 2 卷，人民出版社 2023 年版，第 553 页。

第六章 推进中国式现代化必须牢牢把握的重大原则

党的十八大以来，中国式现代化取得重大成就，在以习近平同志为核心的党中央的领导下，创造了人类文明新形态。与此同时，我国发展进入战略机遇和风险挑战并存、不确定难预料因素增多的时期，各种“黑天鹅”“灰犀牛”事件随时可能发生。前进道路上，必须牢牢把握以下五项重大原则：坚持和加强党的全面领导，坚持中国特色社会主义道路，坚持以人民为中心的发展思想，坚持深化改革开放，坚持发扬斗争精神。这些原则为推进中国式现代化提供了实践遵循。

一、坚持和加强党的全面领导

中国式现代化是中国共产党领导的社会主义现代化，中国共产党的领导直接关系中国式现代化的根本方向、前途命运、最终成败。“中国特色社会主义大厦需要四梁八柱来支撑，党是贯穿其中的总的骨架，党中央是顶梁柱”①。建设中国式现代化也是这样，坚持和加强党的全面领导是推进中国式现代化必须牢牢把握的重大原则。

（一）坚决维护党中央权威和集中统一领导

坚持和加强党的全面领导，必须维护党中央权威和集中统一领导。坚决维护党中央权威和集中统一领导，是党的领导的最高原则，任何时候任何情况下都不能含糊、不能动摇。党的百余年奋斗史告诉我们，坚决维护党中央权威和集中统一领导是我们党从一个胜利走向另一个胜利的根本保障；也正是在这一根本保障下，我们党不断带领人民群众推进伟大社会革命，持续不断地推

① 习近平：《论坚持党对一切工作的领导》，中央文献出版社 2019 年版，第 11 页。

动着中国的现代化发展。

在建党初期，由于我党没有形成坚强的领导核心，未能有效维护党中央权威和集中统一领导，革命事业屡遭挫折，甚至面临失败的危险。在这一时期，全党上下尚未形成明确的坚强有力的领导核心，以至于我们党在领导各项革命事业的进程中，出现了这样或者那样的错误。比如王明“左”倾教条主义在党内的错误领导，直接导致中央革命根据地第五次反“围剿”失败，使红军不得不进行战略转移，开始艰苦卓绝的两万五千里长征。一直到 1935 年 1 月，随着中央政治局在长征途中召开了具有历史性意义的遵义会议，事实上确立了毛泽东同志在党中央和红军的领导地位，开始形成以毛泽东同志为核心的我党的第一代中央领导集体，开启我们党独立自主解决中国革命实际问题的新阶段，在最危急关头挽救了党、挽救了红军、挽救了中国革命。至此，我们党对革命事业的领导进入新的阶段，一个坚强团结正确的党中央和统一领导集体成为接下来抗日战争和解放战争取得胜利的根本政治保障。在解放战争时期，也正是因为有了党中央权威和集中统一领导，我们党才能够做到全国一盘棋，组织和调动各种力量同国民党反动派进行殊死斗争，打赢辽沈、淮海、平津三大战役和渡江战役，最终取得新民主主义革命的伟大胜利。在新中国成立之后，这种维护党中央权威和集中统一领导的优良传统，依旧是我们党带领全国人民巩固政权、完成三大改造并完成社会主义革命的根本保障。党的十一届三中全会之后，我们党形成了以邓小平同志为核心的新一代中央领导集体，在这一领导集体的坚强领导下，我们开启了改革开放的新航程。在推进改革开放的进程中，全党上下进一步认识到，改革要成功就必须有领导有秩序地进行。在“乱哄哄”和“各行其是”的氛围下，没有中央和地方的合力联动关系，改革开放事业将寸步难行。只有加强党中央的权威，我国的改革开放和社会主义建设才有“定海神针”，任凭风吹浪打都能岿然不动。

党的十八大以来，全党上下更加清晰地认识到维护党中央权威和党的集中统一领导对新时代中国特色社会主义事业的决定性作用。2016 年 10 月召开的党的十八届六中全会，正式提出“以习近平同志为核心的党中央”。2017 年 10 月召开的党的十九大，将“坚定维护以习近平同志为核心的党中央权威和集中统一领导”写入党章。2021 年 11 月党的十九届六中全会通过的《中共中央关于党的百年奋斗重大成就和历史经验的决议》提出：“党确立习近平同志党中央的核心、全党的核心地位，确立习近平新时代中国特色社会主义思想的指导地位，反映了全党全军全国各族人民共同心愿，对新时代党和国家事业发展、对推进中华民族伟大复兴历史进程具有决定性意义。”在一系列维护党中央权威和集中统一领导的伟大实践中，坚定拥护“两个确立”的思想和实践更加清晰。“两个确立”是在深刻总结中国共产党百年奋斗经验和新时代以来中国共产党带领中国人民进行伟大实践得出的重要历史结论。以习近平同志为核心的党中央以巨大的政治勇气和强烈的责任担当，发布了一系列大政方针，推进了一系列重大任务，带领中华民族战胜了前进道路上的各种艰难险阻，交出了一份人民满意、举世瞩目的答卷，推动实现中国式现代化取得新进展新突破。习近平新时代中国特色社会主义思想作为中国式现代化的根本遵循，深刻回答了时代之问，彰显了真理的力量，具有磅礴的实践伟力，是实现中华民族伟大复兴的强大思想指引。

党的十八大以来，我们党形成了一系列坚定维护党中央权威和集中统一领导的体制机制。比如中央书记处和中央纪律检查委员会、全国人大常委会党组、国务院党组、全国政协党组、最高人民法院党组、最高人民检察院党组每年向中央政治局常委会、中央政治局报告工作，中央政治局全体同志每年向党中央和习近平总书记书面述职，健全一系列中央决策议事协调机构工作机制等。健全党中央对重大工作的领导体制，强化党中央决策议事协调机构职能作用，完善推动党中央重大决策落实机制，严格执行向党中央请示报告制度，确保令行禁止。健全维护党的集中统一的组织制度，形成党的中央组织、地方组织、基层组织上下贯通、执行有力的严密体系，实现党的组织和党的工作全覆盖，等等。

综上所述，可以得出，任何时期，坚决维护党中央权威和集中统一领导都至关重要。党中央是大脑和中枢，必须有定于一尊、一锤定音的权威，这样才能“如身使臂，如臂使指”，政令畅通。如果党中央失去权威，党的理论和路线方针政策可以随便对待、任意执行，大家各自为政、互不配合，就会出现一盘散沙的局面，那样不仅我们确定的目标不能实现，而且必定会产生灾难性后果。

（二）加强党对各领域各方面各环节的领导

中国式现代化是中国共产党领导的社会主义现代化，实现党对各领域各方面各环节的领导，对推进中国式现代化至关重要。

一是党委制是我们党加强中央委员会的工作、加强对地方和基层领导，实现党的领导的有效保障。早在 1927 年五届中央政治局通过的《中国共产党第三次修正章程决案》中，就明确设中央委员会、省委员会、市或县委员会、区委员会，这在党的历史上属于首次。1956 年党的八大在总结以往局部执政成功经验的基础上，明确规定在中央、省、市、县和基层单位设立党的委员会，领导本地本单位各项工作。之后，党委制随着党和国家事业的发展不断调整和完善，并在历次党章中得以体现。

党的十八大以来，党委运行机制加快完善。在中央层面，2020 年，在深刻总结长期以来特别是党的十八大以来党中央治国理政、管党治党的实践经验基础上，中共中央印发《中国共产党中央委员会工作条例》，对党中央的领导地位、领导体制、领导职权、领导方式、决策部署、自身建设等作出全面规定，为保证党中央对党和国家事业的集中统一领导提供了基本遵循。在地方层面，在总结多年地方党委制实践经验的基础上，2015 年对 1996 年中共中央印发的地方党委试行条例进行修订，印发《中国共产党地方委员会工作条例》。至此，地方党委运行机制得以完善，为进一步加强 3100 多个地方党委工作、提高地方党委领导能力提供了制度遵循。在基层层面，关于基层党委的运行机制，分别体现在制定修订的企业、农村、机关、学校、医院等基层党组织工作的规定中，为全国 30.6 万个基层党委发挥领导作用提供了制度依据。

党组是党在中央和地方国家机关、人民团体、经济组织、文化组织和其他非党组织的领导机关中设立的领导机构，在本单位发挥领导作用，是党对非党组织实施领导的重要组织形式。2015 年《中国共产党党组工作条例（试行）》印发，2019 年作了修订，为全国从中央到县级约 10.2 万个党组发挥把方向、管大局、保落实重要作用提供了制度保障。

综上，从党成立早期至今的实践证明，党委制是我们党长期坚持的做法，是实现党对中央、地方、基层领导的有效制度安排，确保了党治国理政实践的顺利开展，在实现中国式现代化进程中也必须继续坚持。

二是党的领导体现到经济建设、政治建设、文化建设、社会建设、生态文明建设和国防军队、祖国统一、外交工作、党的建设等各方面，哪个领域、哪个方面、哪个环节缺失了弱化了，都会削弱党的力量，损害党和国家事业。比如，在经济建设方面，经济工作是中心工作，抓住了中心工作这个“牛鼻子”，其他工作就可以更好展开。因此作为执政党，我们党抓好经济工作责无旁贷、义不容辞。在生态文明建设方面，打好污染防治攻坚战时间紧、任务重、难度大，是一场大仗、硬仗、苦仗，必须加强党的领导。在军队建设方面，我军是党缔造的，一诞生便与党紧紧联系在一起，始终在党的绝对领导下行动和战斗。90 多年来，我军之所以能够始终保持强大的凝聚力、向心力、战斗力，经受住各种考验，不断从胜利走向胜利，最根本的就是靠党的坚强领导。在当今中国，没有大于中国共产党的政治力量或其他什么力量，没有中国共产党，中国就会出现各自为政、一盘散沙的局面，我们的各方面工作就会无法推进，甚至可能会产生灾难性后果。

三是深化党和国家机构改革，从机构职能上解决党对一切工作领导的体制机制问题，对于不断增强中国式现代化建设的动力和活力、全面推进中华民族伟大复兴意义重大而深远。改革开放后，我们党积极推进党和国家机构改革，党中央部门先后进行 5

轮集中改革，国务院机构先后进行 8 轮集中改革，2023 年为党中央部门的第 6 轮、国务院机构的第 9 轮改革。通过精简机构人员、理顺部门职责关系等，提升机构办事效率，更好服务于社会主义市场经济发展，更好服务于中国式现代化进程需要。特别是 2018 年那次机构改革，从机构职能上把加强党的领导落实到各个领域、各个方面、各个环节。加强了党对深化改革、依法治国、经济、国家安全、网络信息、外交、机构编制、军民融合、审计、教育、农业农村等重大工作的领导，强化了归口协调本系统本领域重大工作职能，完善了党委统一领导群团工作制度，构建了党统一指挥、全面覆盖、权威高效的监督体系。这次机构改革是对党和国家组织结构和管理体制的一次系统性、整体性重构，党的全面领导机制更加健全。2023 年开始的新一轮机构改革，对党和国家机构职能实现系统性、整体性重构，为党和国家事业取得历史性成就、发生历史性变革提供了有力保障。

总之，党的领导是全面的、系统的、整体的，要贯彻到各领域各方面各环节，才能产生众志成城、无坚不摧的强大合力，中国式现代化事业也才能劈波斩浪、不断向前。

（三）确保党团结和凝聚各方力量

我们党历来高度重视发挥统一战线凝心聚力的法宝作用。1922 年党的二大通过了《关于“民主的联合战线”的议决案》，标志着党的统一战线思想的正式提出，在党的统一战线史上具有里程碑的意义。1939 年，毛泽东在《〈共产党人〉发刊词》中总结中国共产党成立 18 年的经验时指出：“统一战线，武装斗争，党的建设，是中国共产党在中国革命中战胜敌人的三个法宝，三个主要的法宝。”[①]邓小平强调，没有统一战线，任何一件事情都是办不好的。建党100周年之际，我们党总结的百年奋斗的十条宝贵经验之一就是“坚持统一战线”。

统一战线历来具有人才荟萃、智力密集、联系广泛等独特优势，为革命、建设、改革等不同历史时期党的中心工作作出了积极贡献。大革命时期，我们党积极推动同中国国民党的合作，建立国民革命联合战线，给予帝国主义在华的侵略势力和北洋军阀的反动统治以致命打击。抗日战争时期，党推动建立抗日民族统一战线，工人阶级、农民阶级、城市小资产阶级、民族资产阶级、海外华侨、一部分地主买办阶级，以不同形式参加了抗日民族统一战线，使抗日战争成为全民族的反侵略战争。解放战争时期，党在农村、在城市、在国民党军队中，团结一切可以团结的力量，建立最广泛的人民民主统一战线，人民军队能够在那么短的时间内取得三大战役胜利，解放战争能够以如此之快的速度向前推进，与各方广泛支持是分不开的。新中国成立后，党继续坚持走人民民主统一战线的道路，凝聚各方力量建设国家。改革开放以来，党同全国各族工人、农民、知识分子，同各民主党派、无党派人士、各民族的爱国力量团结在一起，进一步发展和壮大由全体社会主义劳动者、社会主义事业的建设者、拥护社会主义的爱国者、拥护祖国统一和致力于中华民族伟大复兴的爱国者组成的最广泛的爱国统一战线，为民族复兴大业汇聚各方力量。

新时代统一战线的社会基础更加广泛、工作领域更加宽广、

---

① 《毛泽东选集》第2卷，人民出版社1991年版，第606页。

工作内容更加丰富，工作对象拓展到民主党派成员，无党派人士，党外知识分子，少数民族人士，宗教界人士，非公有制经济人士，新的社会阶层人士，出国和归国留学人员，香港同胞、澳门同胞，台湾同胞及其在大陆的亲属，华侨、归侨及侨眷，其他需要联系和团结的人员等 12 个方面，呈现出空前的广泛性、巨大的包容性、鲜明的多样性和显著的社会性。要把这样一个数量庞大、构成多元的群体团结凝聚起来，不断扩大覆盖面、增强包容性，促进政党关系、民族关系、宗教关系、阶层关系、海内外同胞关系和谐。

发挥好民主党派和无党派人士的积极作用。在长期的革命、建设、改革进程中，中国共产党与各民主党派、无党派人士，长期共存、互相监督、肝胆相照、荣辱与共，形成了中国共产党领导的多党合作和政治协商制度。这一新型政党制度，能够真实、广泛、持久地代表并实现最广大人民和全国各族各界的根本利益，有效避免了旧式政党制度只代表少数人、少数利益集团的弊端，有效克服了政党之间互相倾轧造成政权更迭频繁的弊端。中国共产党作为执政党，处于领导地位和执政地位，善于听取意见，乐于接受监督，勇于接受批评。各民主党派作为中国特色社会主义参政党，是中国共产党的好参谋、好帮手、好同事，积极参与国家政权建设和国家大政方针制定，在促进国家政策、法律法规的制定实施等方面发挥了重要作用。

我国是统一的多民族国家，各族人民同呼吸、共命运、心连心的奋斗历程是中华民族强大凝聚力和非凡创造力的重要源泉。回顾党的百年历程，党的民族工作取得的最大成就，就是走出了一条中国特色解决民族问题的正确道路。新中国成立后，我们党把民族平等作为立国的根本原则之一，确立了民族区域自治制度，各族人民在历史上第一次真正获得了平等的政治权利、共同当家做了主人，终结了旧中国民族压迫、纷争的痛苦历史，开辟了发展各民族平等团结互助和谐关系的新纪元。党的十八大以来，以习近平同志为核心的党中央就民族工作作出一系列重大决策部署，推动我国民族团结进步事业取得了新的历史性成就，各民族和睦相处、和衷共济、和谐发展。

宗教问题始终是我们党治国理政必须处理好的重大问题，宗教工作在党和国家工作全局中具有特殊重要性，关系中国特色社会主义事业发展，关系党同人民群众的血肉联系，关系社会和谐、民族团结，关系国家安全和祖国统一。在爱国主义、社会主义旗帜下，同宗教界结成统一战线，是我们党处理宗教问题的鲜明特色和政治优势。宗教工作本质上是群众工作，实行宗教信仰自由政策，出发点和落脚点是要最大限度把广大信教和不信教群众团结起来。在我国，宗教关系包括党和政府与宗教、社会与宗教、国内不同宗教、我国宗教与外国宗教、信教群众与不信教群众的关系。促进宗教关系和谐，这些关系都需要处理好，引导宗教努力为促进经济发展、社会和谐、文化繁荣、民族团结、祖国统一服务。

改革开放以来，我国社会结构发生重大变化，出现了非公有制经济人士和新的社会阶层人士。民营经济已经成为推动我国发展不可或缺的力量，成为创业就业的主要领域、技术创新的重要主体、国家税收的重要来源，为我国社会主义市场经济发展、政府职能转变、农村富余劳动力转移、国际市场开拓等发挥了重要作用。新的社会阶层人士，主要包括民营企业和外商投资企业管理技术人员、中介组织和社会组织从业人员、自由职业人员、新媒体从业人员等，他们在创业创新、服务党和国家事业发展方面发挥着积极作用。党外知识分子是我国发展建设中重要的人才库和智囊团。加强对以上人士的团结引导，帮助他们增进政治认同，是新形势下巩固党的执政基础必须妥善处理的现实课题，也是我们党在推进中国特色社会主义事业进程中必须解决的重大课题。

随着“一国两制”深入实施、两岸关系和平发展、我国国际地位显著提高，大陆范围内和大陆范围外统一战线两个范围联盟中的成员流动更加频繁、联系日趋紧密，需要适应新形势，切实做好港澳工作、对台工作、侨务工作。在不同历史时期，我们党团结号召海外侨胞积极投身中华民族复兴大业。海外侨胞是中华民族大家庭的重要成员，是实现中华民族伟大复兴的重要力量。广大海外侨胞不忘祖国、不忘祖籍，热情支持中国革命、建设、改革事业，为中华民族发展壮大、促进祖国和平统一大业、增进中国人民同各国人民的友好合作作出了重要贡献。

统一战线工作涉及部门多、领域广，需要做深入细致的工作。这些工作不仅涉及组织、宣传、统战、网信等党的部门，也涉及外交、教育、公安、民政等政府部门，还涉及工会、共青团、妇联、文联等人民团体，既要加强统筹协调、协同配合，又要更好发挥各方面优势和作用，但核心问题是必须坚持中国共产党的领导。没有中国共产党的坚强领导，任何革命统一战线也是不能胜利的。只要在党的坚强领导下，不断巩固和发展各民族大团结、全国人民大团结、全体中华儿女大团结，铸牢中华民族共同体意识，形成海内外全体中华儿女心往一处想、劲往一处使的生动局面，就一定能够汇聚起实现中华民族伟大复兴的磅礴伟力。

二、坚持中国特色社会主义道路

党的十八大报告指出：中国特色社会主义道路，就是在中国共产党领导下，立足基本国情，以经济建设为中心，坚持四项基本原则，坚持改革开放，解放和发展社会生产力，建设社会主义市场经济、社会主义民主政治、社会主义先进文化、社会主义和谐社会、社会主义生态文明，促进人的全面发展，逐步实现全体人民共同富裕，建设富强民主文明和谐的社会主义现代化国家。这一概括，勾画了中国特色社会主义道路的基本轮廓，说明了中国特色社会主义道路的基本前提、基本依据、运行机制、基本目标。为何中国式现代化必须坚持中国特色社会主义道路？这是由该道路形成的理论逻辑、历史逻辑和现实逻辑所决定的。

（一）坚持科学社会主义基本原则的必然要求

从理论维度分析，坚持中国特色社会主义道路不是为了使中国式现代化区别于西方式现代化而刻意为之，而是遵循人类社会发展的客观规律、遵循科学社会主义基本原则作出的必然选择。党的十七大报告明确指出：“中国特色社会主义道路之所以完全正确、之所以能够引领中国发展进步，关键在于我们既坚持了科学社会主义的基本原则，又根据我国实际和时代特征赋予其鲜明的中国特色。”[①]那么，中国特色社会主义道路从哪些方面体现了科学社会主义的基本原则呢？

坚持中国特色社会主义道路反映了科学社会主义“两个必然”的科学论断。资本主义必然灭亡、社会主义必然胜利，是马克思、恩格斯在《共产党宣言》中作出的科学判断，是科学社会主义的核心命题。这一判断是从生产力与生产关系、经济基础与上层建筑的矛盾运动是人类社会发展根本动力出发，基于对资本主义社会生产的社会化与生产资料资本主义私人占有这一自身无法解决的基本矛盾的分析所揭示的人类社会的必然发展趋势。因此，中国式现代化要顺应人类社会发展的必然趋势和历史潮流，就必须选择一条社会主义现代化之路，因而必然选择中国特色社会主义道路。

坚持中国特色社会主义道路反映了科学社会主义坚持无产阶级政党领导的原则。无产阶级是代表先进生产力、肩负推翻旧世界建设新世界历史使命的阶级，但必须由其先进分子组建成无产阶级政党，领导无产阶级革命事业和社会主义建设事业。中国共产党是以马克思主义为指导思想的无产阶级政党，是中国特色社会主义事业的组织者和领导者，是中国式现代化的领导者和推动者，这是历史的选择和人民的选择。“党政军民学，东西南北中，党是领导一切的，这是党领导人民进行革命、建设、改革最可宝贵的经验。”[②]中国特色社会主义道路将坚持党的领导作为第一要

---

① 中共中央文献研究室编：《十七大以来重要文献选编》（上），中央文献出版社 2013 年版，第 9 页。

② 《习近平谈治国理政》第 4 卷，外文出版社 2022 年版，第 501 页。

义，因此充分体现了科学社会主义的基本原则。

坚持中国特色社会主义道路反映了科学社会主义人与自然和谐共生的原则。人类的生存与发展一刻也离不开自然，人类认识和改造自然必须尊重、敬畏自然及其发展规律，如果肆意破坏自然只会招来自然界的报复。恩格斯曾经举例分析：“美索不达米亚、希腊、小亚细亚以及其他各地的居民，为了得到耕地，毁灭了森林，但是他们做梦也想不到，这些地方今天竟因此而成为不毛之地，因为他们使这些地方失去了森林，也就失去了水分的积聚中心和贮藏库。”①因此，他严厉警告人类不要“过分陶醉”于看似对自然的胜利，进而在工业化进程中肆意破坏生态、污染环境，造成人与自然的尖锐对立。中国特色社会主义道路坚持经济、政治、文化、社会、生态文明全面发展的道路，强调加强社会主义生态文明建设，这明确了“我们要建设的现代化是人与自然和谐共生的现代化，既要创造更多物质财富和精神财富以满足人民日益增长的美好生活需要，也要提供更多优质生态产品以满足人民日益增长的优美生态环境需要”②，充分尊重了科学社会主义的基本原则。

以史为鉴，苏联戈尔巴乔夫改革的失败为中国式现代化坚持什么样的道路提供了深刻警示。戈尔巴乔夫进行大刀阔斧的改革，坚持公开化、民主化和社会主义意识形态多元化，推行多党制削弱苏联共产党的执政地位，用“人道的、民主的社会主义”取代科学社会主义的指导地位，为民族沙文主义、分离主义、无

---

① 《马克思恩格斯选集》第 3 卷，人民出版社 2012 年版，第 998 页。

② 《习近平谈治国理政》第 3 卷，外文出版社 2020 年版，第 39 页。

政府主义等错误思潮传播让出道路，最终背离了科学社会主义基本原则，背离了社会主义发展方向，走上私有化道路，最终酿成亡党亡国的历史悲剧和地缘政治灾难。因此，习近平总书记强调，“中国特色社会主义是社会主义而不是其他什么主义，科学社会主义基本原则不能丢，丢了就不是社会主义”[①]。

（二）党领导人民历经千辛万苦取得的宝贵成果

鲁迅先生曾说：“什么是路？就是从没路的地方践踏出来的，从只有荆棘的地方开辟出来的。”中国特色社会主义道路是中国共产党领导人民历经革命、建设与改革的百年艰辛探索而走出来的道路。“这条道路来之不易，它是在改革开放30多年的伟大实践中走出来的，是在中华人民共和国成立60多年的持续探索中走出来的，是在对近代以来170多年中华民族发展历程的深刻总结中走出来的，是在对中华民族5000多年悠久文明的传承中走出来的，具有深厚的历史渊源和广泛的现实基础。”[②]因此，中国式现代化要继续坚持走中国特色社会主义道路，并在新的实践中不断完善和发展中国特色社会主义道路。

社会主义革命和建设时期，以毛泽东同志为主要代表的中国共产党人开始了对中国自己的发展道路和现代化之路的初步探索。新中国成立之初，国内由于长期的战争，经济凋敝、民不聊

① 《习近平关于总体国家安全观论述摘编》，中央文献出版社2018年版，第20页。

② 《习近平谈治国理政》第1卷，外文出版社2018年版，第39—40页。

生，一穷二白、百废待兴；国际上以美国为首的资本主义国家对新中国实行政治孤立、经济封锁、军事威胁，试图将新生的红色政权扼杀在摇篮之中。党领导人民在国民经济恢复基础上开展社会主义革命，对农业、手工业和资本主义工商业进行了社会主义改造，建立了社会主义制度，开启了社会主义现代化的探索历程。在极其艰难的环境条件下，党领导人民自力更生、艰苦奋斗，建立了独立的比较完整的工业体系和国民经济体系，成功发射“两弹一星”为国家装上安全“防护罩”，经济社会发生翻天覆地的变化。

改革开放和社会主义现代化建设新时期，党领导人民开创和发展了中国特色社会主义道路，打开了现代化的新局面。党的十一届三中全会以来，以邓小平同志为主要代表的中国共产党人，在社会主义建设探索遭受重大挫折的关键节点支持真理标准问题的大讨论，重新恢复了党的正确思想路线，围绕“什么是社会主义、怎样建设社会主义”的时代课题，通过改革开放勾画了中国特色社会主义事业的基本框架，开创了中国特色社会主义道路。以江泽民同志为主要代表的中国共产党人，科学分析国内外形势、党所处的历史方位和肩负的历史使命，深入思考面临的新情况新问题，加深了对什么是社会主义、怎样建设社会主义和建设什么样的党、怎样建设党的认识，在国内外形势十分复杂、世界社会主义出现严重曲折的严峻考验面前，团结带领人民捍卫了中国特色社会主义，开创全面改革开放新局面，成功把中国特色社会主义推向21世纪。以胡锦涛同志为主要代表的中国共产党人，团结带领全党全国各族人民，在全面建设小康社会进程中推进实践创新、理论创新、制度创新，深刻认识和回答了新形势下实现什么样的发展、怎样发展等重大问题，抓住重要战略机遇期，聚精会神搞建设，一心一意谋发展，成功在新形势下坚持和发展了中国特色社会主义。

进入中国特色社会主义新时代，面对世界百年未有之大变局和中华民族伟大复兴战略全局，以习近平同志为核心的党中央始终坚持以人民为中心的发展思想，团结带领人民在新发展理念的指引下，统筹推进“五位一体”总体布局、协调推进“四个全面”战略布局，推进国家治理体系和治理能力现代化，全面建成小康社会。在习近平新时代中国特色社会主义思想的指导下，中国共产党采取一系列战略性举措，推进一系列变革性实践，实现一系列突破性进展，取得一系列标志性成果，党和国家事业取得历史性成就、发生历史性变革，推动我国迈上全面建设社会主义现代化国家新征程，领导中国人民在中国特色社会主义道路上不可逆转地走向中华民族伟大复兴。

总之，方向决定前途，道路决定命运。中国式现代化必须把国家的前途和民族的命运牢牢掌握在中国人民自己手中，以志不改、道不变的坚定，接力坚持和发展中国特色社会主义道路。

（三）同“老路”与“邪路”比较后的正确选择

习近平总书记深刻指出，“当代中国的伟大社会变革，不是简单延续我国历史文化的母版，不是简单套用马克思主义经典作家设想的模板，不是其他国家社会主义实践的再版，也不是国外现代化发展的翻版”[①]，党领导人民走的中国特色社会主义道路是

① 《习近平谈治国理政》第3卷，外文出版社2020年版，第76页。

“把科学社会主义基本原则同本国具体实际、历史文化传统、时代要求紧密结合起来”①，在追求民族复兴、国家富强、人民幸福的过程中探索出的一条独具中国特色的现代化发展道路，是抵制封闭僵化的老路和改旗易帜的邪路干扰的正确选择。

何谓“封闭僵化的老路”？主要是指传统社会主义坚持高度集中的经济政治体制而陷入封闭僵化境地的发展道路。以高度集中为特点的苏联模式是在特殊的时代条件和特殊国情下形成的，一方面是资本主义国家敌视新生的苏维埃政权，苏联的社会主义建设难以从外部得到援助，只能主要依靠自己的力量进行建设；另一方面是苏联是在农民占多数、经济文化十分落后的基础上开启社会主义工业化，资金、技术、管理经验等均缺乏。基于当时的具体实际，苏联主要借助行政手段自上而下地推动高速工业化、农业集体化，集中人力、物力、财力优先发展重工业和军工业，通过两个五年计划实现了农业国向工业国的转变，一跃成为欧洲第一、世界第二的工业制造国，也逐渐形成了以高度集中为特征的苏联模式。苏联模式为苏维埃政权的巩固和卫国战争的胜利奠定了坚实基础，但它高度集中的特征也压制了经济社会各个方面的主动性、创造性与生机活力，在多次错失改革时机之后，弊病逐渐积重难返，成为苏联解体的内在原因。苏联解体后，世界社会主义运动跌入低谷，中国特色社会主义事业的世界意义更加凸显，全世界人民不约而同地将希望寄托在中国身上。中国共产党领导人民在探索发展道路的过程中，经历从学习苏联模式到独立自主地探索中国自己的发展道路的内在转变，尤其是改革开

① 《习近平谈治国理政》第3卷，外文出版社2020年版，第76页。

放的总设计师邓小平提出“摸着石头过河”的理念，大胆打破传统观念和固有体制的束缚，开创了中国特色社会主义道路，进而走出了一条不同于封闭僵化老路的社会主义现代化之路。

何谓“改旗易帜的邪路”？走邪路的鲜明特征就是丢掉科学社会主义、共产主义，逐渐走上资本主义道路。我国的经济社会改革必须坚持社会主义的方向，这关系到改革的成败，关系到经济社会的长治久安和可持续发展。国内外社会主义国家的实践已经表明，走改旗易帜的邪路只会葬送社会主义事业。20 世纪 80 年代，苏联和很多东欧国家纷纷进行改革，但它们的改革没有带来经济的高速发展，反而以失败告终，最终断送本国的社会主义事业，究其原因就是在改革中偏离了社会主义的方向。相比之下，我国 20 世纪七八十年代的改革开放却获得巨大成功。改革开放以来，我国国民经济快速增长，综合国力跃居世界前列，人民生活水平得到极大提高，社会主义市场经济体制逐步建立。我国改革开放之所以能够取得巨大成功，根本原因在于我们始终坚持社会主义方向，坚持中国共产党的领导，坚持走中国特色社会主义道路。

“既不走封闭僵化的老路也不走改旗易帜的邪路，而是坚定不移走中国特色社会主义道路”[①]，充分展示了中国不需要任何被奉为金科玉律的教科书，也不需要任何试图对中国人民颐指气使的教师爷，坚持走为人民谋幸福、为民族谋复兴、为人类谋进步、为世界谋大同的和平发展之路。

---

① 《习近平谈治国理政》第 3 卷，外文出版社 2020 年版，第 181 页。

三、坚持以人民为中心的发展思想

以人民为中心是中国式现代化的鲜明特征。马克思主义唯物史观指出，人民群众是社会物质财富和精神财富的创造者，是实现社会变革的决定力量。毛泽东认为，共产党就是要奋斗，就是要全心全意为人民服务，不要半心半意或者三分之二的心三分之二的意为人民服务。习近平总书记提出："历史充分证明，江山就是人民，人民就是江山，人心向背关系党的生死存亡。赢得人民信任，得到人民支持，党就能够克服任何困难，就能够无往而不胜。反之，我们将一事无成，甚至走向衰败。"[①]在推进中国式现代化的过程中，必须始终坚持以人民为中心的发展思想，坚持发展为了人民、发展依靠人民、发展成果由人民共享。

（一）坚持发展为了人民

民心所向，忧之念之；民康物阜，盼之行之。习近平总书记指出："我们推动经济社会发展，归根到底是为了不断满足人民群众对美好生活的需要。"[②]推进中国式现代化必须坚持发展为了人民，将人民的利益作为一切工作的根本出发点和落脚点。

推进中国式现代化是为了不断满足人民群众对美好生活的向往。中国共产党以满足人民日益增长的美好生活需要为出发点和落脚点，坚持把发展成果转化为人民生活品质，不断增强人民

---

① 《习近平谈治国理政》第 4 卷，外文出版社 2022 年版，第 512 页。
② 《习近平谈治国理政》第 4 卷，外文出版社 2022 年版，第 55 页。

群众的获得感、幸福感、安全感。进入新时代，人民美好生活需要日益广泛，不仅对物质文化生活提出了更高要求，而且在民主、法治、公平、正义、安全、环境等方面的要求日益增长。人民群众期盼更好的教育、更稳定的工作、更满意的收入、更可靠的社会保障、更高水平的医疗卫生服务、更舒适的居住条件、更优美的环境等。以教育为例，促进教育公平与质量提升是推进中国式现代化建设的重要领域，新时代以来，我们党持续性推进教育改革，以教育助力中国式现代化建设。截至 2023 年，“‘全面改薄’改善了 832 个脱贫县办学条件，99.8% 的义务教育学校办学条件达到基本要求；学生资助政策体系覆盖各个学段，营养改善计划惠及 3700 万农村学生；‘特岗计划’为中西部乡村学校补充 103 万名教师。……国家财政性教育经费占国内生产总值比例连续 10 年保持在 4% 以上，并优先向农村地区、边疆民族地区、革命老区、边远贫困地区教育发展倾斜，城乡教育一体化稳步推进，区域、城乡、校际差距逐步缩小”。[①]加大高校建设和实施拔尖人才计划，持续推进世界一流大学和一流学科建设，实施“强基计划”和基础学科拔尖人才培养计划，建设数百个基础学科拔尖学生培养基地，不断夯实发展的人才基础。再以生态文明建设为例，我们党积极大力推进生态文明建设，提供更多优质生态产品，不断满足人民群众日益增长的优美生态环境需要。党的二十大报告指出：“中国式现代化是人与自然和谐共生的现代化。人与自然是生命共同体，无止境地向自然索取甚至破坏自然必然会

① 吴丹等：《坚持以人民为中心发展教育》，《人民日报》2023 年 3 月 8 日。

遭到大自然的报复。我们坚持可持续发展，坚持节约优先、保护优先、自然恢复为主的方针，像保护眼睛一样保护自然和生态环境，坚定不移走生产发展、生活富裕、生态良好的文明发展道路，实现中华民族永续发展。”[①]党的十八大以来，我国生态环境已得到明显改善，蓝天白云成为人民生活环境的常态。2023 年 1 月发布的《新时代的中国绿色发展》白皮书显示，2012—2021 年，中国累计完成造林 9.6 亿亩，防沙治沙 2.78 亿亩，种草改良 6 亿亩，新增和修复湿地 1200 多万亩。2012—2021 年，城市建成区绿化覆盖率由 39.22% 提高到 42.06%，人均公园绿地面积由 11.8 平方米提高到 14.78 平方米。我国的空气质量较之以往已经发生历史性变化，人民群众所熟知的 $PM_{2.5}$，其全国平均浓度已经由 2015 年的 46 微克 / 立方米降到了 2021 年的 30 微克 / 立方米，达到世卫组织公布的第一阶段过渡值。优良天数比率也增长到了 87.5%，我国已经成为世界上空气质量改善速度最快的国家。在未来，我国将在绿色低碳转型的道路上坚定走下去，共同构建人与自然生命共同体，推进中国式现代化。

推进中国式现代化是为了不断增进人民群众民生福祉。党的十九大明确了“坚持在发展中保障和改善民生”是新时代坚持和发展中国特色社会主义的基本方略之一，把增进民生福祉摆在了更加突出的位置、贯穿于党中央治国理政的方方面面。党的十八大以来，以习近平同志为核心的党中央在发展中补齐民生短板、

① 习近平：《高举中国特色社会主义伟大旗帜 为全面建设社会主义现代化国家而团结奋斗——在中国共产党第二十次全国代表大会上的报告》，人民出版社 2022 年版，第 23 页。

促进社会公平正义，在幼有所育、学有所教、劳有所得、病有所医、老有所养、住有所居、弱有所扶上不断取得新进展，在推动中国式现代化的进程中不断增进人民群众的民生福祉。在幼有所育上，“十三五”时期，我国学前教育毛入园率从 75.0% 提高到 85.2%，普惠性幼儿园覆盖率达到 84.7%；在学有所教上，截至 2020 年全国共有各级各类学校 53.71 万所，全国共有义务教育阶段学校 21.08 万所，全国小学学龄儿童净入学率 99.96%，已相当于世界高收入国家平均水平；在病有所医上，我们党全面推进健康中国建设，深化医药卫生体制改革，及时推动完善重大疫情防控体制机制、健全国家公共卫生应急管理体系，健全遍及城乡的公共卫生服务体系；在老有所养上，截至 2020 年底，全国享受高龄补贴的老年人 3058.9 万人，享受护理补贴的老年人 81 万人，享受养老服务补贴的老年人 523.5 万人，享受其他老龄补贴的老年人 25.5 万人；在住有所居上，建成世界最大住房保障体系，“十三五”期间全国棚改累计开工超过 2300 万套，帮助 5000 多万居民搬出棚户区住进楼房；在弱有所扶上，“十三五”时期，残疾人事业取得重大成就，710 万农村建档立卡贫困残疾人脱贫，城乡新增 180.8 万残疾人就业，1076.8 万困难残疾人被纳入最低生活保障范围，1212.6 万困难残疾人得到生活补贴，1473.8 万重度残疾人得到护理补贴；等等。可以说，我们党自成立之日起，就始终把为中国人民谋幸福、为中华民族谋复兴作为自己的初心使命。让老百姓过上好日子是我们党一切工作的出发点和落脚点，新时代中国式现代化的建设发展也需要以增进人民群众民生福祉为着眼点，始终做到发展为了人民。

（二）坚持发展依靠人民

中国式现代化，是亿万人民自己的事业，要靠亿万人民去大胆探索。“历史是人民书写的，一切成就归功于人民。只要我们深深扎根人民、紧紧依靠人民，就可以获得无穷的力量，风雨无阻，奋勇向前。”[①]中国共产党坚持发展依靠人民，坚持依靠人民实现民族复兴的历史伟业。中国共产党始终尊重人民群众的主体地位，尊重人民群众的首创精神，相信在人民群众中蕴含着无尽的智慧和强大的力量，只有深深扎根人民，紧紧依靠人民，才能够创造新的历史荣光，更好推进中国式现代化伟大实践。

人民是历史的创造者，是决定党和国家前途命运的根本力量。只要得到了人民的支持，获得了人民的信任，中国共产党在带领中华民族实现民族伟大复兴的征程中就能够攻坚克难、无往不胜，从而全面推动中国式现代化的建设发展。在革命、建设和改革的历史进程中，我们党始终把人民群众作为推动社会变革的决定性力量，可以说中华民族迎来了从站起来、富起来到强起来的伟大飞跃，是靠中国人民奋斗出来的。从宏观来看，我们党依靠人民，在进步与反动、正义与非正义的较量中，打败了强大的内外敌人，取得了新民主主义革命胜利；党依靠人民，成立新中国，在满目疮痍、一穷二白的烂摊子上，进行轰轰烈烈的社会主义革命和建设；党依靠人民，推进改革开放和社会主义现代化建设，激发了人民的创新创造热情，为中国注入创新和发展的强大

---

① 中共中央党史和文献研究院编：《十九大以来重要文献选编》（上），中央文献出版社2019年版，第87页。

动力，走出一条中国特色社会主义道路；党依靠人民，推动党和国家事业发生历史性变革、取得历史性成就，推动中国特色社会主义进入新时代。从微观来看，延安红色政权是陕北人民用小米哺育出来的，淮海战役的胜利是人民用小车推出来的，农村改革是小岗村村民“冒死”摁红手印开启的，乡镇企业是苏南群众在改革大潮中摸索出来的，新时代数字经济、共享经济、网购经济的新业态新模式是亿万网民推动兴起的，脱贫攻坚是始终坚持调动广大人民群众的脱贫积极性与主动性以激发贫困群众脱贫内生动力来完成的。

中国特色社会主义进入新时代，党的各项事业的建设发展更需要依靠广大人民群众来实现。正如习近平总书记所说的：“人民是历史的创造者，是决定党和国家前途命运的根本力量。我们党来自人民、植根人民、服务人民，一旦脱离群众，就会失去生命力。”[①]事实充分证明，人民是真正的英雄，激励人民群众自力更生、艰苦奋斗的内生动力，对人民群众创造自己的美好生活至关重要。只要我们始终坚持为了人民、依靠人民，尊重人民群众主体地位和首创精神，把人民群众中蕴藏着的智慧和力量充分激发出来，就一定能够不断创造出更多令人刮目相看的人间奇迹，让人民群众为推进中国式现代化不断作出新的更大贡献。

（三）坚持发展成果由人民共享

习近平总书记在党的二十大报告中指出：“中国式现代化是

---

① 习近平：《在纪念周恩来同志诞辰120周年座谈会上的讲话》，人民出版社2018年版，第13页。

全体人民共同富裕的现代化。共同富裕是中国特色社会主义的本质要求，也是一个长期的历史过程。我们坚持把实现人民对美好生活的向往作为现代化建设的出发点和落脚点，着力维护和促进社会公平正义，着力促进全体人民共同富裕，坚决防止两极分化。”[①]中国共产党坚持发展成果由人民共享，致力于促进全体人民共同富裕，坚决防止两极分化，切实提升全体人民群众的幸福感。

推进中国式现代化致力于实现共同富裕。实现全体人民共同富裕是中国式现代化的本质要求。当前，全球收入不平等问题突出，一些国家贫富分化，中产阶层塌陷，导致社会撕裂、政治极化、民粹主义泛滥，教训十分深刻！鉴于此，我们党以实现共同富裕，推进社会和谐安定为重大战略目标，勠力同心、接续奋斗，在全党和全国各族人民的努力下，中国共产党在成立100周年之际如期打赢脱贫攻坚战，全面建成小康社会，实现第一个百年奋斗目标。党的十八大以来，党中央提出，全面建成小康社会最艰难的任务在农村特别是在贫困地区，如果贫困地区不能实现小康，就不能全面建成小康社会，如果贫困地区的人民生活水平长期得不到改善，贫困面貌无法改变，那就不能体现出我国社会主义制度的优越性，就不能体现出社会主义的优越性，由此党中央向全国各族人民庄严承诺“决不能落下一个贫困地区、一

① 习近平：《高举中国特色社会主义伟大旗帜　为全面建设社会主义现代化国家而团结奋斗——在中国共产党第二十次全国代表大会上的报告》，人民出版社2022年版，第22页。

个贫困群众”[①]。习近平总书记多次主持召开中央扶贫工作座谈会，顶风雪、冒酷暑、踏泥泞，翻山越岭、跋山涉水，50多次调研扶贫工作，走遍全国14个集中连片特困地区，先后深入几十个贫困村考察调研，推动脱贫攻坚战扎实开展。在总书记的亲自部署下，脱贫攻坚成效显著。现行标准下的9899万农村贫困人口全部脱贫，832个贫困县全部摘帽，12.8万个贫困村全部出列，贫困地区农网供电可靠率达到99%，大电网覆盖范围内贫困村通动力电比例达到100%，等等。我们解决了区域性整体贫困问题，完成了消除绝对贫困的光荣任务。中国共产党带领中华民族进行脱贫攻坚的伟大实践深刻体现了中国式现代化是全体人民共同富裕的现代化，不能只是少数人富裕，而是要全体人民共同富裕。

推进中国式现代化致力于防止两极分化，旨在解决发展的不平衡不充分问题中推动公平正义。进入新时代，我国社会主要矛盾发生重大变化，我们党解决社会发展的不平衡不充分问题取得重大进展，充分体现了发展成果由人民共享的理念。针对区域发展不平衡的问题，我们党统筹推进西部大开发、东北全面振兴、中部地区崛起、东部率先发展，加大对经济欠发达地区如革命老区、边疆地区、民族地区的帮扶力度，着力解决区域发展不平衡问题。近年来，我国中西部地区的经济增速总体高于东部地区。2022年，我国对经济欠发达地区转移支付资金比5年前增长66.8%。针对城镇之间发展不平衡不充分的问题，我们党加

① 《习近平关于全面建成小康社会论述摘编》，中央文献出版社2016年版，第156页。

大对经济发展困难农村地区的支持力度，鼓励有条件的地区承担起“先富带后富”的责任，更大发挥带动作用。比如，我们积极改善农村人居环境，在农村开展厕所革命，截至2020年底，全国农村卫生厕所普及率达68%以上，2018年以来，累计改造农村户厕4000多万户。同时，东部地区、中西部城市近郊区等有基础、有条件的地区，实现无害化治理的农村卫生厕所普及率超过90%。农村生活垃圾收运处置体系已覆盖全国90%以上的行政村，农村生活环境明显改善。党的十八大以来，社会公平程度大幅度提升，城镇居民与农村居民人均收入比率从2010年的3.2倍下降到2022年的2.4倍。2013—2020年，贫困地区农村居民人均可支配收入从6079元提高到12588元，年均增长11.6%。这一系列实践举措，充分体现了共同富裕是社会主义的本质要求，是中国式现代化的重要特征，体现了我们党始终坚持社会公平正义，防止两极分化，维护社会和谐，致力于全体人民群众共享发展成果。

四、坚持深化改革开放

习近平总书记指出：“改革开放是决定当代中国命运的关键一招，也是决定实现‘两个一百年’奋斗目标、实现中华民族伟大复兴的关键一招”。[①]1978年12月，党的十一届三中全会拉开了改革开放的时代序幕。在中国共产党的领导下，中国历经“站

① 《习近平关于全面深化改革论述摘编》，中央文献出版社2014年版，第30页。

起来”的上下求索、“富起来”的左右突围，到新时代开启“强起来”的时代篇章。中国共产党团结带领各族人民创造了从“饱受贫困困扰”到“世界第二大经济体”、从“人民生活温饱不足”到“全面建成小康社会”、从“远远落后于时代”到“日益走近世界舞台中央”的中国奇迹。在推进中国式现代化的新征程上，坚持深化改革开放仍然非常必要。

（一）深入推进改革创新

改革难字当头，更需敢字当先。改革走过的道路，就是一条在不断克服困难中前进的改革创新之路，就是一段“发展出题目，改革做文章，创新得成效”的历程。

1978 年，邓小平在《解放思想，实事求是，团结一致向前看》中指出：“如果现在再不实行改革，我们的现代化事业和社会主义事业就会被葬送。”[①]此后召开的党的十一届三中全会决定把全党工作的着力点转移到社会主义现代化建设上来。自此，沉睡的中国大地被唤醒，对内改革的星星之火从农村开始点燃。1978 年冬夜，安徽小岗人背水一战、立誓为盟，在一间破旧茅草屋内，在“生死契约”上摁下 18 枚鲜红的手印。他们冒着坐牢杀头的风险，签字盖章，分田到户，并保证完成每户全年要上交的公粮，不再向国家伸手要钱要粮。发端于小岗村的“大包干”成为改革开放一声春雷，开启了改革开放这场重塑中国人民、中华民族、社会主义中国面貌的伟大变革，开启了中国现代化建设的新篇章。随着改革的深入，经济体制改革面临新的困境，经济

① 《邓小平文选》第 2 卷，人民出版社 1994 年版，第 150 页。

运行深层次问题需要进一步解决。改革何去何从？处在前进的十字路口，邓小平视察南方并发表了著名的“南方谈话”，打消了人民普遍存在的疑虑。以江泽民同志为主要代表的中国共产党人、以胡锦涛同志为主要代表的中国共产党人继续坚持改革，有效处理了改革、发展、稳定之间的关系，推动改革开放进入新阶段。进入新时代，习近平总书记作出“我国改革已经进入攻坚期和深水区”的重大判断。总书记亲任组长，经多方征求意见，广泛调研，反复修改，形成了《中共中央关于全面深化改革若干重大问题的决定》，号召全党上下“敢于啃硬骨头，敢于涉险滩”[①]。全面深化改革扎实推进，形成了一系列行之有效的改革方法论，实现了一系列突破性进展。中国经济实力、科技实力、综合国力和人民生活水平实现大踏步的前进，为中国式现代化提供了更为完善的制度保证、更为深厚的物质基础以及更为持久主动的精神力量。

创新是一个民族的灵魂，是一个国家兴旺发达的不竭动力，中国式现代化的探索就是一个在继承中发展、在守正中创新的历史过程。一个国家和民族的创新是全面的立体的，包括理论创新、制度创新、科技创新、文化创新等各方面创新，抓住了创新，就抓住了牵动经济社会发展全局的“牛鼻子”。尤其是科技领域的创新更是如此，重大科技创新成果是国之重器、国之利器，必须牢牢掌握在自己手上，必须依靠自力更生、自主创新。近年来，面对更加复杂多变的国际形势，我们党越发认识到，关

① 中共中央文献研究室编：《十八大以来重要文献选编》（上），中央文献出版社 2014 年版，第 514 页。

键核心技术是要不来、买不来、讨不来的，突破“卡脖子”关键核心技术刻不容缓。新时代十年，“我们加快推进科技自立自强，全社会研发经费支出从一万亿元增加到二万八千亿元，居世界第二位，研发人员总量居世界首位。基础研究和原始创新不断加强，一些关键核心技术实现突破，战略性新兴产业发展壮大，载人航天、探月探火、深海深地探测、超级计算机、卫星导航、量子信息、核电技术、新能源技术、大飞机制造、生物医药等取得重大成果，进入创新型国家行列”[①]。新时代新征程，我们党坚持创新在现代化建设全局中的核心地位，强化国家战略科技力量，优化国家科研机构、高水平研究型大学、科技领军企业定位和布局，深化科技体制改革和科技评价改革，加大多元化科技投入，形成支持全面创新的基础制度。在全面推进中国式现代化的道路上，唯有坚定不移地加快实施创新驱动发展战略，结合中国式现代化建设的科技需要、市场需要和国家需要，激发创新活力，才能创造更多的中国奇迹。

（二）扎实推进高水平对外开放

党的十一届三中全会决定进行改革开放，坚持打开国门搞建设，实现了伟大的历史转折。开放已成为当代中国的鲜明标识，中国对外开放的路，就是“日益走近世界舞台中央”之路，就是积极贡献中国智慧、提供中国方案之路。坚定不移扩大开放，就

① 习近平：《高举中国特色社会主义伟大旗帜　为全面建设社会主义现代化国家而团结奋斗——在中国共产党第二十次全国代表大会上的报告》，人民出版社 2022 年版，第 8 页。

是要推进高水平对外开放。推进高水平对外开放是推进中国式现代化的必然要求。

当前，世界百年未有之大变局正在加速演进，全世界经济形势受到多重因素的影响出现了发展疲软的态势，与之相伴的逆全球化思潮抬头，单边主义、保护主义明显上升。在世界经济复苏乏力的形势下，一些西方资本主义国家为了摆脱本国经济发展的困局，在世界范围内肆意挑起贸易争端，利用经济不平等地位，对其他国家进行更加深层的压榨，全球性问题加剧，气候变化等非传统安全威胁持续蔓延，国际经济、科技、文化、安全、政治等格局都在发生深刻复杂变化。再观国内，当前我国经济尚处于恢复发展的进程中，需求收缩、供给冲击、预期转弱三重压力仍然较大，外部环境动荡不安给我国经济带来的风险和影响增大。面对这样的世情和国情，中国以更加开放的姿态、更加务实的行动、更加包容的心态，始终在平等互利基础上拓展合作空间，在互学互鉴基础上增进文明交流，做好中国式现代化这篇大文章。这是应对国际环境深刻复杂变化的现实需要，也是推动我国经济实现高质量发展的内在要求。

推进高水平对外开放，是为了积极主动推动形成更大范围、更宽领域、更深层次的对外开放格局，从而为中国式现代化建设打开局面。从兴办深圳等经济特区、沿海沿边沿江沿线和内陆中心城市对外开放到加入世界贸易组织、共建"一带一路"、设立自由贸易实验区、谋划中国特色自由贸易港、成功举办首届中国国际进口博览会，从"引进来"到"走出去"，积极推动构建人类命运共同体，对外开放呈现繁荣发展的局面，创造了持续高速发展的人间奇迹，中国成为世界第二大经济体、商品消费第二大国、外资流入第二大国、外汇储备连续多年位居世界第一。这些成就充分说明，推进高水平对外开放符合中国社会的发展要求，符合中国式现代化的建设方向，符合社会主义现代化强国的建设要求。着眼未来，我们党唯有以一系列更加多元的措施扩大对外开放，如加快推进自贸区建设、更大力度吸引和利用外资、推动区域全面经济伙伴关系协定生效实施、积极参与全球经济治理改革等，才能为实现中国式现代化提供更加宽广的舞台和机遇。

推进高水平对外开放，是为了以更加多元的稳定的经济格局和开放平台为中国式现代化建设提供必要支撑。在推进中国式现代化的进程中，可以依托我国超大规模市场优势，以国内大循环吸引全球资源要素，发挥内需潜力，更好联通国内市场与国际市场，更好利用国际国内两个市场、两种资源，加快构建以国内大循环为主体、国内国际双循环相互促进的新发展格局，推动形成更高水平开放型经济体制，以高水平对外开放打造国际经济合作和竞争新优势。党的十八大以来，我们党坚定不移扩大开放，秉承共商、共建、共享原则，推动共建“一带一路”高质量发展，致力于和平、发展、合作、共赢。伴随着“一带一路”的深入推进，各国开放合作的宏大愿景变成了一个个造福落地国人民的项目，以“一带一路”为依托，各国参与全球开放合作，改善全球经济治理体系、促进全球共同发展繁荣。我们党推动构建人类命运共同体，充分体现了中国人民愿同世界各国人民一道努力共建美好世界的愿望，开辟了一条合作共赢、共建共享的文明发展新道路。这些都是我们党推进高水平对外开放的具体举措，使得我们能够以更加开放的姿态主动参与全球经济治理体系改革和建设，深度参与全球产业分工和合作，为中国式现代化建设提供更加广阔和开放的战略发展空间。以习近平同志为核心的党中央坚定推动对外开放进入新的更高阶段，始终秉持推动高水平对外开放的理念，中国人民将与世界各国人民携手共进、披荆斩棘，与世界相向而行，谱写更多“春天的故事”，奏响中国与世界和谐乐章。让更高水平的对外开放更好地整合国内国际两个市场、两种制度，包容互鉴、兼容并蓄，更好地推动实现中国式现代化。

（三）着力破解深层次体制机制障碍

坚持深化改革开放作为推进中国式现代化建设的重大原则，理应关注中国式现代化建设中的深层次体制机制问题。正如习近平总书记所说的：“随着我国迈入新发展阶段，改革也面临新的任务，必须拿出更大的勇气，更多的举措破除深层次体制机制障碍，坚持和完善中国特色社会主义制度，推进国家治理体系和治理能力现代化。”[①]我们党始终坚持破解深层次体制机制障碍，实现社会各领域高质量发展，勇于突破利益固化的藩篱，不断彰显中国特色社会主义制度优势。

纵观新中国成立之后社会主义革命、建设和改革的历史不难发现，我们党始终坚持问题导向，针对不同历史时期国家建设和发展过程中的体制机制问题，不懈地加强制度体系建设，形成了日益完善成熟的制度体系。新中国成立之后，在社会主义革命和建设的进程中，我们党就曾采取多种方式破解深层次的体制机制

① 中共中央党史和文献研究院编：《十九大以来重要文献选编》（中），中央文献出版社 2021 年版，第 665 页。

问题，着力推动现代化建设。其中最为典型的莫过于在对资本主义工商业进行改造的过程中，所采取的一系列突破性制度创新。针对中国民族资产阶级具有两面性的特点，以及当时中国的经济现状等，我们党对资本主义工商业的改造采用了和平赎买的方式，采取“利用、限制、改造”政策，有序地对资本主义工商业进行改造，从而开创了一种全新的社会改造制度。在中国特色社会主义的建设过程中，“从实行家庭联产承包、乡镇企业异军突起、取消农业税到农村承包地‘三权’分置、打赢脱贫攻坚战、实施乡村振兴战略；从搞好国营大中型企业、发展个体私营经济到深化国资国企改革、发展混合所有制经济；从单一公有制到公有制为主体、多种所有制经济共同发展和坚持‘两个毫不动摇’；从传统的计划经济体制到社会主义市场经济体制的形成与不断完善；从以经济体制改革为主到全面深化经济、政治、文化、社会、生态文明体制和党的建设制度改革，党和国家机构改革等一系列重大改革扎实推进”[①]；等等。我们党总是能够在不断改革不适应生产力发展的体制机制中推动生产关系变革，推动现代化建设。

中国特色社会主义进入新时代，以习近平同志为核心的党中央，面对政治、经济、文化、社会、生态文明等领域中存在的问题，善于从体制机制上寻找突破口，从而为中国式现代化建设奠定更加稳固的基础。具体来看，为了更好地处理市场和政府之间的关系，以完善产权制度和要素市场化配置为重点深化经

① 丁晓钦：《深入理解和把握推进中国式现代化的重大原则》，《红旗文稿》2023年第13期。

济体制改革，使市场在资源配置中起决定性作用和更好发挥政府作用；为了健全以公平为原则的产权保护制度，全面依法平等保护产权，完善和细化知识产权创造、运用、交易、保护制度规则，加快建立知识产权侵权惩罚性赔偿制度；为了持续优化市场化法治化国际化营商环境，健全公平竞争审查机制，实施统一的市场准入负面清单制度，着力建设高标准市场体系；为了进一步发挥创新在实现中华民族伟大复兴中的作用，加快实施创新驱动发展战略，140 多项深化科技体制改革任务全面完成；为了建设美丽中国，坚持绿色发展理念，不断完善生态环境保护体制机制；等等。各领域的体制性、机制性制度框架的基本建立，实现了许多历史性变革、系统性重塑、整体性重构，这是促进制度建设和治理效能更好转化融合、以制度优势应对风险挑战的必然选择。

在新的起点上，中国共产党正为实现第二个百年奋斗目标而不断奋进。实现高质量发展、推进中国式现代化，必然要求与之相适应的更加完善的制度体系。党的二十大报告指出，要着力破解深层次体制机制障碍，不断彰显中国特色社会主义制度优势，不断增强社会主义现代化建设的动力和活力，把我国制度优势更好转化为国家治理效能。这就要坚持深化改革，破除制约高质量发展的体制机制障碍，充分释放市场活力和社会创造力。

中国特色社会主义伟大事业每前进一步，都会出现新情况新问题新挑战，针对新出现的矛盾风险挑战，必须全面深化改革，进一步完善新时代中国特色社会主义制度体系。全面深化体制机制改革是在保持中国特色社会主义根本制度、基本制度不动摇的基础上，以高度的制度自觉对不合时宜的体制机制进行改革，以及根据新的时代需要制定新的制度。改革是社会主义的自我革命，新的起点上继续全面深化改革是在党的领导下，破除不合时宜的体制机制的持续不断的过程。改革是社会主义的自我发展，新的起点上继续全面深化改革是用更加科学、更加合理、更加高效的新型体制机制超越落后体制机制，是体现社会主义根本属性、发展生产力、保障人民利益的有效方式。改革是社会主义的自我完善，新的起点上继续全面深化改革是进一步解放和发展生产力，为高质量发展提供制度保障、积累制度红利的基本途径。通过改革，不断破解深层次体制机制障碍，才能充分激发全社会创业创新创造活力、推动高质量发展，从而不断彰显中国特色社会主义制度优势，把我国制度优势更好转化为国家治理效能。

五、坚持发扬斗争精神

2020 年 9 月 3 日，习近平总书记在纪念中国人民抗日战争暨世界反法西斯战争胜利 75 周年座谈会上发表重要讲话强调："实现中华民族伟大复兴，必须坚持斗争精神。中国共产党和中国人民是在斗争中成长和壮大起来的，斗争精神贯穿于中国革命、建设、改革各个时期。我国正处于实现中华民族伟大复兴关键时期，改革发展正处在攻坚克难的重要阶段，在前进道路上，我们面临的重大斗争不会少。我们必须以越是艰险越向前的精神奋勇搏击、迎难而上。"[①]坚持发扬斗争精神是党百年奋斗总结得出的

① 习近平：《在纪念中国人民抗日战争暨世界反法西斯战争胜利 75 周年座谈会上的讲话》，人民出版社 2020 年版，第 12 页。

宝贵经验，是中国共产党鲜明的政治品格，更是推进中国式现代化必须坚持的重大原则，在“两个大局”下坚持这一重大原则，将进一步增强全党全国各族人民战胜重大风险的志气、骨气、底气，不断开创中国特色社会主义事业新局面。

（一）矛盾普遍存在的客观要求

马克思主义矛盾论揭示了矛盾的普遍存在，认为无论自然界还是人类社会，处处有矛盾，时时有矛盾，且矛盾着的双方相互作用、相互影响，成为推动事物发展变化的内在动力。因此，只要承认矛盾的普遍存在，就得承认矛盾着的双方相互斗争的一面，哪里有矛盾，哪里就有斗争。正如习近平总书记所说：“我们共产党人的斗争，从来都是奔着矛盾问题、风险挑战去的。”① 我们既不能无视斗争存在的必然性与必要性，更不能狭隘地将斗争理解为阶级斗争。同时，对于中国共产党人而言，“我们讲的斗争，不是为了斗争而斗争，也不是为了一己私利而斗争，而是为了实现人民对美好生活的向往、实现中华民族伟大复兴知重负重、苦干实干、攻坚克难”②。中国共产党坚持发扬斗争精神具有鲜明的政治立场，始终是为了人民的幸福、民族的复兴而同各种矛盾问题、风险挑战斗争，从来就没有私利可图。

马克思主义唯物史观揭示了人类社会的基本矛盾，即生产力和生产关系、经济基础和上层建筑之间的矛盾。这两对矛盾存在于一切社会形态中，并贯穿每一社会形态的始终，是社会发展

① 《习近平谈治国理政》第 3 卷，外文出版社 2020 年版，第 226 页。
② 《习近平谈治国理政》第 3 卷，外文出版社 2020 年版，第 542 页。

的基本动力，决定着社会形态的更替，推动着人类社会从低级向高级发展；这两对矛盾是其他社会矛盾的根源，规定和影响着其他社会矛盾的存在和发展，生产关系一定要适合生产力状况的规律、上层建筑一定要适合经济基础状况的规律，是社会发展的最普遍、最基本的规律。生产力与生产关系、经济基础与上层建筑的矛盾在不同社会形态下、在同一社会形态的不同发展阶段会有不同的表现，在经济、政治、文化等各个领域表现为各种各样的问题或挑战，这就需要发扬斗争精神加以解决。

在社会主义建设时期，党领导人民同贫穷落后做斗争，是坚持发扬斗争精神的光辉典范。一方面，建设新中国的基础极其薄弱。毛泽东曾在《论十大关系》中用“一穷二白”来描述新中国成立之初的贫穷落后：“我们一为‘穷’，二为‘白’。‘穷’，就是没有多少工业，农业也不发达。‘白’，就是一张白纸，文化水平、科学水平都不高。”[①]另一方面，新中国面临的外部形势极为复杂，最初遭到帝国主义的敌视和孤立，后又失去苏联的支持，只能依靠中国人民自己的力量去解决经济文化落后的大难题。在这一背景下，如果没有敢于攻坚克难、实干苦干的斗争精神是难以战胜困难、难以完成历史使命的。为了实现落后的农业国向先进的工业国转变，国家加强顶层设计，制定经济发展的战略规划，主要依靠自己的力量突破一个又一个工业技术难题，工业生产总值大幅度提升，“1965 年同 1957 年相比，主要工业产品的产量，钢增长 1.29 倍，达到 1223 万吨；原煤增长 77.1%，达到 2.32 亿吨；发电量增长 2.5 倍，达到 676 亿度；原油增长 6.75 倍，达

① 《毛泽东文集》第 7 卷，人民出版社 1999 年版，第 43—44 页。

到1131万吨；天然气增长14.71倍，达到11亿立方米；水泥增长1.38倍，达到1634万吨”①。比较完整的工业体系和国民经济体系的建立为社会主义现代化建设奠定重要基础。同时，该时期党和国家制定了《1956—1967年科学技术发展远景规划纲要（修正草案）》，全国的科研工作者向现代科学进军，战胜一个又一个科研难题，首次完成人工合成结晶牛胰岛素，取得了原子弹、导弹和人造地球卫星等国防尖端科学技术成果，有力保障了国家安全。

总之，坚持发扬斗争精神是矛盾普遍存在的客观要求，是中国共产党和中国人民的精神标识，在中国式现代化进程中也必须坚持发扬斗争精神，勇于破解前进道路上一个又一个困难、挑战，实现中华民族伟大复兴。

（二）接力探索现代化之路的经验总结

“我们党诞生于国家内忧外患、民族危难之时，一出生就铭刻着斗争的烙印，一路走来就是在斗争中求得生存、获得发展、赢得胜利。”②回顾近代以来党领导人民追求现代化的百年历程，敢于斗争是宝贵历史经验。

新民主主义革命时期，“党深刻认识到，近代中国社会主要矛盾是帝国主义和中华民族的矛盾、封建主义和人民大众的矛

① 中共中央党史研究室：《中国共产党历史》第2卷（1949—1978），中央党史出版社2011年版，第732—733页。

② 《习近平谈治国理政》第3卷，外文出版社2020年版，第542页。

盾”[1]，党面临的主要任务是“反对帝国主义、封建主义、官僚资本主义，争取民族独立、人民解放，为实现中华民族伟大复兴创造根本社会条件”[2]。围绕这一中心任务，党带领中国人民在敌强我弱的不利条件下发扬斗争精神，同帝国主义、封建主义和官僚资本主义展开顽强斗争，以顽强的斗争意志和高超的斗争艺术，赢得了抗日战争和解放战争伟大胜利，成立了中华人民共和国，彻底结束了旧中国半殖民地半封建社会的历史，为实现现代化和民族复兴创造了根本的政治前提和社会条件。

社会主义革命和建设时期，党领导人民为巩固新生政权、反对霸权主义、改变贫困落后面貌而进行艰苦卓绝的斗争，完成“打破一个旧世界，更要建设起一个新世界”的历史使命。尤其是抗美援朝战争，是党和人民坚持发扬斗争精神的充分彰显。彼时中国人民刚结束持续 28 年之久的新民主主义革命，和平是人民的强烈呼声和共同愿景。但美帝国主义悍然发动了侵略朝鲜的战争，甚至越过三八线，把战火烧到中朝边境，多次轰炸中国东北边境地区，严重威胁到中国人民生命财产安全和国家安全。为了抵御帝国主义的侵略扩张，捍卫人民来之不易的和平生活，维护朝鲜半岛、亚洲以及世界和平，在双方军事实力悬殊的情况下，中央毅然决定派中华优秀儿女组成的中国人民志愿军抗美援朝出国作战。抗美援朝战争无比惨烈，中朝军民密切配合，先后

---

① 《中共中央关于党的百年奋斗重大成就和历史经验的决议》，人民出版社 2021 年版，第 4 页。

② 《中共中央关于党的百年奋斗重大成就和历史经验的决议》，人民出版社 2021 年版，第 3 页。

在两水洞、云山城、清川江、长津湖、上甘岭等地展开厮杀，粉碎了敌人的“绞杀战”，抵御了“细菌战”，最终打破了美军不可战胜之神话，迫使其于1953年7月27日在停战协定上签字。抗美援朝对中国和世界而言具有重大意义。“经此一战，中国人民粉碎了侵略者陈兵国门、进而将新中国扼杀在摇篮之中的图谋，可谓‘打得一拳开，免得百拳来’，帝国主义再也不敢作出武力进犯新中国的尝试，新中国真正站稳了脚跟。这一战，拼来了山河无恙、家国安宁，充分展示了中国人民不畏强暴的钢铁意志！”[①]没有斗争精神赋予的强大精神力量，在这场双方武器装备差距悬殊的战争中，处于相对劣势一方的中国要取得胜利是难以想象的。

改革开放和社会主义现代化建设新时期，虽然时代主题随着冷战格局的结束转变为和平与发展，但风云变幻的国际局势仍然要求党领导人民继续发扬斗争精神。这个时期，党团结带领人民进行改革开放和社会主义现代化建设，战胜各种风险挑战，使中国大踏步赶上了时代，实现了从生产力相对落后的状况到经济总量跃居世界第二的历史性突破，实现了人民生活从温饱不足到总体小康、奔向全面小康的历史性跨越，有力推动经济全球化进程，使遭受苏东剧变严重冲击的世界社会主义运动焕发出旺盛生机活力。中国的快速发展深刻改变冷战结束后世界格局的力量对比和世界发展趋势，在世界上高高举起了中国特色社会主义伟大旗帜。

党的十八大以来，中国特色社会主义进入新时代，以习近平

① 《习近平谈治国理政》第4卷，外文出版社2022年版，第73页。

同志为核心的党中央围绕推进现代化建设、完成祖国统一、维护世界和平与促进共同发展的三大历史任务，更加重视发扬斗争精神，增强全党全国各族人民的志气、骨气、底气，不信邪、不怕鬼、不怕压，知难而进、迎难而上，统筹发展和安全，全力战胜前进道路上各种困难和挑战，在斗争中维护国家尊严和核心利益，牢牢掌握我国发展和安全主动权，依靠顽强斗争打开事业发展新天地。

总之，党带领人民探索中国现代化之路、努力实现中华民族伟大复兴的百年历史，就是一部始终坚持斗争精神战胜国内外各种风险挑战的奋斗史诗，必须始终不渝地代代传承，赋予全党全国各族人民继续前行的强大精神力量。

（三）应对中国式现代化进程中风险挑战的迫切需要

中国式现代化进程正处于世界百年未有之大变局加速演进期和中华民族伟大复兴关键时期。当前国际格局和国际力量对比正在发生变化，全球治理体系正在发生变革，发展的机遇与挑战并存。“当前和今后一个时期，我国发展进入各种风险挑战不断积累甚至集中显露的时期，面临的重大斗争不会少，经济、政治、文化、社会、生态文明建设和国防和军队建设、港澳台工作、外交工作、党的建设等方面都有，而且越来越复杂”[①]。因此，坚持发扬斗争精神，是应对中国式现代化进程中种种风险挑战的迫切需要。

党的十八大以来，面对错综复杂的世界局势变化，党和国家

① 《习近平谈治国理政》第 3 卷，外文出版社 2020 年版，第 226 页。

高度重视对重大风险的研判与防控。2019 年 9 月，习近平总书记在中央党校（国家行政学院）中青年干部培训班开班式上发表重要讲话强调："在前进道路上我们面临的风险考验只会越来越复杂，甚至会遇到难以想象的惊涛骇浪。"[①]2022 年 10 月，习近平总书记在党的二十大报告中再次强调："我国发展进入战略机遇和风险挑战并存、不确定难预料因素增多的时期，各种'黑天鹅''灰犀牛'事件随时可能发生。"[②]在新时代，我国将不可避免地面临来自经济、意识形态、社会等多个领域的新风险新挑战，同时，各领域的风险挑战可能出现蔓延交织趋势，导致风险叠加效应，致使风险破坏性更强，防控难度更大。比如，经济领域面临转变经济发展方式、优化经济结构、推动高质量发展的挑战。一方面，中小微企业融资难、"僵尸企业"处置难等矛盾难以破解，防风险和稳增长的关系存在失衡风险；另一方面，因历史原因导致供给体系较为脆弱，对于市场需求的反应与适应能力较弱，导致有效供给不足，无法实现高水平供需的良性互动，进而阻碍内需潜力的快速释放。意识形态领域面临网络意识形态风险管控难度大、风险点增多的挑战，"网络已是当前意识形态斗争的最前沿"[③]。网络信息扩散和舆论传播具有自发性、匿名性等特质，导

① 《习近平谈治国理政》第 3 卷，外文出版社 2020 年版，第 225—226 页。

② 习近平：《高举中国特色社会主义伟大旗帜　为全面建设社会主义现代化国家而团结奋斗——在中国共产党第二十次全国代表大会上的报告》，人民出版社 2022 年版，第 26 页。

③ 《习近平关于总体国家安全观论述摘编》，中央文献出版社 2018 年版，第 117 页。

致网络意识形态领域成为风险高发区。例如，“普世价值”、“宪政民主”、极端个人主义等错误思潮通过网络平台快速传播，对社会主义核心价值观、集体主义、爱国主义等主流价值取向造成冲击，在不同阶段造成不同程度的思想混乱，进而挑战我们党对意识形态的领导权。

各个领域中的风险在一定条件下还可能发生外溢，如果不坚持发扬斗争精神，很可能风险扩散造成严重后果。例如，2019 年底暴发的新冠疫情是公共卫生领域突发的重大风险，但由于西方敌对势力的介入，导致风险向政治和意识形态等领域外溢。在这场新冠疫情防控阻击战中，一方面，党和国家坚持人民至上生命至上，争分夺秒地阻断新冠病毒的传播，救治新冠病毒感染者，统筹人力物力财力生产疫情防控物资和人民所需的生活物资，通过同病毒的斗争维护人民的身体健康和生命安全；另一方面，面对西方国家利用疫情污名化中国的卑劣行径，党和国家通过媒体等各种渠道展开针锋相对的斗争，并为缺乏疫情防控物资的地区和国家提供援助，展现和塑造中国在全球疫情肆虐下的大国担当。正是党和人民坚持发扬斗争精神，才能有效应对这场公共卫生领域发生的重大风险，维护了国家安全，并进一步厚植国人的家国情怀，增强民族的凝聚力和向心力。

第七章
推进中国式现代化需要处理好若干重大关系

习近平总书记在学习贯彻党的二十大精神研讨班开班式上的重要讲话中强调，推进中国式现代化是一个系统工程，需要统筹兼顾、系统谋划、整体推进，正确处理好顶层设计与实践探索、战略与策略、守正与创新、效率与公平、活力与秩序、自立自强与对外开放等一系列重大关系。这一重要论述，对推进中国式现代化需要处理好的若干重大关系作出深刻阐释、提出明确要求，对于全党正确理解中国式现代化，增强贯彻落实的自觉性和坚定性，努力在新征程上开创党和国家事业发展新局面，具有十分重要的意义。

一、处理好顶层设计与实践探索的关系

治理中国这样一个国家很不容易，必须登高望远，同时必须脚踏实地。登高望远就是要加强顶层设计，脚踏实地就是要大胆实践探索。从一穷二白的落后农业国起步，到全面建成小康社会，再到迈上全面建设社会主义现代化国家新征程，坚持顶层设计与实践探索辩证统一，是我国社会主义现代化建设积累的一条宝贵经验。顶层设计与实践探索的关系是辩证统一的，推进中国式现代化的复杂性与艰巨性，决定了必须妥善处理好顶层设计与实践探索的关系，以科学的顶层设计推动实践发展，以大胆的实践探索丰富顶层设计，通过两者的有机结合、良性互动，最终达至理想的境界。

（一）强化顶层设计引领实践进程

顶层设计具有管总、管长远的重要作用，是国家发展不可或缺的重要指引。党的二十大报告深刻阐述了中国式现代化的中国特色、本质要求和重大原则，是对推进中国式现代化的最高顶层设计。中国式现代化是分阶段、分领域推进的，实现各个阶段发展目标、落实各个领域发展战略同样需要进行顶层设计，用顶层设计规

划好方向和目标等，引领实践不断向前发展。进行顶层设计，需要深刻洞察世界发展大势，准确把握人民群众的共同愿望，深入探索经济社会发展规律，使制定的规划和政策体系体现时代性、把握规律性、富于创造性，做到远近结合、上下贯通、内容协调。

立足“两个大局”是顶层设计的基础。习近平总书记指出：“一个国家能不能富强，一个民族能不能振兴，最重要的就是看这个国家、这个民族能不能顺应时代潮流，掌握历史前进的主动权。”[①]中国式现代化的顶层设计要准确把握世界百年未有之大变局和中华民族伟大复兴的战略全局的“两个大局”，只有这样，中国式现代化的实践探索才能做到因势而谋、应势而动、顺势而为。从国际大局来看，世界正经历百年未有之大变局，全球局势跌宕起伏，现代化事业的艰巨性和复杂性前所未有。以美国为首的西方国家高筑壁垒，大肆宣扬“中国威胁论”，炒作所谓“去风险”，无孔不入地挑起意识形态冲突。近年来，国际安全热点问题余烬复燃，地缘政治风险局势紧张，乌克兰危机、巴以冲突……整个世界安全形势趋于严峻。中国式现代化是和平发展的现代化，中国呼吁俄乌双方通过对话解决危机，在中国的斡旋下沙特和伊朗恢复了外交关系，我国的国际影响力进一步提升。虽然世界百年未有之大变局加速演进，但我国制度优势显著，经济韧性强大，社会秩序稳定，对国际环境的塑造力不断提升，长期向好的发展局面没有改变。从国内大局来看，我们比历史上任何时期都更接近中华民族伟大复兴的目标。以中国式现代化全面推进中华民族伟大复兴，对民族复兴与现代化关系的认识提升

① 《习近平谈治国理政》第 2 卷，外文出版社 2017 年版，第 210 页。

到了新的高度，丰富了现代化理论，也拓展了现代化实践。现代化是一个动态发展的过程，现代化顶层设计的目标也在不断调整。

把握人民需求是顶层设计的旨归。中国式现代化的顶层设计充分体现了习近平新时代中国特色社会主义思想坚持人民至上的立场观点，充分体现了人民性这个马克思主义的本质属性。中国式现代化是人口规模巨大的现代化，这是中国推进社会主义现代化建设的基本国情和基础力量，坚持人民至上必须首先认识和把握具有14亿多人民的中国特色。推进人口规模如此巨大的现代化，是人类历史上前所未有的伟大实践，需要始终从国情出发，积极探索自己的发展途径和推进方式，要认识到中国式现代化任务的艰巨性和复杂性，还要认识到14亿多中国人民所蕴藏的巨大力量。习近平总书记指出："全面建成社会主义现代化强国，人民是决定性力量。"[①]要实现人口规模巨大的中国式现代化，顶层设计一定要站稳人民立场、把握人民愿望、尊重人民创造、集中人民智慧，一定要把人民对美好生活的向往作为最终奋斗目标，紧紧依靠广大人民群众，从而充分激发人民群众的积极性、主动性、创造性，形成凝聚亿万人民的磅礴伟力。中国式现代化是全体人民共同富裕的现代化，这体现了社会主义现代化的本质要求和重要目标，更是中国式现代化人民性的集中体现。党的二十大报告强调："我们坚持把实现人民对美好生活的向往作为现代化建设的出发点和

① 习近平：《在第十四届全国人民代表大会第一次会议上的讲话》，人民出版社2023年版，第7页。

落脚点。”[①]在中国式现代化的顶层设计中，将实现共同富裕这个长期的历史过程与中国式现代化进程有机结合。正如习近平总书记所指出的：“我们不能等实现了现代化再来解决共同富裕问题，而是要始终把满足人民对美好生活的新期待作为发展的出发点和落脚点，在实现现代化过程中不断地、逐步地解决好这个问题。”[②]

紧扣中心工作是顶层设计的重点。以经济建设为中心为我国实现社会主义现代化奠定了坚实基础，推进中国式现代化，建成社会主义现代化强国，仍需要建立在经济高质量发展基础之上，仍必须坚持以经济建设为中心。党的十八大以来，习近平总书记反复强调经济建设的重要性，他强调：“发展是党执政兴国的第一要务，作为执政党，我们必须切实加强党对经济工作的领导。”[③]并系统提出了创新、协调、绿色、开放、共享的新发展理念。坚持以经济建设为中心不动摇，是决定中国式现代化的全局问题。强调以经济建设为中心并不否认其他工作的重要性，而是在“五位一体”总体布局的基础上更加强调经济基础的决定性作用。从中国发展的实践来看，如果不能正确地确定“工作中心”，就不能够真正掌握和推动全局；如果离开经济建设这个中心，整个现代化事业的全局都会受到损害。党的二十大报告提出：“高质量发展是全面

① 习近平：《高举中国特色社会主义伟大旗帜　为全面建设社会主义现代化国家而团结奋斗——在中国共产党第二十次全国代表大会上的报告》，人民出版社 2022 年版，第 22 页。

② 习近平：《论把握新发展阶段、贯彻新发展理念、构建新发展格局》，中央文献出版社 2021 年版，第 503 页。

③ 《习近平关于社会主义经济建设论述摘编》，中央文献出版社 2017 年版，第 315 页。

建设社会主义现代化国家的首要任务。”[①]经济高质量发展是高质量发展的核心和关键，也是推进中国式现代化的重要基础，顶层设计必须围绕推动经济高质量发展展开。新征程上，推动经济高质量发展，不仅要建立现代化经济体系，也要以促进全体人民共同富裕为价值旨归，使中国式现代化向着更高目标、更高水平的方向迈进。

锚定强国梦想是顶层设计的目标。党的二十大报告提出：“全面建成社会主义现代化强国，总的战略安排是分两步走：从二〇二〇年到二〇三五年基本实现社会主义现代化；从二〇三五年到本世纪中叶把我国建成富强民主文明和谐美丽的社会主义现代化强国。”[②]全面建成社会主义现代化强国两步走战略安排，体现了我们党在社会主义现代化建设顶层设计上的一贯性、整体性。20 世纪五六十年代，我们党就明确要“把我国建设成为一个强大的社会主义国家”[③]，并提出基本实现“四个现代化”的两步走战略。改革开放之后，提出三步走战略，就是到 20 世纪 80 年代末解决人民温饱问题，到 20 世纪末使人民生活达到小康水平，到 21 世纪中叶基本实现现代化。进入新世纪，在现代化建设的前两步战略目标实现之后，又提出在 21 世纪头 20 年全面建设惠

① 习近平：《高举中国特色社会主义伟大旗帜　为全面建设社会主义现代化国家而团结奋斗——在中国共产党第二十次全国代表大会上的报告》，人民出版社 2022 年版，第 28 页。

② 习近平：《高举中国特色社会主义伟大旗帜　为全面建设社会主义现代化国家而团结奋斗——在中国共产党第二十次全国代表大会上的报告》，人民出版社 2022 年版，第 24 页。

③ 中共中央文献研究室编：《建国以来重要文献选编》第 8 册，中央文献出版社 1994 年版，第 266 页。

及十几亿人口的更高水平的小康社会目标。党的十八大以来，中国特色社会主义进入新时代，党发出了向“两个一百年”奋斗目标进军的时代号召。党的十九大报告对实现第二个百年奋斗目标作出分两个阶段推进的战略安排，基本实现现代化的时间比原先提前了 15 年，首次提出“全面建成社会主义现代化强国”概念，战略目标上增加了“美丽”这一新的要求，使现代化的内涵更加全面。党的二十大报告对全面建成社会主义现代化强国两步走战略安排进行宏观展望，细化了实现第二个百年奋斗目标的步骤和路径。回顾我国现代化建设的历程，我们党坚持一张蓝图绘到底，对建设社会主义现代化国家战略目标，在认识上不断深化，在内涵上不断丰富拓展，在战略安排上层层递进，推动现代化建设的蓝图一步一步变为现实。

（二）推进实践探索完善顶层设计

有了顶层设计便有了发展的“施工图”，要将“蓝图”转化为“现实”，还需要持续不断地开展实践探索。实践的推进，一方面使得顶层设计得以贯彻落实，另一方面也为顶层设计的完善提供实践支撑。

一是开展实践落实顶层设计。习近平总书记指出：“推进中国式现代化是一个探索性事业，还有许多未知领域，需要我们在实践中去大胆探索，通过改革创新来推动事业发展，决不能刻舟求剑、守株待兔。”[①]尽管我们通过“摸着石头过河”已经积累了

---

① 习近平：《推进中国式现代化需要处理好若干重大关系》，《求是》2023 年第 19 期。

一些经验，也可以一定程度上借鉴其他国家的经验教训，但许多方面还需要自己创新，这些创新需要通过实践探索来检验，并在持续不断积累经验的基础上走向更加成熟、更加定型。

实践探索是实现目标的具体行动。一方面，实践探索为顶层设计提供现实支撑。有了实践探索的支撑，顶层设计才能对实践开展发挥出有效的指导作用并将蓝图变成现实。比如，党科学谋划和推进脱贫工作，明确脱贫攻坚的目标任务，提出精准扶贫，为全面打赢脱贫攻坚战提供了科学指引。同时，鼓励贫困地区在党和国家大政方针的指引下，注重实践探索，因村因户因人施策，对症下药、精准滴灌、靶向治疗，真正发挥拔穷根的作用。另一方面，实践探索又检验并丰富着顶层设计。中国式现代化是一个十分复杂的系统工程，这种复杂性既来自风云变幻的国际环境，也来自我国自身发展带来的深刻变化。例如，网络技术进步及其广泛应用所带来的全面影响，我国现阶段呈现出来的老龄化、低生育的现状，不仅是社会发展带来的新变化，更是需要积极、妥善应对的新挑战。为此，我国不仅需要与时俱进地进行实践探索，还需要通过实践探索促使顶层设计更加完善，进而确保中国式现代化朝着既定的目标稳步前进。

二是注重调研提高实践成效。习近平总书记多次强调："调查研究是谋事之基、成事之道，没有调查就没有发言权，没有调查就没有决策权。"[①]党的十八大以来，以习近平同志为核心的党

① 《习近平关于力戒形式主义官僚主义重要论述选编》，中央文献出版社 2020 年版，第 89 页。

中央坚持把调查研究作为开展工作、出台政策、制定战略的“先手棋”。当前，我国发展面临新的战略机遇、新的战略任务、新的战略阶段、新的战略要求、新的战略环境，党的二十大明确了以中国式现代化全面推进中华民族伟大复兴的宏伟蓝图，这迫切需要我们通过调查研究进一步把握事物的本质和规律，找到破解难题的办法和路径，以正确战略策略应变局、育新机、开新局，以高质量发展大力推进中国式现代化。

大兴调查研究，关键在于发现问题、分析问题、解决问题，必须坚持新时代党的群众路线，坚持实事求是，坚持问题导向，不断提高调研水平，切实把调研成果转化为发展成效，让调查研究成为推动中国式现代化事业发展的强大动力。首先，要持续深化党员干部身入基层、心到基层，做到问计于民，让调研成果切实解决人民的实际问题。其次，要坚持实事求是搞调研，就不能搞“上级要调研，下级忙成团”的加压式调研，不能搞“行车百十里，下车十分钟”的走马观花式调研，不能搞“调研说成绩，问题全遮挡”的表功式调研，让调查研究真正推动有效决策，解决实际问题。最后，要坚持问题导向搞调研，始终奔着问题去、盯着问题改，实行问题大梳理、难题大排查，着力打通中国式现代化顶层设计贯彻落实中的堵点和难点。

三是鼓励探索丰富实践经验。习近平总书记强调，“坚持摸着石头过河和加强顶层设计相结合”[①]，推动顶层设计和基层探索良性互动、有机结合。在党中央治国理政的实践中，既要加强

① 习近平：《在深圳经济特区建立 40 周年庆祝大会上的讲话》，人民出版社 2020 年版，第 8 页。

宏观思考、顶层设计，也要鼓励积极试验、大胆突破，在“顶层”与“基层”的良性互动中，不断推进经济社会全面发展。加强顶层设计和基层探索，不仅是富有中国特色、符合中国国情的改革路径，更是实现中国式现代化必须牢牢坚持的重要方法论。

我国幅员辽阔、国情复杂，不同地区的情况千差万别，不可能靠一套方案包打天下。因此，鼓励基层自发探索、发挥群众首创精神，允许各地根据自身特色进行差异化、多元化尝试，是推进改革发展的一条重要经验。进入新时代，“河长制”“湖长制”让每一条河流、每一个湖泊都得到珍惜保护，以小切口撬动生态文明建设大棋局；商事制度改革提升企业开办便利度，激发了经营主体的活力潜力；上海自贸试验区敢为人先，大批制度创新成果向全国复制推广……事实证明，改革创新最大的活力蕴藏在基层和群众中。我们党把制定长期政策目标和广泛的政策试验结合起来，试点先行、由点到面，既实现改革的蹄疾步稳，也将地方的创新精神融入中央的政策制定过程中，进一步提高了政策的创新力和适应力。

二、处理好战略与策略的关系

战略与策略是我们党领导人民改造世界、变革实践、推动历史发展的有力武器。正确运用战略和策略，是我们党创造辉煌历史、成就千秋伟业、战胜各种风险挑战，不断从胜利走向胜利的成功秘诀。推进中国式现代化，必须把这一成功秘诀传承好、运用好、发展好，将战略的原则性和策略的灵活性有机结合起来，灵活机动、随机应变、临机决断，在因地制宜、因势而动、顺势而为中把握战略主动。

（一）毫不动摇实施重大战略

习近平总书记指出："战略问题是一个政党、一个国家的根本性问题。"①我们之所以能走出中国式现代化的道路，正在于我们能始终立足战略全局，扎实推进各项战略，并始终保持战略定力。

首先，始终立足战略全局，实现中华民族伟大复兴。实现中华民族伟大复兴，是数代中国人的夙愿，是中华民族和中国人民整体利益的彰显，更是每一个中华儿女的共同期盼。今天，中华民族比历史上任何时期都更接近伟大复兴的目标，比历史上任何时期都更有信心、有能力实现这个目标。行百里者半九十。我国正处于实现中华民族伟大复兴关键时期，经济已由高速增长阶段转向高质量发展阶段，改革发展正处在攻坚克难的重要阶段，社会主要矛盾发生变化，人民对美好生活的要求不断提高，在前进道路上，我们面临的重大斗争不会少。

在把握实现中华民族伟大复兴战略全局的同时，还需要立足当今世界百年未有之大变局。"当今世界正经历百年未有之大变局，这样的大变局不是一时一事、一域一国之变，是世界之变、时代之变、历史之变。"②当前国际格局和国际体系正处在深刻变

① 《习近平谈治国理政》第 4 卷，外文出版社 2022 年版，第 31 页。

② 中共中央党史和文献研究院编：《十九大以来重要文献选编》（中），中央文献出版社 2021 年版，第 831 页。

化和调整的阶段，世界经济重心的转移、科技革命和产业变革加速、发展中国家的崛起、全球治理体系的变革等，都会对我国产生深远影响。我国必须清醒认识这一时代大变局，在变局中抓住机遇，继续推进中国式现代化进程。

同时，要深刻把握世界百年未有之大变局与中华民族伟大复兴战略全局之间的辩证关系，坚持正确的历史观、大局观、角色观，立足大局、统筹全局、引领变局、开创新局，推进中国式现代化开启崭新篇章。

其次，扎实推进各项战略，确保战略全面有效落实。战略一经形成，就要长期坚持、一抓到底、善作善成，不要随意改变。党和国家制定的重大战略的生命力在于贯彻和落实，缺乏推进各项重大战略的坚决态度和履践实干，就无法实现社会主义现代化强国的目标，更无望实现中华民族伟大复兴的中国梦。

深入实施科教兴国战略、人才强国战略、创新驱动发展战略。党的二十大报告指出："教育、科技、人才是全面建设社会主义现代化国家的基础性、战略性支撑。必须坚持科技是第一生产力、人才是第一资源、创新是第一动力。"[①]深入推进中国式现代化纵深发展，科技是关键，人才是基础，教育是根本。三者协同配合、系统集成，才能为全面建设社会主义现代化国家筑牢基础性、战略性支撑。

统筹推进区域协调发展战略、区域重大战略。在推进中国

---

① 习近平：《高举中国特色社会主义伟大旗帜　为全面建设社会主义现代化国家而团结奋斗——在中国共产党第二十次全国代表大会上的报告》，人民出版社2022年版，第33页。

式现代化的过程中，党中央谋划全局、一体部署，审时度势地提出了京津冀协同发展、长江经济带发展、粤港澳大湾区建设、长三角一体化发展、黄河流域生态保护和高质量发展、成渝地区双城经济圈建设等区域发展战略，也鲜明指出要推动西部大开发形成新格局、推动东北全面振兴取得新突破、促进中部地区加快崛起、鼓励东部地区加快推进现代化，不断优化重大生产力布局，构建优势互补、高质量发展的区域经济布局和国土空间体系。

精准实施就业优先战略。就业是最基本的民生，要稳住经济发展势头，实现高质量发展，首要任务就是要全面确保我国就业形势的总体稳定，以高质量充分就业作为目标。在具体落实中，一方面要强化就业优先导向，拓宽高校毕业生就业渠道，稳定农民工等重点群体就业渠道，保障部分群体就业率；另一方面要以经济增长来促进就业，实施多样就业政策，做到精准发力，创造更多高质量就业岗位，实现经济高质量发展和就业扩容提质互促共进。

在奋力推进中国式现代化的过程中，我们还要继续推进其他重大战略，如贯彻全面节约战略、可持续发展战略，保障我国资源安全，实现绿色发展；贯彻制造强国战略，实现产业转型升级；贯彻国家安全战略，保证国家兴旺发达、社会长治久安等，以多种战略凝聚国家发展之力，合力打造现代化发展的光明前景。

最后，始终保持战略定力，迎接各种风险挑战。保持战略定力有助于增强战略自信、保持战略清醒、锤炼战略耐力。在推进中国式现代化的道路上，在实施各项重大战略的过程中，我们不仅要有“不到长城非好汉”的进取精神，更要有“乱云飞渡仍从容”的战略定力。

保持战略定力就要坚定必胜信心，牢牢掌握发展主动权。当前，国际形势深刻变动，我国总体发展环境的复杂性、严峻性、不确定性仍然存在。但同时，我们更应认识到，我国经济实力、科技实力、国防实力、综合国力等方面在逐步增强，仍有巨大的发展空间。保持战略定力还要发扬历史主动精神，迎难而上、敢于斗争。在推进各项国家重大战略的过程中，需始终保持稳中求进的工作总基调，要扭住“稳”的“牛鼻子”，找准“进”的切入口，以“稳”求“进”，以“进”促“稳”，相辅相成、一以贯之、久久为功。即使在战略和政策的推行、实施中遇到困难阻碍，也要团结人民群众坚定信心、奋勇前进，战胜各种风险挑战。

（二）灵活应变运用多种策略

正确的战略需要正确的策略来落实，策略为战略实施提供科学方法。百年历程中，中国共产党总能在紧要关头从战略上分析、把握住重大历史课题，以战略的前瞻性、全局性、稳定性，措施的有效性、灵活性、多样性有力应对前进道路上的各种风险挑战，不断书写胜利的光辉成就。

首先，确保策略的有效性，将好的战略落到实处。党和国家立足时代大局和基本国情谋划制定的战略目标、战略遵循、战略布局、战略步骤等确立后，要实现落地生根，不仅需要在思想上重视，更需要在实践中不断贯彻，做到实干笃行，否则就会大而化之，沦为空谈。这就需要制定有效的策略予以配套，正确的战略一定要用正确的策略来保证。如，党和国家提出开放战略以来，我们始终通过不同策略予以落实，不仅确立了对外开放的基本国策，更是在40多年的开放过程中，不断进行国际交流合作，取得了举世瞩目的成就，为世界经济贡献了不可忽视的力量。若没有党和人民落实开放战略的决心和实干，中国的快速发展和民族的复兴大业只会更加遥远。

其次，保持策略的灵活性，落实战略更加审时度势。灵活的策略是实现战略目标的有效途径。在抗日战争中，毛泽东针对当时的政治局势进行具体分析，提出建立、巩固抗日民族统一战线需要采用灵活策略：发展进步势力、争取中间势力、孤立反共顽固势力[①]，要以谨慎态度去争取中间势力，还要具备三个条件：一是我们党有充足的力量，二是尊重中间势力的利益，三是对顽固派作坚决的斗争[②]。具体问题具体分析、灵活应对，正是我们党制定策略并取得胜利的基本方针。

主动识变应变求变、因时因势而动。“在原则问题上寸步不让，在策略问题上灵活机动。要根据形势需要，把握时、度、效，及时调整斗争策略。”[③]改革开放以来，面对着沿海和内陆的区位差异、各地经济发展水平不一的局面，党和国家灵活地设立了政策不同、程度不等的开放区，从经济特区到沿海开放城市，再到自由贸易试验区，一大批高水平制度创新的开放成果应运而生，形成了全方位、多层次、宽领域的全面开放格局。此外，在新时代党的宣传思想工作方面，习近平总书记强调要把握正确舆

---

① 《毛泽东选集》第2卷，人民出版社1991年版，第763页。

② 《毛泽东选集》第2卷，人民出版社1991年版，第747页。

③ 《习近平著作选读》第2卷，人民出版社2023年版，第259页。

论导向、守好党和国家的舆论阵地，同时还形象地指出，思想舆论领域大致有红色、黑色、灰色“三个地带”。红色地带是党和国家的舆论主阵地，一定要守住；黑色地带主要是负面的东西，要敢于亮剑，敢于斗争，大大压缩其地盘；灰色地带要大张旗鼓争取，使其转化为红色地带。[①]我们在对待不同舆论、思想时，一定要辨明本质，采取不同策略予以对待，才能帮助干部群众划清是非界限、澄清模糊认识。

最后，丰富策略的多样性，使战略的落实更加贴合实际。战略指明了前进方向，要沿此方向走向胜利则需要一系列多领域、多层次的具体策略的协同贯彻。要建设现代化强国这一战略目标，就需要在社会各领域以不同的具体路径来实现，助推中国式现代化的纵深发展。

把控全局，有序推进战略。我国坚持独立自主的和平外交政策，始终奉行互利共赢的开放战略，但这并不意味着单一化的、无差异的外交方式。我国通过多样的外交策略，建立并完善了全方位、多层次、立体化的外交布局。例如，深化中俄新时代全面战略协作伙伴关系，推动构建相互尊重、和平共处、合作共赢的中美关系，打造中欧和平、增长、改革、文明四大伙伴关系。按照亲诚惠容理念和与邻为善、以邻为伴的周边外交方针，深化同周边国家关系，稳定周边战略依托，推动构建周边命运共同体。从“战略伙伴关系”到“全面战略协作伙伴关系”，再到“全天候战略合作伙伴关系”，我国以多样外交手段和策略，在全面贯彻开放战略的同时，更是全面推进了新时代中国特色大国外交。

① 《习近平谈治国理政》第 2 卷，外文出版社 2017 年版，第 328 页。

多点发力，共塑战略大势。要实现祖国大江南北区域的共同发展，需要各地区共同奋斗，以多样发展策略实现区域协调发展，增强区域发展协同性、拓展区域发展新空间、推动建设现代化经济体系。纵深推进京津冀协同发展，疏解北京非首都功能；全力发展粤港澳大湾区，将其建设成全球科技创新高地；大力推进长江经济带发展，实现经济利益和生态保护“双赢”；积极建设成渝地区双城经济圈，打造西部高质量发展重要增长极；加快构建海南自由港，打造法治化、国际化、便利化营商环境。除此之外，振兴东北老工业基地、推动中部地区崛起、优化发展东部地区等多样发展策略齐头并进，不断落实党和国家的区域协调发展战略。

三、处理好守正与创新的关系

方向决定道路，道路决定命运。习近平总书记在党的二十大报告中指出：“我们从事的是前无古人的伟大事业，守正才能不迷失方向、不犯颠覆性错误，创新才能把握时代、引领时代。”①坚持守正创新，是我们党百余年来推进马克思主义中国化时代化得出的规律性认识。“守正”是前提和基础，确保前进路上的方向正确；“创新”是动力和发展，是在守正的基础上革故鼎新，进而使中国式现代化向更好的方向发展。

---

① 习近平：《高举中国特色社会主义伟大旗帜　为全面建设社会主义现代化国家而团结奋斗——在中国共产党第二十次全国代表大会上的报告》，人民出版社 2022 年版，第 20 页。

（一）坚持"守正"做到"三个不动摇"

习近平总书记在党的二十大报告中强调要坚持"三个不动摇"，即"坚持马克思主义基本原理不动摇，坚持党的全面领导不动摇，坚持中国特色社会主义不动摇"。"三个不动摇"是我们党在建设社会主义进程中总结出的宝贵的历史经验。

首先，坚持马克思主义基本原理不动摇。习近平总书记指出："马克思主义就是我们党和人民事业不断发展的参天大树之根本，就是我们党和人民不断奋进的万里长河之泉源。背离或放弃马克思主义，我们党就会失去灵魂、迷失方向。在坚持以马克思主义为指导这一根本问题上，我们必须坚定不移，任何时候任何情况下都不能动摇。"①坚持马克思主义基本原理不动摇，就意味着必须坚持运用马克思主义基本原理的立场、观点和方法解决问题、指导实践。以马克思主义基本原理为指导，以人民的立场、辩证唯物主义和历史唯物主义的观点以及从实际出发、实事求是的方法去观察和分析社会实际、工作实际和思想实际。正处于并将长期处于社会主义初级阶段，这是我国最大的实际和国情，也是我们党制定路线、方针、政策的基本依据。正是从中国的这一具体实际出发，我们以马克思主义为指导，经过不断的实践探索，终于走出了一条中国特色社会主义道路，形成了中国特色社会主义理论体系。新征程上，我们还要坚持马克思主义基本原理同具体实际相结合，继续推进中国式现代化事业的发展。

新时代坚持马克思主义基本原理不动摇，就要坚持用习近平

① 《习近平谈治国理政》第2卷，外文出版社2017年版，第66页。

新时代中国特色社会主义思想指导实践。习近平新时代中国特色社会主义思想是当代中国马克思主义、21世纪马克思主义，是中华文化和中国精神的时代精华。习近平总书记在党的二十大报告中深刻指出："不断谱写马克思主义中国化时代化新篇章，是当代中国共产党人的庄严历史责任。"[①]在坚持马克思主义基本原理不动摇的基础上，要继续推进实践基础上的理论创新，要把握好习近平新时代中国特色社会主义思想的世界观和方法论，坚持好、运用好贯穿其中的立场观点和方法，为实现中国式现代化不断注入理论活力。

其次，坚持党的全面领导不动摇。坚持中国共产党的领导，是中国式现代化的本质要求。党的二十大报告强调要"坚决维护党中央权威和集中统一领导，把党的领导落实到党和国家事业各领域各方面各环节"[②]。党是一切工作的领导核心，党的领导是系统的、全面的、整体的，在推进中国式现代化进程中，要确保我国社会主义现代化建设始终坚持正确的方向，就必须将党中央的集中统一领导贯彻到中国式现代化建设事业的方方面面，不断健全和完善党的领导制度体系以及党中央重大决策部署落实机制，为全面推进中国式现代化提供有力保障。

以制度体系和重大决策部署落实机制保障党的全面领导，不

---

① 习近平：《高举中国特色社会主义伟大旗帜　为全面建设社会主义现代化国家而团结奋斗——在中国共产党第二十次全国代表大会上的报告》，人民出版社2022年版，第18页。

② 习近平：《高举中国特色社会主义伟大旗帜　为全面建设社会主义现代化国家而团结奋斗——在中国共产党第二十次全国代表大会上的报告》，人民出版社2022年版，第26页。

仅需要在理论上阐明有关重大问题，在实践中坚决纠正弱化党的领导的错误倾向，而且要在制度上推进党和国家机构改革，坚持和完善党的领导制度体系。党的领导制度体系，是对党的领导制度主体、职权和体制机制的基本规范，是对党的各项具体领导制度的系统集成，包括不忘初心、牢记使命的制度，坚定维护党中央权威和集中统一领导的各项制度，党的全面领导制度，为人民执政、靠人民执政各项制度，提高党的执政能力和领导水平制度，全面从严治党制度。以党的全面领导推进中国式现代化，就必须完善党的自我革命制度规范体系，完善党内法规制度体系，增强党内法规权威性和执行力，健全党统一领导、全面覆盖、权威高效的监督体系，完善权力监督制约机制，推进政治监督的具体化、精准化与常态化。

最后，坚持中国特色社会主义不动摇。党的二十大报告指出，中国式现代化“既有各国现代化的共同特征，更有基于自己国情的中国特色”[①]。中国式现代化是具有中国特色的现代化，中国特色社会主义道路是扎根于当代中国的科学社会主义，既坚持了科学社会主义的基本原则，又根据我国实际和时代特征赋予了鲜明的中国特色，在全面推进社会主义现代化国家的建设进程中，要始终坚持走中国特色社会主义道路、坚持不断完善中国特色社会主义制度。

改革开放以来，我们始终坚持以经济建设为中心，坚持四项基

① 习近平：《高举中国特色社会主义伟大旗帜　为全面建设社会主义现代化国家而团结奋斗——在中国共产党第二十次全国代表大会上的报告》，人民出版社2022年版，第22页。

本原则，坚持通过解放和发展生产力来巩固、完善和发展社会主义制度，坚持和发展中国特色社会主义民主政治等，这些都是在切切实实地建设和巩固社会主义。同时，由于中国仍处于并将长期处于社会主义初级阶段，这样的基本国情又决定了我们要建设的社会主义必须更多地从中国的实际出发。以公有制为主体、多种所有制经济共同发展的基本经济制度和以按劳分配为主体、多种分配方式并存的分配制度让一部分地区、一部分人先富了起来，社会主义市场经济体制改革、改革开放、家庭联产承包责任制、经济特区、三步走发展战略、“两个大局”战略构想、“一国两制”等，都是具有中国特色的伟大创举，体现了中国特色社会主义道路的巨大优越性和强大生命力。现阶段，我国进入了发展的关键时期，在前进的道路上还会遇到新的严峻挑战、新的复杂因素，我们只有高举中国特色社会主义的伟大旗帜，坚定不移地走中国特色社会主义道路，才能够顺利地实现第二个百年奋斗目标的宏伟蓝图。

（二）不断创新把握时代新趋势

中国式现代化是一项开创性事业，是一项前无古人的伟大事业。这要求我们在守正的基础上，紧跟时代步伐，顺应实践发展，坚持创新在我国现代化建设全局中的核心地位，要“把创新摆在国家发展全局的突出位置，顺应时代发展要求，着眼于解决重大理论和实践问题，大力推进改革创新，不断塑造发展新动能新优势”①。当前正处于世界百年未有之大变局的时代背景下，面

① 中共中央宣传部编：《习近平新时代中国特色社会主义思想学习纲要》，学习出版社、人民出版社 2023 年版，第 63—64 页。

对世界之变、时代之变、历史之变，应学识变之智准确识变，怀应变之能科学应变，存求变之勇主动求变，大力推进理论创新、制度创新、科技创新、文化创新等全方位创新，不断塑造发展新动能、新优势，把握时代发展新趋势，充分推动社会发展。

以创新理论指导伟大实践。坚持以科学理论引领、用科学理论武装，是马克思主义政党永葆先进性纯洁性的根本保证，也是我们党的政治优势。进入新时代，党和国家面临的形势之复杂、斗争之严峻、改革发展稳定任务之艰巨世所罕见、史所罕见，也正是因为确立了习近平总书记党中央的核心、全党的核心地位，确立了习近平新时代中国特色社会主义思想的指导地位，党才有力解决了影响党长期执政、国家长治久安、人民幸福安康的突出矛盾和问题，从根本上确保实现中华民族伟大复兴进入了不可逆转的历史进程。前进道路上，学习贯彻习近平新时代中国特色社会主义思想是新时代新征程开创事业发展新局面的根本要求，必须坚持学思用贯通、知信行统一，把习近平新时代中国特色社会主义思想转化为坚定理想、锤炼党性和指导实践、推动工作的强大力量。

党的二十大报告提出了继续推进理论创新的科学方法——“六个必须坚持”，即必须坚持人民至上、必须坚持自信自立、必须坚持守正创新、必须坚持问题导向、必须坚持系统观念、必须坚持胸怀天下。“六个必须坚持”，充分体现了中国共产党人对马克思主义世界观和方法论的自觉运用和创新发展，深刻揭示了习近平新时代中国特色社会主义思想的理论品格和鲜明特质，既是深刻理解这一科学思想必须牢牢把握的基本点，也是继续推进理论创新必须始终坚持的基本点。在全面推进中国式现代化的发展进程中，必须遵循科学的发展规律，在实践中不断追寻事物发展的客观规律，形成新的思想、新的观点和新的理念，以理论创新推动制度创新、科技创新、文化创新以及其他各方面的创新，以党的创新理论指导中国式现代化的伟大实践。

以创新能力不断提升治理水平。国家治理能力和治理水平是衡量一个政治体制文明程度的重要标杆，国家治理体系的效能是展示国家核心竞争力的重要指标，不断提升创新能力，深入推进治理体系和治理能力现代化是确保大国基业长青的生命线，同时也为全球治理贡献中国智慧。党的二十大报告在“过去五年的工作和新时代十年的伟大变革”这一部分指出，“国家治理体系和治理能力现代化水平明显提高”①；在“新时代新征程中国共产党的使命任务”这一部分提出，到 2035 年“基本实现国家治理体系和治理能力现代化”②，强调未来 5 年“国家治理体系和治理能力现代化深入推进”③。在新征程上，要始终以提高国家治理水平和治理能力的现代化，大力推进中国式现代化的蓬勃发展。

当前，我国国家治理面临许多新任务新要求，必然要求中国特色社会主义制度和国家治理体系更加完善，国家治理能力和治

---

① 习近平:《高举中国特色社会主义伟大旗帜　为全面建设社会主义现代化国家而团结奋斗——在中国共产党第二十次全国代表大会上的报告》，人民出版社 2022 年版，第 9 页。

② 习近平:《高举中国特色社会主义伟大旗帜　为全面建设社会主义现代化国家而团结奋斗——在中国共产党第二十次全国代表大会上的报告》，人民出版社 2022 年版，第 24 页。

③ 习近平:《高举中国特色社会主义伟大旗帜　为全面建设社会主义现代化国家而团结奋斗——在中国共产党第二十次全国代表大会上的报告》，人民出版社 2022 年版，第 25 页。

理水平不断发展。数字政府建设是创新政府治理理念、提升国家治理能力和治理水平的一个重要举措，是以创新思维完善国家行政体制、推进国家治理体系和治理能力现代化的典型范例。随着新一轮科技革命和产业变革蓬勃兴起，数字化、网络化、智能化的数字时代已经到来，主动顺应经济社会数字化已成为趋势。党的十八大以来，我们党科学分析信息化的时代变革和肩负的历史使命任务，与时俱进地提出数字化政府建设的政府治理新理念。在这一理念的指引下，数字政府建设不断深化、细化，为全面推进中国式现代化构筑了一套先进、成熟、完善的政府治理机制和体系。同时，科技创新能力作为国家发展水平的一项重要指标，也影响着国家治理水平的提升，只有顺应人民的需要，不断以科技创新推进治理创新，充分尊重并发挥各社会群体的创造力，充分吸纳和凝聚各社会群体的民意，才能实现有效和良好的治理，在创新中提升治理水平，在实践中推进中国式现代化的发展。

以创新思维厚植文化底蕴。习近平总书记指出，“社会总是在发展的，新情况新问题总是层出不穷的，其中有一些可以凭老经验、用老办法来应对和解决，同时也有不少是老经验、老办法不能应对和解决的。如果不能及时研究、提出、运用新思想、新理念、新办法，理论就会苍白无力”①。要解决好新问题，应对好新情况，就必须运用创新思维，在全面推进中国式现代化事业的进程中，要始终坚持解放思想，破除与客观事物进程不相符合的旧观念、旧模式、旧做法，发现和运用事物的新联系、新属性、新规律，从而更有效地应对中国式现代化建设过程中所面临的一

① 《习近平谈治国理政》第 2 卷，外文出版社 2017 年版，第 342 页。

切难题。

当前，世界多极化、经济全球化、社会信息化、文化多样化深入发展，世界正在经历着百年未有之大变局。这场大变局，一个突出的特点就是一批新兴经济体和发展中国家群体性崛起，中国日益走近世界舞台中央，这是近代以来最具革命性、历史性的重大变化，是人类文明、文化发展中的重大变动和转折。文化上的沉淀也唤醒中华民族对文化的创造性转化、创新性发展，中华民族广泛地开展同各国的文化交流，更加积极主动地学习借鉴吸收世界各国、各民族优秀文化成果，在世界现代化进程中获得了新的发展空间，激发了中华优秀传统文化新的创造力。同时，为应对这场深刻的变革，我们积极推动构建人类命运共同体，弘扬和平、发展、公平、正义、民主、自由的全人类共同价值，面对“文明冲突论”“文明优越论”沉渣泛起，文明隔阂、文明冲突风险上升，我们倡导和而不同、包容互鉴的中华文明为人类文明宝库增添新的成果，中国式现代化极大丰富了世界文明的内涵，指明了人类文明前进的方向。

四、处理好效率与公平的关系

效率和公平是辩证统一的关系，二者既有相互矛盾、相互排斥的一面，又有相互统一、相互依存的一面。公平要建立在效率的基础之上，效率也要以公平为前提才能充分体现。处理好效率与公平的关系，要做到统筹兼顾、有机结合。效率与公平是人类历史发展中的重大问题，也是世界各国在实现现代化进程中面临的共性难题。中国式现代化是全体人民共同富裕的现代化，必须正确处理好效率与公平之间的关系。中国式现代化既要创造比资本主义更高的效率，又要更有效地维护社会公平，更好实现效率与公平相兼顾、相促进、相统一。

（一）在公平前提下创造效率

公平是效率的保证。只有做到公平，才能充分调动劳动者的积极性，才能创造出更高的效率。生产力的提升、经济的发展、效率的提高，都需要以公平为条件和保证。强调公平为前提，不是盲目追求绝对的“平均主义”，而是要在公平的前提下创造更高的效率。任何时候、任何情况下都要讲效率，不讲效率也就不可能有公平。如果没有生产力的发展、效率的提高和财富的增进，公平就成了无源之水、无本之木。中国式现代化要创造出比资本主义更高的效率，推动实现高质量发展，在更高层次上做大“蛋糕”。

正确处理好效率与公平的关系，要努力创造效率。必须不断提高经济效率，持续提升经济实力、有效释放社会活力，为全面建成社会主义现代化强国，实现人民对美好生活的向往奠定坚实物质基础。“没有坚实的物质技术基础，就不可能全面建成社会主义现代化强国。”[①]中国式现代化是物质文明和精神文明相协调的现代化。物质富足、精神富有是社会主义现代化的根本要求。实现物质文明和精神文明的协调发展，要以效率的提升为保证。“讲社会主义，首先就要使生产力发展，这是主要的。只有这样，

---

① 习近平：《高举中国特色社会主义伟大旗帜 为全面建设社会主义现代化国家而团结奋斗——在中国共产党第二十次全国代表大会上的报告》，人民出版社2022年版，第28页。

才能表明社会主义的优越性。"[①]早在南方谈话中，邓小平就指出："对于我们这样发展中的大国来说，经济要发展得快一点，不可能总是那么平平静静、稳稳当当。要注意经济稳定、协调地发展，但稳定和协调也是相对的，不是绝对的。发展才是硬道理。这个问题要搞清楚。"[②]中国特色社会主义进入新时代，习近平总书记多次强调："以经济建设为中心是兴国之要，发展是党执政兴国的第一要务，是解决我国一切问题的基础和关键。"[③]"我们必须紧紧抓住经济建设这个中心，推动经济持续健康发展，进一步把'蛋糕'做大，为保障社会公平正义奠定更加坚实物质基础。"[④]当前，我国仍然处于社会主义初级阶段，仍然是世界上最大的发展中国家，发展不平衡、不协调、不可持续问题十分突出，发展仍然是解决中国一切问题的关键所在。为此，必须坚持和完善社会主义基本经济制度，坚持以经济建设为中心，坚持以推动高质量发展为主题，着力解决好发展不平衡不充分问题，推进供给侧结构性改革，推动经济质的有效提升和量的合理增长。要把发展质量摆在更为突出的位置，着力提高发展质量和效益，推动高质量发展，在更高水平上实现供需平衡，促进经济社会持续发展。要立足新发展阶段、贯彻新发展理念、构建新发展格局，加快建设现代化经济体系，推动经济发展质量变革、效率变革、动力变革，不断增强我国经济创新力和竞争力，让高质量发

① 《邓小平文选》第 2 卷，人民出版社 1994 年版，第 314 页。
② 《邓小平文选》第 3 卷，人民出版社 1993 年版，第 377 页。
③ 《习近平谈治国理政》第 2 卷，外文出版社 2017 年版，第 234 页。
④ 《习近平谈治国理政》第 1 卷，外文出版社 2018 年版，第 96 页。

展之路越走越宽广。当前和今后一个时期，各领域各方面确定发展思路、制定制度政策、落实任务举措都要紧紧围绕推动高质量发展这一主题，贯彻创新、协调、绿色、开放、共享的新发展理念，把提高经济发展效率、解决发展不平衡不充分问题等作为决策重点，通过各种政策措施推动高质量发展，把高质量发展的要求贯穿经济社会发展全过程各方面。

中国式现代化是社会主义的现代化，要创造出比资本主义更高的效率。列宁曾指出："劳动生产率，归根到底是使新社会制度取得胜利的最重要最主要的东西。资本主义创造了在农奴制度下所没有过的劳动生产率。资本主义可以被最终战胜，而且一定会被最终战胜，因为社会主义能创造新的高得多的劳动生产率。"[①]邓小平结合我国改革开放和社会主义现代化建设实际指出："社会主义阶段的最根本任务就是发展生产力，社会主义的优越性归根到底要体现在它的生产力比资本主义发展得更快一些、更高一些"[②]。纵观中华人民共和国国史，我国从成立之初"一穷二白"到产业经济的逐步恢复，实现从无到有、从弱到强，再到改革开放40多年来实现经济的快速发展，尤其是党的十八大以来坚持走高质量经济发展之路，我国用几十年时间走完了发达国家几百年走过的工业化进程，社会生产力得到极大解放和发展，经济实力和综合国力显著增强，创造了人类历史前所未有的伟大奇迹，彰显出中国特色社会主义制度的显著优势，充分体现出比资本主义更高的效率。通过对中国式现代化的探索和建设，我国创

① 《列宁选集》第4卷，人民出版社2012年版，第16页。

② 《邓小平文选》第3卷，人民出版社1993年版，第63页。

造出经济发展领域的诸多奇迹。比如，生产力得到极大发展，科技进步成果举世瞩目，建立起结构完备的产业体系和国民经济体系，建立起世界领先的基础设施体系，逐步形成区域协调发展格局，成为世界经济增长的主要稳定器和动力源，等等。尤其是进入新时代以来，我国经济实力实现历史性跃升，一些关键核心技术实现突破，战略性新兴产业发展壮大，在诸多重要领域取得一系列重大成果，充分体现出“中国力量”和“中国速度”。立足新征程，坚定不移全面推进中国式现代化，要努力在实现高质量发展上取得新突破，努力在创造比资本主义更高效率上取得新成就。

（二）在效率基础上促进公平

效率是公平的基础，是促进公平的源泉。只有不断提升效率，才能更充分地促进公平。没有经济的发展、效率的提高、财富的增进，也难以实现真正意义上的公平。没有效率就没有公平实现的条件和保障，而离开了公平也同样会损害效率。如果没有公平做保证，经济发展和效率提升也难以实现。公平解决得越好，就越有利于生产力的发展和效率的提高。这就要求在经济发展的同时注重优化生产关系，在做大“蛋糕”的同时分好“蛋糕”，把促进全体人民共同富裕摆在更加突出的位置。

正确处理好效率与公平的关系，要大力促进公平。中国式现代化既具有现代化的共同特征，更具有中国特色。从中国式现代化的覆盖范围上看，中国式现代化是人口规模巨大的现代化，是惠及 14 亿多人民的现代化，是全体中国人民的现代化。实现全体人民共同发展，保证全体人民共享发展成果，既是公平正义理念的鲜明体现，也是有效维护社会公平的价值追求。党的二十大报告多次强调“公平正义”，指出要“坚持把实现人民对美好生活的向往作为现代化建设的出发点和落脚点，着力维护和促进社会公平正义”[①]。中国式现代化坚持发展依靠人民、发展为了人民、发展成果由人民共享。从人类现代化发展进程来看，现代化本身就包含有鲜明的价值指向，需要明确为什么搞现代化、为了谁搞现代化。中国式现代化与西方式现代化在价值取向层面的根本区别，集中表现为以人民为中心还是以资本为中心。西方式现代化受控并服务于资本，广大劳动者和无产阶级处于被统治、被剥削的不平等地位，而中国式现代化则突出以人民为中心，注重实现好、维护好、发展好最广大人民群众的根本利益。党的十八大以来，以习近平同志为核心的党中央围绕使人民的获得感、幸福感、安全感更加充实、更有保障、更可持续，提出了一系列新理念新部署新要求。在幼有所育、学有所教、劳有所得、病有所医、老有所养、住有所居、弱有所扶上持续用力，不断提高保障和改善民生水平；锚定全面建成小康社会目标，取得脱贫攻坚战的伟大胜利，中国减贫人口占同期全球减贫人口 70% 以上，提前 10 年实现联合国 2030 年可持续发展议程减贫目标；面对新冠疫情带来的严重冲击，始终坚持人民至上、生命至上，取得抗击新冠疫情重大战略成果。这一系列伟大成就都充分彰显出中国式现代化维护社会公平的价值取向，始终把实现好、维护好、发展好

① 习近平：《高举中国特色社会主义伟大旗帜　为全面建设社会主义现代化国家而团结奋斗——在中国共产党第二十次全国代表大会上的报告》，人民出版社 2022 年版，第 22 页。

最广大人民根本利益作为一切工作的出发点和落脚点。

维护社会公平要着力促进全体人民共同富裕。中国式现代化是全体人员共同富裕的现代化。实现全体人民共同富裕，是中国共产党始终不渝的奋斗目标，是中国式现代化的本质要求，也是有效维护社会公平正义的最大体现。在中国式现代化道路的孕育、形成和发展过程中，党始终把实现全体人民共同富裕作为价值追求。早在新中国成立之初，毛泽东就指出："现在我们实行这么一种制度，这么一种计划，是可以一年一年走向更富更强的，一年一年可以看到更富更强些。而这个富，是共同的富，这个强，是共同的强"①。改革开放后，邓小平指出："社会主义不是少数人富起来、大多数人穷，不是那个样子。社会主义最大的优越性就是共同富裕，这是体现社会主义本质的一个东西"②。党的十八大以来，习近平总书记就实现共同富裕作出一系列重要论述，提出一系列重要指示和要求。他指出："广大人民群众共享改革发展成果，是社会主义的本质要求，是我们党坚持全心全意为人民服务根本宗旨的重要体现。我们追求的发展是造福人民的发展，我们追求的富裕是全体人民共同富裕。"③党的二十大报告明确指出，中国式现代化的本质要求之一就是实现全体人民共同富裕，并强调到2035年我国发展的总体目标之一就是要使"全体人民共同富裕取得更为明显的实质性进展"。党领导人民进行

① 《毛泽东文集》第6卷，人民出版社1999年版，第495页。

② 《邓小平文选》第3卷，人民出版社1993年版，第364页。

③ 《习近平关于社会主义社会建设论述摘编》，中央文献出版社2017年版，第34—35页。

社会主义现代化建设的历史和实践表明，中国式现代化是实现共同富裕的正确道路。党的十八大以来，我国国内生产总值从 54 万亿元增长到 114 万亿元，稳居世界第二位，人均国内生产总值从 3.98 万元增加到 8.1 万元。截至 2021 年底，全国参加基本医疗保险人数达 13.6 亿人，参保率稳定在 95% 以上，我国建成世界上规模最大的社会保障体系。全国居民每百户家用汽车、移动电话拥有量分别为 41.8 辆、259.1 部，分别比 2013 年增长 147.3%、27.5%。这一系列数据，都表明中国式现代化切实增强了广大人民群众的获得感、幸福感和安全感，扎实推进了全体人民共同富裕，有力维护了社会公平。立足新征程，推进中国式现代化，要坚持把实现人民对美好生活的向往作为现代化建设的出发点和落脚点，着力维护和促进社会公平正义，扎实推进全体人民共同富裕。要紧紧抓住人民最关心最直接最现实的利益问题，坚持尽力而为、量力而行，坚持在发展中保障和改善民生，鼓励人民群众共同奋斗创造美好生活，着力解决好人民群众急难愁盼的问题，健全基本公共服务体系，提高公共服务水平，增强均衡性和可及性，不断实现人民对美好生活的向往。

五、处理好活力与秩序的关系

活力与秩序是相互影响、相互促进的，两者不是相互对立的关系，而是有机统一体。活力与秩序是人类社会发展变迁的永恒动力，也是世界各国推进现代化进程中需要处理好的共同难题。活力和秩序是中国式现代化的两个重要支点，活力是目的，秩序是保障。中国式现代化追求的目标是两者相统一，既充满活力又拥有良好秩序，呈现出活力和秩序的有机统一。中国式现代化既要充分激发全社会的创新创造活力，实现高质量发展；又要维护国家安全、社会稳定有序。正确处理活力与秩序的关系，实现活而不乱、活而有序的动态平衡，才能保证中国式现代化行稳致远。

（一）以旺盛活力激发动力

活力主要指的是人民群众在社会活动中呈现出的创造力和生命力，蕴含着发展创新的生命力和社会生活的丰富多样性，体现了人类社会进步的动力和人类文明发展的可持续性。一个社会如果不能激发活力，就会缺乏创新发展的动能，人们就会缺少参与现代化建设的积极性。中国式现代化是社会活力竞相迸发、人民智慧充分涌流、各方面积极性主动性创造性得到充分调动的现代化。推进中国式现代化需要充分激发各个方面、各个层次、各个要素的活力，注重各项改革相互促进、良性互动、协同配合。以中国式现代化全面推进中华民族伟大复兴，必须在党的全面领导下，充分调动全体社会成员活力，激发推动党和国家事业发展的强大动力，全面建设社会主义现代化国家，为社会安定有序发展提供更为有力的保证。

依靠人民汇集发展动力。“现代化”的发展首先要解决的就是动力问题，中国式现代化坚持以人民为中心，是为了人民的现代化，也是依靠人民的现代化。马克思主义认为，人民群众是社会历史的主体，是历史的创造者，“整个所谓世界历史不外是人通过人的劳动而诞生的过程”[①]。毛泽东也指出：“人民，只有人

① 《马克思恩格斯文集》第 1 卷，人民出版社 2009 年版，第 196 页。

民，才是创造世界历史的动力。”[①]习近平总书记强调：“历史是人民书写的，一切成就归功于人民。只要我们深深扎根人民、紧紧依靠人民，就可以获得无穷的力量，风雨无阻，奋勇向前。”[②]改革开放以来的实践告诉我们，充分调动人民群众的积极性、主动性、创造性，让创新创造的活力充分涌流、竞相迸发，是我们攻克一个又一个难关、创造一个又一个人间奇迹的重要原因。中国式现代化是人口规模巨大的现代化，是全体人民共同富裕的现代化，也是紧紧依靠人民群众的创新创造活动不断推进的现代化。广大人民群众蕴藏着丰富的智慧与力量，是中国式现代化持续发展的不竭动力源泉。以中国式现代化全面推进中华民族伟大复兴，必须调动不同阶层、不同群体的社会成员的活力和能动性，使各个阶层群体的优势得到充分发挥，这样才能凝聚起全民族的磅礴伟力，推动党和国家事业取得新的重大成就，进而推进全面建设社会主义现代化国家，并为秩序提供更为坚实的物质基础和更为主动的精神力量。要深化各方面体制机制改革，充分释放全社会创造潜能。积极发展党内民主，保障党员权利，充分调动广大党员干部干事创业的积极性。加强社会舆论引导，形成劳动创造财富、实干创造业绩、奋斗创造幸福的正确导向，充分激发全社会创造活力。

创新创业激发创造活力。创新是一个民族进步的灵魂，是一个国家兴旺发达的不竭动力，也是中华民族最深沉的民族禀赋。在当前世界各国的激烈竞争中，惟创新者进，惟创新者强，

---

① 《毛泽东选集》第3卷，人民出版社1991年版，第1031页。

② 《习近平谈治国理政》第3卷，外文出版社2020年版，第67页。

惟创新者胜。从党的十八大提出实施创新驱动发展战略，到党的十九大提出创新是引领发展的第一动力，再到党的二十大首次提出坚持创新在我国现代化全局中的核心地位，充分体现出创新在中国式现代化中的重要性不断凸显。中国式现代化作为人类探索和建设现代化的重大理论和实践创新成果，其本身是创新创造的产物。继续推进中国式现代化，需要充分激发全社会创新创造活力。党的十八大以来，以习近平同志为核心的党中央顺应时代和实践发展要求，把创新摆在国家发展全局的突出位置，高度重视科技创新，围绕实施创新驱动发展战略、加快推进以科技创新为核心的全面创新，引领国家发展全局发生历史性变革。基于经济进入新常态的背景，我国提出并实施“大众创业、万众创新”的重要战略，中央政府不断出台财政税收、服务平台等新政策予以支持，政府工作报告及各次重要会议均反复提及“双创”，在全国掀起创新创业的浪潮，通过创新带动创业，通过创业带动就业，推动经济结构转型和创新引领增长，充分调动广大市场主体积极性，有力激发市场活力和社会创造力，实现充分竞争和资源优化配置，推动实现经济高质量发展。“双创”战略实施以来，取得显著成效。市场主体迅猛增长，经济活跃度显著提高，在各种政策支持和大力宣传下，大量中小微企业快速涌现，市场主体在 10 年间增加近两倍。各种新产业、新模式、新业态不断涌现，有效激发了社会活力。近年来，中国高技术产业的增加值保持两位数的增长速度，高于规模以上工业的平均增速。人工智能、机器人、新能源等产业的发展速度也都大幅加快。大批“独角兽”“瞪羚”等高新技术企业出现。“双创”战略带动的市场环境改善，促进了高新技术企业的快速出现和发展，为中国经济长期高质量发展提供了保障。面对当前我国经济社会发展任务重、挑战多的实际，我们要坚定不移深化改革，更大激发市场活力和发展内生动力，处理好政府和市场的关系，使市场在资源配置中起决定性作用，更好发挥政府作用，构建高水平社会主义市场经济体制，运用改革创新办法，激发市场活力和社会创造力。

深化改革释放社会活力。改革是释放活力的源泉，是增强活力的关键。适应时代发展要求不断改革生产关系同生产力、上层建筑同经济基础之间不相适应的方面和环节，不断推进各领域体制机制改革，让一切劳动、知识、技术、管理和资本的活力竞相迸发，让一切创造社会财富的源泉充分涌流，是释放经济社会发展活力的重要举措。党的十八大以来，我们党以巨大的政治勇气全面深化改革，突出问题导向，坚决破除各方面体制机制弊端，为中国式现代化注入了强大动力。围绕处理好政府和市场的关系这一核心问题，全方位展开、系统性推进经济体制改革，社会主义市场经济体制更加系统完备、更加成熟定型，经济治理能力和水平显著提升。市场主体活力有效激发，市场体系建设持续完善，宏观经济治理取得新成就，重要领域和关键环节改革持续深化，高水平开放型经济新体制加快构成，各类企业迈向高质量发展。党中央、国务院高度重视优化营商环境，深入推进“放管服”改革，大力推动简政放权，行政审批事项大幅减少，全面实施市场准入负面清单制度，加快完善价格市场决定、流动自主有序、配置高效公平的要素市场制度，形成强大国内市场，有效激发市场活力。全国各地纷纷结合实际，深化改革创新，完善政策体系，把持续改善营商环境放到经济社会发展大局中加以谋划，以提升市场主体发展信心和动能。例如，浙江省于 2013 年率先启动和推行政府权力清单制度，相继出台《浙江省保障“最多跑一次”改革规定》《浙江省民营企业发展促进条例》等地方性法规，建立健全营商环境制度体系，坚持数字化改革牵引持续提升政务服务水平，推进省市协同创新，创新推进“互联网+监管”模式，聚焦新产业新业态新模式创设特色营商环境，致力打造最优政务环境、最优法治环境、最优市场环境、最优经济生态环境、最优人文环境，持续激发市场主体发展活力和创造力。同时，围绕科技创新和人才培养，党中央加快科技体制改革和人才发展体制机制改革，营造起有利于激发人才创新创造活力的良好制度环境，充分调动科技创新积极性，树立以质量、绩效、贡献为核心的评价导向，创造人才评价方式，实行“揭榜挂帅”“赛马”等制度，鼓励科学家、企业家、艺术家等各方面人才创新创造，充分调动各领域人才干事创业的积极性，极大地释放了“人才红利”，为中国式现代化提供了有力的人才支撑。

（二）以安定有序增强活力

良好的社会秩序是人民群众参与社会活动、焕发激情活力的前提和保障。推进中国式现代化需要有良好的秩序作保证。没有稳定的秩序，中国式现代化就无法推进，已经取得的成果也无法巩固，整个社会也难以形成合力。稳定的社会秩序，安全的社会氛围，有力的社会治理，能够提高人民群众参与现代化建设的积极性，为中国式现代化提供强大的动力支撑。

统筹发展和安全。国泰民安是人民群众最基本、最普遍的愿望，是全面建设社会主义现代化国家最基础、最坚实的前提。回顾党团结带领人民探索、追寻、建设中国式现代化的奋斗历程，正是因为战胜了强大敌人，化解了来自各方面的风险挑战，才实现了近代中国从站起来到富起来、再到强起来的伟大飞跃。没有安全和稳定，一切都无从谈起。这样的教训历史上比比皆是，特别是社会主义国家发展历史上的教训更为沉痛。苏联由于片面重视军事安全，对政治安全、国土安全、经济安全等关键领域重视不足，未能建立完善系统、有效的总体国家安全战略体系，特别是在美国的和平演变战略影响下，忽视了国家安全问题的严重性，放松了国家安全建设，最终导致苏共垮台、苏联解体的历史悲剧。当前，我国国家安全内涵和外延比历史上任何时候都要丰富，时空领域比历史上任何时候都宽广，内外因素比历史上任何时候都要复杂，各种矛盾风险挑战源、各类矛盾风险挑战点相互交织、相互作用，如果我们防范不及、应对不力，就会导致各种风险传导、叠加、演变、升级。

习近平总书记强调，要统筹发展和安全，贯彻总体国家安全观，健全国家安全体系，增强维护国家安全能力，坚定维护国家政权安全、制度安全、意识形态安全和重点领域安全。2023 年中央经济工作会议强调，统筹高质量发展和高水平安全，坚持高质量发展和高水平安全良性互动，以高质量发展促进高水平安全，以高水平安全保障高质量发展。我们必须坚持统筹发展和安全，把现代化的力度、发展的速度和社会可承受的程度统一起来，加快构建与新发展格局相适应的新安全格局，把国家发展建立在更加安全、更为可靠的基础之上，保障中国式现代化的发展活力。必须坚定不移地贯彻总体国家安全观，把维护国家安全贯彻到党和国家工作各方面全过程，确保国家安全和社会稳定。总体国家安全观是涵盖政治、军事、国土、经济、金融、文化、社会、科技、网络、粮食、生态、资源、核、海外利益、太空、深海、极地、生物、人工智能、数据等诸多领域的系统安全观念，是我们基于世界百年未有之大变局和中华民族伟大复兴的战略全局，牢牢掌握中国式现代化发展主动权的根本遵循和行动指南。贯彻总体国家安全观，要以人民安全为宗旨，以政治安全为根本，以经济安全为基础，以军事、科技、文化、社会安全为保障，以促进国际安全为依托，统筹发展和安全，统筹开放和安全，统筹外部安全和内部安全，统筹国土安全和国民安全，统筹传统安全和非传统安全，统筹自身安全和共同安全，统筹维护国家安全和塑造国家安全。要坚持党中央对国家安全工作的集中统一领导，完善高效权威的国家安全领导体制。要加强重点领域安全能力建设，加强海外安全保障能力建设，提高防范化解重大风险的能力，全面加强国家安全教育，提高各级领导干部统筹发展和安全能力，增强全民国家安全意识和素养，筑牢国家安全人民防线，夯实中国式现代化的国家安全保障。

加强和创新社会治理。社会治理，通常是指在各级党委和政府的领导下，由社会各个部门、社会组织、社会公众共同参与的，运用政治、经济、文化、法治、教育等多种方式或手段，协调社会关系、规范社会行为、化解社会矛盾、维护社会和谐以保障社会稳定有序运行的系统工程。社会治理是国家治理的重要方面，良好的社会治理是社会和谐稳定、人民安居乐业的前提和保障。加强和创新社会治理是维护社会秩序的重要方式和手段，也是中国式现代化的重要内容。中国式现代化要求实现国家治理体系和国家治理能力现代化，这给加强和创新社会治理也提出了明确要求。党的十八大以来，习近平总书记高度重视社会治理问题，提出许多新思想新观点新举措，为新时代加强和创新社会治理指明了方向、提供了根本遵循。他强调：“发展是硬道理，稳定也是硬道理，抓发展、抓稳定两手都要硬。要坚定不移走中国特色社会主义社会治理之路，善于把党的领导和我国社会主义制度优势转化为社会治理优势，着力推进社会治理系统化、科学化、智能化、法治化，不断完善中国特色社会主义社会治理体系，确保人民安居乐业、社会安定有序、国家长治久安。”[①]

中国特色社会主义进入新时代，党紧紧围绕人民对美好生活的需要，把增强民生福祉作为立党为公、执政为民的本质要求，着眼于国家长治久安、人民安居乐业，着力打造共建共治共享的社会治理格局，社会治理社会化、法治化、智能化、专业化水平大幅提升，巩固了人民安居乐业、社会安定有序的良好局面，续写了社会长期稳定的伟大奇迹。党中央加强对社会治理的领导，设立平安中国建设协调小组，推动建立健全坚强有力的组织领导体制、系统完备的制度体系、融合联动的工作机制，党委领导、政府负责、群团助推、社会协同、公众参与的社会治理体制不断健全，共建共治共享的社会治理格局基本形成。完善共建共治共享的社会治理制度，实现政府治理同社会调节、居民自治良性互动，努力实现从“管理管控”到“寓管理于服务”的转变，在党的领导和政府主导下，让社会调解和居民自治参与社会治理，实行最广泛的人民民主，充分发挥社会协同的作用，建设人人有责、人人尽责、人人享有的社会治理共同体。发展全过程

① 《习近平谈治国理政》第 2 卷，外文出版社 2017 年版，第 384 页。

人民民主，正确处理新形势下人民内部矛盾，努力把矛盾纠纷化解在基层、将和谐稳定创建在基层，教育引导人民群众通过理性合法途径表达利益诉求、维护合法权益。推进社会治安防控体系建设，严厉打击影响人民群众安全感的突出违法犯罪，社会治安状况不断改善，我国成为刑事犯罪率最低、命案发案率最低、枪爆犯罪案件最少的国家之一。人民群众对平安建设的满意度始终位居世界前列，国际社会普遍认为中国是世界上最安全的国家之一。健全社会矛盾纠纷多元预防调处化解综合机制，完善信访制度，大量矛盾得到防范化解，社会矛盾总量稳中有降。完善公共服务体系，统筹推进网络化服务管理中心、诉讼服务中心、公共法律服务中心等建设，为群众提供更多普惠均等、便捷高效的服务，切实解决人民群众身边的急难愁盼问题。社会治理理念、方式、手段、体系等的创新和发展，给亿万中国人民带来了安定生活和良好发展环境，也为世界和平发展与全球治理作出了重要贡献，为中国式现代化营造了良好的社会环境。

一个现代化的社会，应该既充满活力又拥有良好秩序，呈现出活力和秩序有机统一。健康、良好的社会秩序是社会焕发活力的前提和保障，社会活力的奔涌则会进一步促进社会秩序的提升，活力和秩序两者相辅相成、辩证统一。习近平总书记指出，社会治理是一门科学，管得太死，一潭死水不行；管得太松，波涛汹涌也不行。寓活力于秩序之中，建秩序于活力之上，实现社会有序运行与社会活力迸发相统一、相协调，确保人民安居乐业、社会安定有序、国家长治久安，才能确保中国式现代化稳步向前。

六、处理好自立自强与对外开放的关系

自立自强与对外开放是辩证统一的，两者是相互促进的关系。自立自强是对外开放的原则和目的，对外开放是自立自强的条件和动力。没有自立自强，就会失去发展的立足点。离开对外开放，就会陷入封闭落后，无从实现自立自强。中国式现代化既具有世界各国现代化的共同特征，更具有中国特色，既是中国人民牢牢立足国情实现民族自立自强的现代化发展道路，也是中国人民始终坚持世界眼光不断扩大对外开放的现代化发展新路。中国式现代化蕴藏着深刻的辩证智慧和高超的辩证艺术。既要坚持独立自主、自立自强，也要坚持不断扩大高水平对外开放，在与世界各国良性互动、互利共赢中推进中国式现代化。处理好自立自强与对外开放之间的关系，对以中国式现代化全面推进中华民族伟大复兴具有重大意义。

（一）以自立自强提升对外开放水平

“自立自强”强调的是依靠自己的力量，坚持办好自己的事情，不断奋发图强。自立是自强的前提，自强是自立的趋向。自立促进自强，自强便能自立。自立自强是中华民族数千年以来的传统美德，也是中华民族能够屹立于世界民族之林的精神脊梁。中国式现代化是独立自主的现代化，是自立自强的现代化，推进中国式现代化必须坚持把国家和民族发展放在自己力量的基点上，坚持把我国发展进步的命运牢牢掌握在自己手中。坚持自立自强，并不意味着走向自我封闭。自立自强是对外开放的基础和前提，能够为扩大高水平对外开放创造有利条件，增强对外开放的自主性和吸引力，赢得世界各国的尊重和认同，充分彰显中国式现代化的中国特色和世界意义。

坚持自立自强，根本在于走好自己的路。中国式现代化是中国共产党坚持独立自主、自力更生，保持定力、坚定信心，不断推动理论创新和实践创新的伟大成果。正是在走好自己的路的基础上，我们才开辟出中国式现代化新道路，创造出人类文明新形态。“走自己的路，是党的全部理论和实践立足点，更是党百年奋斗得出的历史结论。”①近代以后，我国逐步沦为半殖民地半封建社会，国家蒙辱、人民蒙难、文明蒙尘，中华民族遭受了前所未有的劫难。为了拯救民族危亡，各界仁人志士奔走呼号、不懈抗争，产生了积极影响，但未能根本改变近代中国的命运，也尚未找到一条有效的革命道路。直到中国共产党成立，在马克思主义科学理论指导下，近代中国才迎来了新机，逐步探索形成了一条适合中国国情的“农村包围城市、武装夺取政权”的革命道路，引领新民主主义革命取得伟大胜利，为我国现代化建设奠定了根本政治前提。社会主义革命和建设时期，党团结带领全国各族人民继续发扬独立自主的探索和实践精神，形成了过渡时期总路线，走出了富有中国特色的社会主义改造道路，从根本上奠定了中国式现代化形成的制度前提。改革开放和社会主义现代化建设新时期，党基于历史经验的总结，结合新的发展实际，明确提出“走自己的路，建设有中国特色的社会主义”的崭新命题。中国特色社会主义道路是实现社会主义现代化、创造人民美好生活

① 《习近平谈治国理政》第4卷，外文出版社2022年版，第10页。

的必由之路，也是实现中华民族伟大复兴的必由之路。进入新时代，以习近平同志为核心的党中央顺应我国经济社会发展新要求和广大人民群众新期待，坚持和发展中国特色社会主义，推动物质文明、政治文明、精神文明、社会文明、生态文明协调发展，开创了中国式现代化新道路，创造了人类文明新形态。可见，中国式现代化既是中国共产党团结带领人民始终坚持自立自强、不懈探索奋进的伟大成果，也是实现中华民族自立自强、走向伟大复兴的根本之路。

20 世纪 50 年代中后期，国际形势风云变幻，我国周边环境极其恶劣，我国社会主义制度刚建立不久，面临着外部敌对势力的压力和威胁。在极其严峻复杂的形势下，党中央始终坚持把国家独立、领土主权完整放在第一位，坚决反对大国沙文主义。1958 年，苏联提出要在中国建立长波电台和组建共同舰队，遭到了毛泽东的严词拒绝。1958 年 6 月，毛泽东坚决提出“自力更生为主，争取外援为辅”的方针。在这一方针的指引下，中国共产党领导全国各族人民坚持自立自强，独立自主地探索社会主义建设道路，自力更生搞建设，依靠自己的力量，建立起比较完整的工业体系和国民经济体系。历史和实践证明，没有哪个国家和民族可以直接依托外部力量来实现自身的现代化，对于我国这样一个人口众多的发展中大国而言尤为如此，我们必须把现代化建设的基础植根于独立自主、自立自强之上。国家不能实现自立自强，也就难以实现自主对外开放，要做到真正的对外开放，就必须坚持自立自强，把国家发展的命运牢牢掌握在自己的手上。当前，世界百年未有之大变局加速演进，新一轮科技革命和产业变革深入发展，国际力量对比深刻调整，我国发展面临新的战略机遇，同时我国改革发展稳定也面临不少深层次矛盾，战略机遇和风险挑战并存、不确定难预料因素增多。我们既不能走封闭僵化的老路，也不能走改旗易帜的邪路，而要坚定不移走好中国特色社会主义发展道路，坚持以经济建设为中心，坚持四项基本原则，坚持改革开放，坚持独立自主、自力更生，坚持道不改、志不移。中国式现代化是植根于中国特色社会主义而又坚持和发展中国特色社会主义的新道路，是中国特色社会主义道路的“升级版”。只要我们坚定不移走好中国特色社会主义道路，就一定能够把我国全面建成富强民主文明和谐美丽的社会主义现代化强国。

坚持自立自强，首要的是科技自立自强。科技立则民族立，科技强则国家强。实现高水平科技自立自强，是中国式现代化建设的关键。当前，世界百年未有之大变局加速演进，世界之变、时代之变、历史之变的特征更为突出，科技创新已然成为大国博弈的主战场、各国竞争的制高点。我国既不能跟在别人后面亦步亦趋，更不能成为其他国家的技术附庸，必须加快推进高水平科技自立自强，走自主创新之路。在激烈的国际竞争中，唯有不断开辟发展新领域新赛道、塑造发展新动能新优势，才能赢得发展先机和主动权。这些从根本上说，都要依靠科技自立自强。党的二十大报告首次将教育、科技、人才一体谋划、专章部署，将其作为全面建设社会主义现代化国家的基础性、战略性支撑，体现出对当今国际竞争形势的深刻把握，展现出党赢得优势、赢得主动、赢得未来的信心和决心。我们要牢牢把握新一轮科技变革带来的战略机遇，以时不我待的精神加强自主创新，加快推进高水平科技自立自强，努力把关键核心技术牢牢掌握在自己手里，把国家和民族发展放在自己力量的基点上，持续保障国家安全和强盛。

党的十八大以来，以习近平同志为核心的党中央高度重视科技创新，深入实施创新驱动发展战略，完善国家创新体系，我国科技实力大幅提升，高水平科技自立自强迈出坚实步伐，为中国式现代化提供了有力战略支撑。2012 年至 2022 年十年间，全社会研发经费支出从 1 万亿元增加到 3.09 万亿元，研发投入强度从 1.91% 提升至 2.55%。基础研究和原始创新不断加强，一些关键核心技术实现突破，战略性新兴产业发展壮大，进入创新型国家行列。在量子信息、干细胞、脑科学、类脑芯片等前沿方向取得一批具有国际影响力的重大原创成果。国产大飞机实现市场化运营，高铁建设树立国际标杆，煤炭清洁高效利用、新型核电、特高压输电走在世界前列，光伏、风电装机容量以及储能、制氢规模居世界首位，“深海一号”实现 1500 米超深水油气田开发能力。5G 率先实现规模化应用，新能源汽车产销量连续 8 年居世界首位，新型显示技术产业化规模世界第一，光电子技术带动产业规模占全球近一半，人工智能技术应用占全球市场近 30%。500 米口径球面射电望远镜、散裂中子源等一批具有国际一流水平的重大科技基础设施发挥重要作用。世界知识产权组织发布的全球创新指数排名显示，我国已经从 2012 年的第 34 位上升到 2022 年的第 11 位，成为国际前沿科技创新的重要参与者。同时，我们也要清醒地看到，我国与世界创新型国家还存在不少差距，创新体系整体效能仍然不高、科技投入产出效益仍然较低、科技人才队伍结构仍需要优化、科技创新治理仍待改善等问题依然存在，特别是一些关键领域的基础研究积淀不够，关键核心技术“卡脖子”问题突出。面向未来，我们要把科技创新摆在国家发展和现代化建设全局的核心位置，坚持实施科教兴国战略和创新驱动发展战略，坚定不移走中国特色自主创新道路，坚持面向世界科技前沿、面向经济主战场、面向国家重大需求、面向人民生命健康，不断向科学技术广度和深度进军，加快实现高水平科技自立自强。

（二）以对外开放增强自立自强能力

对外开放是我国的一项基本国策，任何时候都不会动摇。我们坚持对外开放，强调的是在平等互利的基础上不断扩大和发展同各国的经济贸易、技术交流与合作等，以实现世界各国共同发展、共同进步。当今世界是一个开放的世界，任何一个国家都不可能在封闭的状态下生存和发展。我国正是在与世界的紧密联系中，不断取得发展的巨大成就。没有对外开放，就会故步自封。中国的发展离不开世界，世界的发展同样离不开中国。只有以开放的心态和开阔的视野，不断扩大高水平对外开放，积极学习借鉴人类文明的一切有益成果，才能更好地增强自立自强的能力，更好地拓展中国式现代化的发展空间。

牢牢把握对外开放的基本国策。开放是人类文明进步的重要动力，是世界繁荣发展的必由之路，也是当代中国的鲜明标识。20世纪中后期，在以信息化为基础的新科技革命引领下，世界各国的经济联系日益紧密，经济全球化发展趋势日益鲜明，国际分工和协作不断深化和加强，国际贸易规模不断扩大，资本在国家间的流动速度不断加快，跨国公司迅速发展。为适应新技术革命和经济全球化的发展趋势，世界各国纷纷实行对外开放的政策，广泛参与经济交流与合作，积极利用国外市场、资源、信息、技术和资金，实现经济持续高速增长。邓小平敏锐观察世界经济形势，明确指出：“现在的世界是开放的世界”[①]，“对外开放具有重要意义，任何一个国家要发展，孤立起来，闭关自守是不可能的，不加强国际交往，不引进发达国家的先进经验、先进科学技术和资金，是不可能的”[②]。结合社会主义现代化建设的发展目标，他强调：“要达到这个新的目标，离开对外开放政策不可能。现在任何国家要发达起来，闭关自守都不可能。”[③]此时的中国作为一个发展中大国，在实现现代化的进程中还面临着许多困难和问题，比如资金不足、技术落后、劳动者素质不高、缺乏经营管理知识和经验等。要解决这些困难和问题，就必须实行对外开放政策。1984 年 10 月 20 日，党的十二届三中全会通过的《中共中央关于经济体制改革的决定》指出：“十一届三中全会以来，我们把对外开放作为长期的基本国策，作为加快社会主义现代化建设的战略措施，在实践中已经取得显著成效。”[④]通过对外开放，我国获得了发展所必需的资金、技术、资源、市场、人才乃至机遇，为社会主义现代化建设提供了新的动力，增添了新的活力，拓展了新的空间，创造了经济长期快速发展的奇迹，亿万人民的生活水平得到显著提升，深刻改变了中国人民的精神面貌，有力

---

① 《邓小平文选》第 3 卷，人民出版社 1993 年版，第 64 页。

② 《邓小平文选》第 3 卷，人民出版社 1993 年版，第 117 页。

③ 《邓小平年谱（一九七五——一九九七）》（下卷），中央文献出版社 2004 年版，第 1007 页。

④ 《全面建成小康社会重要文献选编》（上），人民出版社、新华出版社 2022 年版，第 113 页。

造福了世界各国人民。历史表明，在一个开放的世界体系中，关起门来搞建设、孤立于世界之外是不行的，要发达起来，必须坚持对外开放。党的二十大报告强调，“中国坚持对外开放的基本国策，坚定奉行互利共赢的开放战略，不断以中国新发展为世界提供新机遇，推动建设开放型世界经济，更好惠及各国人民”[①]。

不断扩大高水平对外开放。党的十八大以来，以习近平同志为核心的党中央高度重视对外开放，着眼于国际国内发展实际，坚持以对外开放领域重大问题为导向，系统谋划和整体部署开放型经济建设，提出共建“一带一路”倡议、设立自由贸易试验区和自由贸易港、举办中国国际进口博览会等一系列重大举措，提出建设开放型世界经济、构建人类命运共同体等一系列重要理念和主张。积极推动制度创新，主动对标高标准国际经贸规则，加快形成与国际投资、贸易通行规划相衔接的基本制度体系和监管模式，深化自由贸易试验区改革创新，加快构建开放型经济体制，破除相关体制机制障碍，营造市场化、法治化、国际化一流营商环境。坚持对内对外开放相互促进，“引进来”和“走出去”更好结合，不断拓宽开放发展空间，推动陆海内外联动和东西双向互济、促进基础设施互联互通、扩大沿边开发开放，形成全方位开放新格局，对外开放取得一系列突破性进展和标志性成果。我国成为140多个国家和地区的主要贸易伙伴，货物贸易总额居世界第一，吸引外资和对外投资居世界前列，自贸试验区、海南

---

① 习近平：《高举中国特色社会主义伟大旗帜　为全面建设社会主义现代化国家而团结奋斗——在中国共产党第二十次全国代表大会上的报告》，人民出版社2022年版，第61页。

自贸港、横琴粤澳深度合作区从无到有、创新发展。高质量共建“一带一路”迈上新台阶，取得丰硕成果。世界银行报告显示，共建“一带一路”使参与方贸易增加 4.1%，外资增加 5%，使低收入国家 GDP 增加 3.4%。受益于“一带一路”建设，2012—2021 年，新兴与发展中经济体 GDP 占全球份额提高 3.6 个百分点。世界银行测算，到 2030 年，共建“一带一路”每年将为全球产生 1.6 万亿美元收益，占全球 GDP 的 1.3%。2015—2030 年，760 万人将因此摆脱绝对贫困，3200 万人将摆脱中度贫困。事实证明，开放促进发展，开放带来繁荣。立足新征程，要以扩大高水平对外开放为着力点，持续拓展中国式现代化的发展空间。党的二十大报告对推进高水平对外开放作出明确部署，强调要依托我国超大规模市场优势，以国内大循环吸引全球资源要素，增强国内国际两个市场两种资源联动效应，提升贸易投资合作质量和水平，稳步扩大规则、规制、管理、标准等制度型开放。我们要坚持以习近平新时代中国特色社会主义思想为指导，全面深入学习贯彻党的二十大精神，坚定不移推进高水平对外开放，为中国式现代化赋能加力。

第八章
中国式现代化的光明前景

“中国式现代化”是中国共产党领导中国人民立足国情、坚持以人民为中心的发展，谋求全体人民共同富裕、人与自然和谐共生，以和平发展道路实现社会主义的现代化，是推进中华民族伟大复兴的现代化，是充分彰显 21 世纪人类文明新形态的现代化。实践充分证明，中国式现代化道路不仅走得对、走得通，而且走得稳、走得好，是实现中华民族伟大复兴的有效路径，具有无限的光明前景。

一、继续夺取中国特色社会主义伟大胜利

中国式现代化是中国共产党人把科学社会主义基本理论与中国特色社会主义发展实际相结合，为提升综合国力、满足人民美好生活需要，不断夺取中国特色社会主义新胜利的现代化，未来也必将继续推进中国特色社会主义取得新的更大的胜利。

（一）中国特色社会主义对科学社会主义基本原则的坚守和发展

从马克思、恩格斯在《共产党宣言》中首次阐明科学社会主义的基本原则，已经过去了170多年的时间，在这170多年里，科学社会主义走过沧海桑田依然散发真理光芒，世界社会主义运动经历波澜曲折后最终迎来了中国特色社会主义辉煌发展。科学社会主义的基本原则是滋养中国特色社会主义蓬勃生机的“源头活水”，中国特色社会主义的理论与实践是科学社会主义在中国发展的“时代支流”，它既坚持了科学社会主义基本原则，又根据中国具体实际、中华优秀传统文化和时代特点赋予了其鲜明的中国特色，是对科学社会主义基本原则的坚守和发展。

科学社会主义是中国特色社会主义的“源头活水”。中国特

色社会主义的真理内核源于科学社会主义的基本原则，科学社会主义基本原则为中国特色社会主义事业的发展提供了基本遵循：首先，“两个必然”站在人类社会发展规律的基础上，揭示了社会主义代替资本主义的历史必然性，为中国特色社会主义的发展提供了信念指引。需要指出的是，“两个决不会”[①]是“两个必然”[②]实现的历史条件，它揭示了社会形态更替的条件性。其次，科学社会主义基本原则指出了无产阶级的先进性和无产阶级革命的历史意义，为中国特色社会主义坚持和发展人民民主专政提供了理论依据。再次，科学社会主义基本原则指出了社会主义社会生产的组织和调节形式及其根本目的，即在公有制的基础上对社会生产有计划地指导和调节，大力解放和发展生产力，按劳分配，努力实现全体人民共同富裕以及人与自然和谐共生，这为我国经济社会的发展提供了原则指导。最后，科学社会主义基本原则要求始终坚持无产阶级政党的领导和科学理论的指导，并以实现共产主义作为共产党人的最高理想，这为我们坚持和发展中国特色社会主义指明了根本领导力量和最终奋斗目标。

中国特色社会主义是当代中国的科学社会主义。中国特色社会主义是科学社会主义的发展。中国共产党人在探索革命、建设和改革的过程中，不断把科学社会主义基本原则与中国具体实际

---

① “无论哪一个社会形态，在它所容纳的全部生产力发挥出来以前，是决不会灭亡的；而新的更高的生产关系，在它的物质存在条件在旧社会的胎胞里成熟以前，是决不会出现的。”——《马克思恩格斯选集》第 2 卷，人民出版社 2012 年版，第 3 页。

② “资产阶级的灭亡和无产阶级的胜利是同样不可避免的。”——《马克思恩格斯选集》第 1 卷，人民出版社 2012 年版，第 413 页。

和时代特征相结合，取得了许多令人瞩目的理论与实践成果。新民主主义革命时期，饱受三座大山压迫的中国人民，在绝望中找寻希望，在黑暗中点燃火光，在各种社会思潮和救国方案中选择了马克思主义，选择了科学社会主义，从此中国革命面貌焕然一新。在这个过程中，以毛泽东同志为主要代表的中国共产党人，根据科学社会主义基本原则，结合中国革命实际，创造了具有中国特色的科学社会主义——毛泽东思想。社会主义革命和建设时期，中国共产党人面对革命和建设的新问题、新任务，进一步丰富了毛泽东思想的理论体系。改革开放和社会主义现代化建设新时期，中国共产党和中国人民从乱局中走出、于迷局中徘徊、在危局中求变，走出了一条前无古人、震惊世人的新路——中国特色社会主义道路，进一步发展了科学社会主义理论，形成了邓小平理论、"三个代表"重要思想和科学发展观的重大理论成果，实现了中华民族从站起来到富起来的伟大飞跃。中国特色社会主义进入新时代，以习近平同志为核心的党中央因时而变、顺势而为，在回答重大时代课题的基础上形成了习近平新时代中国特色社会主义思想。习近平新时代中国特色社会主义思想，强调中国特色社会主义既坚持科学社会主义基本原则，又具有鲜明的实践特色、理论特色、民族特色、时代特色，是中国特色社会主义道路、理论、制度、文化相统一的社会主义，对于中华民族走向复兴、开拓人类文明新形态具有重要的方法论意义。

（二）中国特色社会主义是当代中国发展的根本方向

中国特色社会主义是当代中国发展的根本方向，是实现国家稳定、人民富裕、民族团结的必由之路，也是推进中国式现代化发展的必由之路。只有毫不动摇地坚持和发展中国特色社会主义，才能顺利推进中国式现代化进程，才能不断开辟中国社会发展的新征程。

“鞋子合不合脚，只有自己知道。”国家制度好不好，只有本国人民才最有发言权。判断一个国家的社会制度是否真的管用，关键要看这个制度是否符合基本国情、是否促进社会进步、是否得到人民拥护。中国共产党的百年奋斗和新中国 70 多年的光辉历程有力地证明了：只有社会主义才能救中国，只有中国共产党才能领导中国，只有中国特色社会主义才能发展中国。改革开放 40 多年的发展成就向世人展示了中国特色社会主义的真理力量和制度优势，开辟了引导中华民族走向复兴的正确道路；进入新时代，中国特色社会主义依然是当代中国发展的根本方向，面对我国改革、发展、稳定的重要任务和动荡变革的世界形势，必须毫不动摇地坚持、巩固、完善和发展中国特色社会主义，坚持以中国式现代化不断谱写中国特色社会主义新篇章。

中国式现代化是坚持中国特色社会主义发展方向的现代化，是党和人民团结奋斗走出的自己的路，而不是西方式现代化的“复刻”。道路决定方向，方向是前进的旗帜，决定党和国家前途命运。中国式现代化是由中国共产党领导的社会主义现代化，是以人民美好生活为根本指向，以独立自主、和平发展为立足基础，这与西方资本主义现代化有着本质区别。有人说，在当今世界，实现现代化、不对外侵略、拥有完整主权，一个国家最多只能满足其中两个条件。但中国式现代化的出现，正在用实践证明：中国可以在保证国家主权完整、不对外扩张的基础上建设现代化国家，并用实际行动帮助更多的发展中国家共同走向现代化。

走中国式现代化道路必须坚持中国特色社会主义道路自信、理论自信、制度自信和文化自信。中国特色社会主义道路是过去40多年直到今天以及未来中国发展的根本道路，是无数中国共产党人和中国人民费尽千辛万苦、踏破铁鞋走出来的光明大道；中国特色社会主义理论是指引党和人民沿着中国特色社会主义道路前进的正确理论；中国特色社会主义制度是符合中国国情、保证人民当家作主的最佳制度安排；中国特色社会主义文化积淀着中华民族最深沉的精神追求，是中华优秀传统文化的时代精华。因此，发展中国式现代化，必须以自信自立、开拓奋进的姿态走向中国特色社会主义的光明未来。

（三）夺取新时代中国特色社会主义新胜利

百年大党，历经沧桑，终于看到了复兴曙光。“雄关漫道真如铁，而今迈步从头越。”当前，我们全面建成了小康社会，实现第一个百年奋斗目标，开启全面建设社会主义现代化国家的新征程。中国人民从来没有如此接近自己的目标，实现中华民族伟大复兴进入了不可逆转的历史进程。站在新起点上，中国共产党立足当前中国发展的时代条件和实践要求，着眼于新时代中国特色社会主义的长远未来，以实现人民对美好生活的向往为根本价值导向，擘画了全面建成社会主义现代化强国、以中国式现代化全面推进中华民族伟大复兴的宏伟蓝图。其中第一步是从2020年到2035年，在全面建成小康社会的基础上再奋斗15年，基本实现社会主义现代化。

届时，我国将实现以下八个方面的总体目标：

第一，经济高质量发展取得新突破，科技自立自强能力显著提升，构建新发展格局和建设现代化经济体系取得重大进展。完整、准确、全面贯彻新发展理念，坚持以推动高质量发展为主题，切实转变发展方式，推动质量变革、效率变革、动力变革。加快实施创新驱动发展战略，提升科技自立自强能力，实现关键核心技术自主可控。加快构建以国内大循环为主体、国内国际双循环相互促进的新发展格局，加快建设现代化经济体系，推动经济实现质的有效提升和量的合理增长。

第二，改革开放迈出新步伐，国家治理体系和治理能力现代化深入推进，社会主义市场经济体制更加完善，更高水平开放型经济新体制基本形成。深入推进改革创新，坚定不移扩大开放，着力破解深层次体制机制障碍，不断彰显中国特色社会主义制度优势，不断增强社会主义现代化建设的动力和活力，把我国制度优势更好转化为国家治理效能。

第三，全过程人民民主制度化、规范化、程序化水平进一步提高，中国特色社会主义法治体系更加完善。发展全过程人民民主，健全人民当家作主制度体系，全面发展协商民主，积极发展基层民主，巩固和发展最广泛的爱国统一战线。坚持走中国特色社会主义法治道路，建设中国特色社会主义法治体系、建设社会主义法治国家，完善以宪法为核心的中国特色社会主义法律体系，扎实推进依法行政，严格公正司法，加快建设法治社会。

第四，人民精神文化生活更加丰富，中华民族凝聚力和中华文化影响力不断增强。坚持中国特色社会主义文化发展道路，增强文化自信，建设社会主义文化强国，建设具有强大凝聚力和引领力的社会主义意识形态，广泛践行社会主义核心价值观，提高全社会文明程度，繁荣发展文化事业和文化产业，增强中华文明传播力影响力。

第五，居民收入增长和经济增长基本同步，劳动报酬提高与劳动生产率提高基本同步，基本公共服务均等化水平明显提升，多层次社会保障体系更加健全。坚持在发展中保障和改善民生，健全基本公共服务体系，提高公共服务水平，增强均衡性和可及性，扎实推进共同富裕。坚持按劳分配为主体、多种分配方式并存，构建初次分配、再分配、第三次分配协调配套的制度体系，健全覆盖全民、统筹城乡、公平统一、安全规范、可持续的多层次社会保障体系。

第六，城乡人居环境明显改善，美丽中国建设成效显著。牢固树立和践行绿水青山就是金山银山的理念，坚持山水林田湖草沙一体化保护和系统治理，统筹产业结构调整、污染治理、生态保护、应对气候变化，协同推进降碳、减污、扩绿、增长，加快发展方式绿色转型，深入推进环境污染防治，提升生态系统多样性、稳定性、持续性，积极稳妥推进碳达峰碳中和。

第七，国家安全更为巩固，建军一百年奋斗目标如期实现，平安中国建设扎实推进。坚定不移贯彻总体国家安全观，健全国家安全体系，增强维护国家安全能力，提高公共安全治理水平，完善社会治理体系。加快把人民军队建成世界一流军队，全面加强人民军队党的建设，全面加强练兵备战，全面加强军事治理，巩固拓展国防和军队改革成果，巩固提高一体化国家战略体系和能力。

第八，中国国际地位和影响进一步提高，在全球治理中发挥更大作用。坚持维护世界和平、促进共同发展的外交政策宗旨，致力于推动构建人类命运共同体，坚定奉行独立自主的和平外交政策，坚持在和平共处五项原则基础上同各国发展友好合作，坚持对外开放的基本国策，坚定奉行互利共赢的开放战略，积极参与全球治理体系改革和建设，弘扬全人类共同价值。

二、全面建成社会主义现代化强国

当2035年基本建成社会主义现代化国家后，我们将乘势而上，继续奋斗到本世纪中叶，把我国建设成综合国力和国际影响力领先的社会主义现代化强国，那时的中国将成为经济开放富强、政治高效民主、精神富裕文明、社会稳定和谐、生态协调美丽的世界文明新高地，以中华民族伟大复兴的磅礴伟力创造人类文明发展的新纪元。

（一）现代化强国的基础

在庆祝中国共产党成立100周年大会上，习近平总书记庄严宣布："经过全党全国各族人民持续奋斗，我们实现了第一个百年奋斗目标，在中华大地上全面建成了小康社会，历史性地解决了绝对贫困问题，正在意气风发向着全面建成社会主义现代化强国的第二个百年奋斗目标迈进。"[①]第一个"全面"的圆满完成，也意味着第二个"全面"即"全面建成社会主义现代化强国"新征程的全新启动。也就是说，全面建成小康社会为全面开启建设社会主义现代化国家打下了坚实的基础，也迎来了后发现代化国

① 习近平：《在庆祝中国共产党成立100周年大会上的讲话》，人民出版社2021年版，第2页。

家的中国从追赶现代化到引领现代化的历史性跨越。

早在2014年的中阿合作论坛第六届部长级会议开幕式上，习近平主席指出："中国已经进入全面建成小康社会的决定性阶段。实现这个目标是实现中华民族伟大复兴中国梦的关键一步。"[①]全面建成小康社会是当代中国发展的关键阶段，上承新中国成立以来、尤其是改革开放以来的全部实践成果，下启第二个百年奋斗目标和实现中国梦的新征程。

综合分析，我国进入中国特色社会主义新时代，现代化建设仍处于战略机遇期，但也面对许多风高浪急的风险挑战，其挑战性、艰巨性和复杂性前所未有。从国际大环境来看，世界百年未有之大变局正在加速演进，国际力量呈现出"东升西落"的发展态势，新兴市场和发展中经济体发展势头强劲，逐渐成为全球经济增长的主要驱动力。据国际货币基金组织估计，按市场汇率换算，2021年新兴市场和发展中经济体的经济总量占全球的份额约为40.9%，创历史最高水平；2022年新兴市场和发展中经济体的经济总量占全球的份额将升至41.1%，并在未来5年达到44%左右。以中美为例，官方公布的2022年GDP数据显示，美国以25.47万亿美元的经济总量，继续位居世界经济的榜首；中国以大约18万亿美元的经济总量紧随其后，排名世界第二。然而，以美国为首的老牌资本主义国家显然不愿看到后发国家的崛起，进而千方百计地遏制中国的发展。从经济到科技，从意识形态到军事等，无一不对中国进行围追堵截。另外，新冠疫情的暴发引

---

① 《习近平关于全面建成小康社会论述摘编》，中央文献出版社2016年版，第4页。

起了全球经济短期停滞并重创了各国实体经济。美国等西方发达国家为维护既有利益，不断挑起贸易摩擦，造成世界经济长期低迷，单边主义和保护主义抬头，严重阻碍了全球产业链供应链价值链的有序重建。从国内看，改革的重点领域和关键环节仍是“难啃的骨头”，城乡区域差距和居民收入差距仍旧显著，民生保障存在不少薄弱环节，生态治理任重道远……但我们也要认识到，尽管国内外局势复杂险峻，我国仍处于发展的战略机遇期。

2020 年，我国全面建成小康社会，成功打赢了脱贫攻坚战，为建成社会主义现代化强国打下了坚实的基础。在全面推进建成小康社会的过程中，我国的经济实力、科技实力、综合国力大幅上升。从经济上来看，我国国内生产总值突破 100 万亿元，是世界第二大经济体、第一大货物贸易国、第一大工业国，外汇储备连续多年位居世界第一。同时，消除贫困，是当今世界上最大的全球性挑战，也是建设现代化国家的基础性问题。中国脱贫速度之快、体量之大，创造了世界上又一大奇迹。2013 年，全国共有 832 个国家级贫困县，这些贫困县的面积占国土面积的近一半，全国每三个县中就有一个是贫困县。7 年之后，2020 年 11 月，脱贫攻坚战完美收官，832 个贫困县全部脱贫摘帽。改革开放以来我国已有 8 亿多贫困人口实现脱贫，占同期全球减贫人口的 70% 以上，提前 10 年实现联合国 2030 年可持续发展议程的减贫目标。从科技发展来看，基础研究和原始创新水平显著提高，在一些关键核心技术上获得了突破，在探月探火、载人航天、超级计算机、深海深地探测、卫星导航、新能源技术、量子信息、大飞机制造、核电技术、生物医药等方面都取得了重要的成果，使我国跻身于创新型国家的行列。另外，从国际影响力来看，我国在全球治理体系的改革与建设中，积极推进了更加开放、包容、普惠、平衡、共赢的经济全球化进程，在应对新冠疫情、扶贫、反恐、网络安全、维护区域安全等方面发挥了重大作用，在国际社会中的影响力、感召力和塑造力得到了显著的提升。

全面建成小康社会不仅是党领导全国各族人民长期努力奋斗取得的伟大成就，更是我们向第二个百年奋斗目标出发、为全面建设社会主义现代化国家打下的坚实基础。两个“全面”也体现出了量变和质变的辩证关系，二者统一于中国特色社会主义伟大实践中，展现了我们党承前启后、砥砺奋进、与时俱进、接续推进现代化建设的光辉历程和光明前景。

（二）现代化强国的内涵

党的二十大报告指出：“中国共产党的中心任务就是团结带领全国各族人民全面建成社会主义现代化强国、实现第二个百年奋斗目标，以中国式现代化全面推进中华民族伟大复兴。”[①]要想在本世纪中叶把我国建成富强民主文明和谐美丽的社会主义现代化强国，必须以现代化国家建设为主线，整体推进经济建设、政治建设、文化建设、社会建设、生态文明建设“五位一体”，从而确保我国物质文明、政治文明、精神文明、社会文明、生态文明得到全面提升。“五位一体”总体布局，体现了中国共产党对社会主义现代化强国建设内涵的深刻认识和把握。

---

① 习近平：《高举中国特色社会主义伟大旗帜　为全面建设社会主义现代化国家而团结奋斗——在中国共产党第二十次全国代表大会上的报告》，人民出版社 2022 年版，第 21 页。

习近平总书记指出："强调总布局，是因为中国特色社会主义是全面发展的社会主义。"[①]改革开放以来，伴随着经济社会的不断发展，人们对中国特色社会主义的认识也越来越深刻，从一个中心到"两个文明"到"三个文明"（经济、政治、文化），再到经济、政治、文化、社会的"四位一体"和经济、政治、文化、社会、生态文明的"五位一体"的总体布局，从而进入了全面协调、全面推进的中国特色社会主义发展的新阶段。只有全面协调发展、社会才能全面进步。只有把经济、政治、文化、社会和生态文明建设协调起来，才能使生产力和生产关系、经济基础和上层建筑更加协调一致，共同发展。"五位一体"的总体布局，为我国各项事业的发展指明了方向，也为建成社会主义现代化强国绘制出清晰的蓝图。"五位一体"总体布局是一个相互联系的有机整体，致力于全面提升我国物质文明、政治文明、精神文明、社会文明、生态文明建设水平，把我国建成富强民主文明和谐美丽的社会主义现代化强国。

第一，经济建设是根本。在推进现代化的进程中，经济建设是现代化的基础，是社会发展基础的物质保障，也是解决许多社会问题、社会矛盾的关键所在。从唯物史观来看，生产力对社会发展起着决定性作用，是衡量社会形态的决定性因素，是将社会历史不断推向前进的重要动力。如今，中国进入中国特色社会主义新时代，站在了全新的历史方位，但我国仍是处于社会主义初

① 习近平：《紧紧围绕坚持和发展中国特色社会主义　学习宣传贯彻党的十八大精神——在十八届中共中央政治局第一次集体学习时的讲话》，人民出版社 2012 年版，第 11 页。

级阶段，我国仍是世界上最大的发展中国家这一国情不会变。因此，在新时代，我国的中心任务仍以经济建设为中心，在生产力不断发展的基础上着力解决发展不平衡不充分的突出问题，在做大“蛋糕”做好“蛋糕”的前提和基础上分好“蛋糕”，发挥科技和人才对于生产力所起的关键性作用，提高自主创新能力，推动整体性高质量发展。

第二，政治建设是保障。这主要表现为中国特色社会主义政治制度保障中国特色社会主义经济制度。换言之，在加强经济建设的同时，也要不断加强党的建设和社会主义民主法治的建设，切实发挥党的政治引领力，确保经济建设、文化建设、社会建设、生态文明建设沿着正确的方向前进。

第三，文化建设是灵魂。文化兴则国家兴，文化强则国家强。党的十八大以来，中国特色社会主义文化持续繁荣发展，中国人民更加自信、自立、自强，极大增强了志气、骨气、底气，人民群众精神文化生活不断丰富，中华优秀传统文化、革命文化、社会主义先进文化为经济建设、政治建设、社会建设、生态文明建设提供了文化滋养和精神力量。

第四，社会建设是条件。有效的社会治理、良好的社会秩序是各领域建设发展的前提条件，社会主义社会的发展成果必须更多更公平惠及全体人民。党和国家要通过加强以社会治理体系和治理能力现代化为主要内容的社会建设，着力化解社会矛盾，全面提高社会文明水平，促使社会和谐稳定。

第五，生态文明建设是基础。绿水青山就是金山银山，保护生态环境就是保护生产力，改善生态环境就是发展生产力。要将生态建设融入经济、政治、文化、社会建设的各方面，形成绿色、低碳、循环发展的新发展格局，促进人与自然的和谐共存，实现碳达峰碳中和的目标，建设美丽中国，展现新时代绿水青山壮美画卷。

总之，准确把握“五位一体”的重点问题和重要环节，统筹推进经济、政治、文化、社会、生态文明建设，就能更好推动中国特色社会主义事业全面发展、全面进步，从而为全面建成社会主义现代化强国、实现第二个百年奋斗目标夯实根基。

（三）现代化强国的目标

新的时代画卷，新的征程篇章。

党的二十大对“全面建成社会主义现代化强国”进行了宏伟展望，并细化了两步走战略：到 2035 年，基本实现社会主义现代化；到本世纪中叶，将我国建设成为一个富强民主文明和谐美丽的社会主义现代化强国。这个战略部署，为实现第二个百年奋斗目标、全面建成社会主义现代化强国指明了时间表和路线图，描绘出了中华民族伟大复兴的宏伟蓝图，体现了中国共产党的大历史观、大时代观和大战略观。

回顾我国的近现代史，其实就是党领导中国人民的一部波澜壮阔的现代化奋斗史。自近代以来，中国人民就把实现现代化作为宏伟目标。新中国的成立、社会主义基本制度的确立，为我国现代化建设奠定了根本政治前提和制度基础。20 世纪五六十年代，提出了“四个现代化”的战略设计；改革开放之后，进一步提出并实施三步走的战略部署；党的十八大以来，我国进入新时代，党中央明确提出“两个一百年”奋斗目标；党的十九大报告中进一步提出了实现第二个百年奋斗目标的两步走战略安排；党的二十大报告又进一步细化了实现第二个百年奋斗目标的步骤和路径。党坚持将一张蓝图绘到底，在实践的过程中，不断加深对社会主义现代化强国的认识，使之内涵不断丰富，也使现代化蓝图一步步变成现实。

从党的二十大报告的内容来看，到本世纪中叶全面建成社会主义现代化强国的战略目标，与此前的社会主义现代化目标相比，既有继承性，更有创新性，充分彰显了我们党执政理念的延续性和与时俱进的特征。第一，核心目标从“社会主义现代化国家”上升为“社会主义现代化强国”。党的十二大提出，把我国建设成为高度文明、高度民主的社会主义国家。党的十七大提出，把我国建设成为富强民主文明和谐的社会主义现代化国家。党的十九大报告则加入了“美丽”，并且把“社会主义现代化国家”提升为“社会主义现代化强国”，把“基本实现现代化”的时间点从2050年提前至2035年。第二，全面建成社会主义现代化强国目标更加明确、更加丰富、更加全面。所谓“全面建成”，内容内涵更加具体、更加明确，领域更加全面，不仅包括经济上的“富强”、政治上的“民主”、文化上的“文明”、社会上的“和谐”，还包括生态上的“美丽”，充分体现了以习近平同志为核心的党中央在经济建设、政治建设、文化建设、社会建设、生态文明建设方面提出的一系列新理念新思想新战略，也充分体现了“五位一体”总体布局与目标之间的全面联系。

总之，从全面建成小康社会到基本实现现代化，再到全面建成社会主义现代化强国，是党中央对新时代中国特色社会主义发展长远的、全面的战略部署。我们在实现这一目标的过程中，一定要抱着愈加坚定的必胜信念、怀着更加昂扬的奋斗精神、焕发出更为自觉的历史主动精神，为全面建设社会主义现代化国家、全面推进中华民族伟大复兴而团结奋斗。

三、逐步实现全体人民共同富裕

实现好、维护好、发展好人民利益，在大力发展社会生产力，全面深化改革，促进社会整体发展的同时，把实现人民共同富裕作为改革、发展的目标追求，是中国共产党人区别于西方政党的显著标志。

（一）实现人民美好生活的价值追求

2012 年 11 月 15 日，习近平总书记在十八届中共中央政治局常委同中外记者见面会上指出："人民对美好生活的向往，就是我们的奋斗目标。"①让人民过上幸福美好的生活，这既体现了一位人民领袖深厚的人民情怀，也道出了中国共产党人始终坚持全心全意为人民服务、永葆初心本色的坚定信念。

回顾党的百年历史进程，我们可以看到，从毛泽东提出全心全意为人民服务，到邓小平提出我们做工作必须考虑群众拥护不拥护、赞成不赞成、高兴不高兴、答应不答应，江泽民提出我们党要始终代表中国最广大人民根本利益，胡锦涛提出必须把实现好、维护好、发展好最广大人民根本利益作为一切工作的出发点和落脚点，再到习近平总书记提出坚持以人民为中心的发展思想，中国共产党人始终保持初心，担当使命，在百年奋斗实践中

---

① 《习近平谈治国理政》第 1 卷，外文出版社 2018 年版，第 4 页。

深刻地回答了中国共产党是什么、要干什么的基本问题，揭示了中国共产党为什么“能”的奥秘。

什么是“美好生活”？习近平总书记对此作出了精辟且生动的诠释：“我们的人民热爱生活，期盼有更好的教育、更稳定的工作、更满意的收入、更可靠的社会保障、更高水平的医疗卫生服务、更舒适的居住条件、更优美的环境，期盼孩子们能成长得更好、工作得更好、生活得更好。人民对美好生活的向往，就是我们的奋斗目标。”[①]此后，习近平总书记在党的十九大报告中也作了进一步说明，指出人民群众不仅对物质文化生活提出了新的要求，而且在民主、法治、公平、正义、安全、环境等方面的要求都在日益增长。由此可见，“美好生活”既包括物质层面，也包含精神层面，不仅要满足人民日益增长的物质文化需要，同时还应该满足人们精神文化等需要。从某种意义上说，“美好生活”是我们看得见、摸得着的，是人们生活中最真实的部分。

人的需求是由低层次向高层次逐步发展的，随着社会的发展，人们的需求也越来越高，越来越多元化。比如，改革开放以来，人民的物质性需要不断发展，温饱问题基本解决后，人们便追求舒适、高层次的物质享受。而近些年来，人民高层次的物质性、社会性和心理性需要不断增长，都希望国家和政府提供高品质的物质产品，希望有一个安全、稳定、和谐、绿色、生态的居住环境，希望有一个人能尽其才、地能尽其利、物能尽其用、货能畅其流的社会环境，希望有一个政治民主、政府清廉、办事公

① 《习近平关于城市工作论述摘编》第 2 卷，中央文献出版社 2023 年版，第 3 页。

平、执法公正、反腐倡廉、风清气正的政治环境，希望国家和政府满足人民高层次的精神生活需要。坚持实现人民美好生活的价值追求，必须把不断满足“人民日益增长的美好生活需要”作为今后经济建设、政治建设、社会建设、文化建设和生态建设的动力和源泉。

“凡治国之道，必先富民。”发展是为了造福我们的人民，必须让全体人民充分享有发展成果。当前，沿着中国式现代化的康庄大道，着眼于共同富裕的伟大目标，一方面，我们要发扬实事求是、求真务实的精神，分阶段分步骤扎实推进，不好高骛远，一件一件抓落实，一年接着一年干。在高质量发展中保障和改善民生，用心用情用力解决好群众关心的就业、教育、社保、医疗、养老等实际问题，努力满足人民需求，把发展成果不断转化为人民生活品质。不做超越实际发展阶段的事，不做兑现不了的承诺。另一方面，我们要时刻保持敢教日月换新天的干事之心，携手共进，砥砺前行，伟大的中国共产党和伟大的中国人民终将创造全体人民共享美好生活的历史新荣光。

（二）着力解决不平衡不充分发展问题

江山就是人民，人民就是江山。中国共产党领导人民打江山、守江山，守的是人民的心。中国共产党制定了“两个一百年”奋斗目标，并如期实现了第一个百年奋斗目标，全面建成小康社会，人民生活水平迅速提高。在迈向现代化的新征程中，中国共产党需要着力持续解决发展不平衡不充分问题，才能为人民提供更多更好的发展机遇和成果，进一步提高人民的幸福感和获得感。

发展是党执政兴国的第一要务。新时代以来，我国经济持续较快发展，经济增速大大高于世界平均水平，经济总量稳居世界第二位，进入创新型国家行列。虽然我国经济发展态势已转向高质量发展阶段，但发展的不平衡不充分的问题仍然突出。其中，“不平衡”主要指经济社会体系结构的不合理，从而制约生产率的全面提升，主要表现在区域、领域和群体的不平衡。而“不充分”涉及总量和水平的问题，也就是发展程度不够高，发展态势不牢固，尤其是在人均方面与发达国家相比还有不小的差距。

如何解决发展不平衡不充分的问题？这是中国共产党长期面临的难点。习近平总书记在2021年全国脱贫攻坚总结表彰大会上指出：“只要我们坚持精准的科学方法、落实精准的工作要求，坚持用发展的办法解决发展不平衡不充分问题，就一定能够为经济社会发展和民生改善提供科学路径和持久动力！”[①]同时，他还在党的二十大报告中强调：“贯彻新发展理念是新时代我国发展壮大的必由之路”[②]。由此可见，要解决发展不平衡不充分的问题，就必须完整、准确、全面贯彻新发展理念，加快构建新发展格局，着力推动高质量发展。一方面，要坚持以人民为中心谋发展。站稳人民立场是中国共产党铿锵有力的政治宣言。我们必须坚持在发展中保障和改善民生，紧紧抓住人民最关心最直接最现实的利益问题，深入群众、深入基层，采取更多惠民生、暖民心

---

① 习近平：《在全国脱贫攻坚总结表彰大会上的讲话》，人民出版社2021年版，第16页。

② 习近平：《高举中国特色社会主义伟大旗帜 为全面建设社会主义现代化国家而团结奋斗——在中国共产党第二十次全国代表大会上的报告》，人民出版社2022年版，第70页。

举措，健全基本公共服务体系，统筹城乡协调发展，提高公共服务水平，缩小地区发展差距，增强均衡性和可及性。另一方面，要完整、准确、全面贯彻新发展理念。党的十八大以来，正是在新发展理念的引领下，党和国家事业取得历史性成就、发生历史性变革。完整、准确、全面贯彻新发展理念，是新时代新征程党和国家在发展问题上管全局、管根本、管长远的科学判断、逻辑必然和战略要求，是实现平衡和充分发展、推进中国式现代化的重要指导原则。

增进民生福祉，满足人民对美好生活的向往，是发展的根本目的。十年奋进路，阔步新征程。2023 年 2 月 28 日，国家统计局公布了《中华人民共和国 2022 年国民经济和社会发展统计公报》。公报数据显示，2022 年，全年全国居民人均可支配收入比上年实际增长 2.9%；全年脱贫县农村居民人均可支配收入实际增长 5.4%；全国基本养老、失业、工伤保险参保人数分别比上年末增加 2430 万人、849 万人、825 万人；九年义务教育巩固率、高中阶段毛入学率分别提高至 95.5%、91.6%；文化馆、公共图书馆分别达 3503 个、3303 个；电视节目综合人口覆盖率达 99.8%……这些数字充分说明，中国特色社会主义进入新时代的十年，是中国共产党带领人民群众努力发展的十年，我国民生事业发展取得新进展，人民生活持续改善，这些非凡成就写在物阜民丰、万家灯火中，人民群众在国家发展中不断提升获得感、幸福感、安全感。

发展与人民紧紧相连。中国式现代化道路上，要解决发展不平衡不充分问题，实现高质量发展，需要紧紧依靠人民为发展注入新鲜活力。中国共产党要始终坚持以人民为中心的发展思想，打造共建共享的现代化发展新格局，让发展所取得的辉煌成果更好融入社会发展、惠及百姓万家，为中国走向现代化提供坚实支撑！

（三）实现全体人民共同富裕的原则遵循

治国之道，富民为始。中国人民自古以来就崇尚天下为公、天下大同，共同富裕是中国人民孜孜以求的美好愿景。无论是早期农家的“并耕而食”，还是道家的“小国寡民”，抑或是儒家的“天下大同”理想，其核心思想中都有共同富裕的内容。马克思曾写下这样一句话，在未来社会“生产将以所有的人富裕为目的”[①]。由此可见，发展为了人民是马克思主义的根本立场，共同富裕是马克思主义的一个基本目标。展望未来，推动全体人民共同富裕，使人们过上更幸福的生活，满足人民群众的现实需要，不能有任何的动摇。

共同富裕是中国特色社会主义的本质要求。为实现全体人民共同富裕，首先是要做大“蛋糕”，强调的是解放和发展生产力，我们的国家才能更加强大，从而为共同富裕兜底。其次是要分好“蛋糕”，强调的是防止和避免两极分化，使得全体人民逐步走向共同富裕。这与资本主义存在着显著的区别，社会主义走的是共同富裕之路，而资本主义的富裕则是存在两极分化的少数人的富裕，是以多数人的普遍贫穷为代价的。

我们所追求的共同富裕是全体人民的富裕，强调的是全体人民普遍处于物质富裕和精神富有的状态，全体人民都能够过上公平、富足、有品质的生活。毛泽东曾强调，“这个富，是共同的

① 《马克思恩格斯文集》第 8 卷，人民出版社 2009 年版，第 200 页。

富，这个强，是共同的强，大家都有份”①。邓小平指出：“共同致富，我们从改革一开始就讲，将来总有一天要成为中心课题。社会主义不是少数人富起来、大多数人穷，不是那个样子。社会主义最大的优越性就是共同富裕，这是体现社会主义本质的一个东西。”②只有让更多人分享到改革发展成果，才能实现真正意义上的“人人都能过好日子”。同时，人们对于幸福的定义不只是物质上的满足，更包含精神上的富裕，物质生活的财富是我们赖以生存的基本条件，精神生活共同富裕则是实现共同富裕的重要内容之一。马克思也曾强调过人类社会生产力发展的同时，也要重视人的精神世界及其精神生活的充裕和满足，物质生活是外在的，而精神生活是内在的，物质充裕与精神充裕缺一不可。

我们追求的共同富裕，既不是整齐划一的富裕，也不是同步富裕，更不是同时富裕，而是一个有先有后、逐步实现的过程。2021 年 5 月，中共中央、国务院《关于支持浙江高质量发展建设共同富裕示范区的意见》正式发布，决定选择浙江省作为我国首个高质量发展建设共同富裕示范区，为全国推进共同富裕探索更多可复制、可推广经验提供重要借鉴。近年来，浙江省通过专项用地指标的支持，创造了“飞地经济”模式，突破了产业发展中原有的限制，为提高农民收入、缩小城乡差距打下基础。同时，绿色成为浙江省最大的财富，浙江省通过生态文化的优势积极发展乡村旅游。通过发展乡村旅游和民宿产业，不仅提高了村民的人均年收入，带动了全村的劳动力进行就业和创业，解决了人民

① 《毛泽东文集》第 6 卷，人民出版社 1999 年版，第 495 页。
② 《邓小平文选》第 3 卷，人民出版社 1993 年版，第 364 页。

群众最关心、最直接、最现实的问题，而且在发展中坚持绿水青山就是金山银山的理念，推动经济发展与生态保护的良性循环，不断满足人民对美好生活的新期待，使得广大农民的幸福感得到了极大的提高。

推进全体人民共同富裕既是长期而艰巨的工作，也是一个循序渐进、动态发展的进程。唯有坚持以人民为中心，不断增进人民福祉，守正笃实，久久为功，我们才能够在实践探索中扎实推动共同富裕，推动社会主义向更高阶段迈进，从而更好绘就亿万人民幸福生活的美好图景，续写中国特色社会主义的新篇章！

四、以中国式现代化全面推进中华民族伟大复兴

以中国式现代化全面推进中华民族伟大复兴，这既明确了中国共产党在新时代新阶段的奋斗目标，又赋予中国共产党伟大的使命担当。

（一）新时代中国共产党的历史使命

百年初心不改、百年矢志不渝。鸦片战争后，中国陷入内忧外患的黑暗境地，中国人民深受苦难。无数仁人志士不甘屈服、前仆后继，进行了可歌可泣的斗争，进行了各式各样的尝试——太平天国运动、戊戌变法、义和团运动、辛亥革命，但是终究未能改变中国半殖民地半封建的社会性质和中国人民的悲惨命运，历史呼唤着真正的民族复兴大任担当者。中国共产党一经成立，就把实现共产主义作为党的最高理想和最终目标，义无反顾肩负

起实现中华民族伟大复兴的历史使命，团结带领人民进行了艰苦卓绝的斗争，这是由党的无产阶级性质所决定的。马克思、恩格斯在《共产党宣言》中庄严宣告："过去的一切运动都是少数人的，或者为少数人谋利益的运动。无产阶级的运动是绝大多数人的，为绝大多数人谋利益的独立的运动。"[①]马克思主义博大精深，归根到底就是一句话，为人类求解放，为人民谋幸福。中国共产党作为马克思主义政党，党性和人民性从来都是一致的、统一的，把"团结带领全国各族人民全面建成社会主义现代化强国、实现第二个百年奋斗目标，以中国式现代化全面推进中华民族伟大复兴"[②]确立为新时代新征程上中国共产党的使命任务，是对马克思主义政党历史使命在当代中国的继承和创新。

开创一条适合中国国情和中国人民需要的现代化道路以实现中华民族伟大复兴，是一代又一代共产党人发奋图强的共同愿望。100 多年来，中国共产党团结带领中国人民追求民族复兴的历史，也是一部不断探索现代化道路的历史。独特的文化传统，独特的历史命运，独特的国情，注定了中国必然要走适合自己特点的发展道路。新民主主义革命时期，以毛泽东同志为主要代表的中国共产党人就经济现代化、工业现代化、农业现代化进行了一系列阶段性探索，为新中国成立后正式探索中国的现代化道路奠定了坚实的思想基础。新中国成立后，中国的现代化进入

---

① 《马克思恩格斯选集》第 1 卷，人民出版社 2012 年版，第 411 页。

② 习近平：《高举中国特色社会主义伟大旗帜　为全面建设社会主义现代化国家而团结奋斗——在中国共产党第二十次全国代表大会上的报告》，人民出版社 2022 年版，第 21 页。

真正开局的崭新发展阶段，我们党逐步构想并提出了“四个现代化”的发展目标，初步建立起了独立完整的工业体系和国民经济体系，为开辟一条自主性的中国式现代化道路奠定了坚实基础。党的十一届三中全会后，邓小平以中国的现代化建设必须考虑中国实际情况而区别于西方现代化的模式为着眼点，突破性地提出了“中国式的现代化”的时代命题，指出“我们搞的现代化，是中国式的现代化。我们建设的社会主义，是有中国特色的社会主义”①；并对现代化建设作出三步走的战略安排，实现了对社会主义、现代化和中国特色社会主义认识的飞跃。党的十八大以来，中国特色社会主义进入新时代，以习近平同志为核心的党中央在已有基础上继续开拓创新，不断结合新的发展阶段作出新的战略安排，成功推进和拓展了中国式现代化，取得了理论和实践上的巨大成功，实现了对西方式现代化的重构和超越。

回首百年奋斗路，中国共产党肩负起探索、创造、发展中国式现代化道路的重任，团结带领中国人民走出了创造美好生活的正确道路，深刻改变了近代以后中华民族发展的方向和进程，深刻改变了中国人民和中华民族的前途和命运，深刻影响了世界发展的趋势和格局。眺望未来新征程，中国共产党将团结带领中国人民向着现代化目标迈进，在全面建设社会主义现代化国家新征程上续写精彩华章，去创造人民更加幸福美好的生活。

（二）中华民族伟大复兴的光明大道

中国式现代化是符合中国国情的、实现中华民族伟大复兴的

---

① 《邓小平文选》第3卷，人民出版社1993年版，第29页。

光明大道。中国式现代化是什么呢？党的二十大报告指出，中国式现代化是中国共产党领导的社会主义现代化，既有各国现代化的共同特征，更有基于自己国情的中国特色。中国式现代化聚焦人的全面发展和对美好社会的追求，彰显了社会主义的本质，是马克思主义与中国具体实际相结合、与中华优秀传统文化相结合的创新发展，是科学社会主义在中国的成功实践之路，具有内在的科学性、人民性、实践性。中国式现代化道路既是立足中国国情和中华优秀传统文化长期实践探索的成果，又是对世界现代化和文明发展的理论和实践的重大创新，是实现中华民族伟大复兴的光明大道。

中国式现代化就是民心所向。人同此心，心同此理，古今中外人民对美好生活的向往是相同的。中国式现代化从源远流长、博大精深的中华优秀传统文化中走来，饱含了5000多年中华文明所特有的精神力量、思想智慧和文化养分。追求全体人民共同富裕的现代化与“天下为公、民为邦本”的思想一脉相承；追求物质文明和精神文明相协调的现代化与“仓廪实而知礼节，衣食足而知荣辱”的内涵一脉相传；追求人与自然和谐共生的现代化与“天地与我并生，而万物与我为一”的理念一脉相通。所以，中国式现代化是中华文明和现代化的双向推动，必然为实现中华民族伟大复兴带来源源不断的强劲动力，也必定为人类发展进步汇聚文明力量。

不负人民，兼济天下。小康梦、强国梦、中国梦，归根到底是老百姓的“幸福梦”。百余年来，党在坚持中国式现代化道路的实践中，始终坚持全心全意为人民服务的根本宗旨，坚持立党为公、执政为民的执政理念，坚持以人民为中心的发展思想，坚持克服战胜风险挑战，带领人民实现了小康这个中华民族的千年梦想，打赢了人类历史上规模最大的脱贫攻坚战。民生福祉得到根本改善，人均预期寿命增长到 78.2 岁；建成世界上规模最大的教育体系、社会保障体系、医疗卫生体系；居民人均可支配收入增加到 3.51 万元，人民群众的获得感、幸福感、安全感更强了。2022 年 10 月，党的二十大制定了全面建成社会主义现代化强国和实现中华民族伟大复兴的时间表、路线图，既有长远规划、又有现实关照，符合中华民族和中国人民的美好愿景，必将凝聚起全国各族人民齐心协力为全面建设社会主义现代化国家而努力奋斗的精神力量和价值共识。

中国式现代化顺应世界历史发展潮流，与世界人民的现代化之梦息息相通。当前，世界正处于百年未有之大变局，中国走什么路、怎么走，不仅事关每一个中国人的前途命运，也关系到世界其他国家、民族人民的未来发展。中国式现代化就其性质来说，源于对中国特色社会主义的坚持和发展，是对中国特色社会主义道路的高度概括和系统总结，是社会主义的现代化，追求全体人民的共同富裕，致力于实现人的全面发展和社会的全面进步。中国式现代化让中国取得了举世瞩目的伟大成就，创造了经济快速发展和社会长期稳定两大奇迹。在中国式现代化道路上，我们创造了人类文明新形态，拓展了发展中国家走向现代化的途径，给世界上那些既希望加快发展又希望保持自身独立性的国家和民族提供了全新选择，具有深远的世界历史意义，已经并将继续获得世界人民的认可和支持。

千秋伟业，风华正茂。中国式现代化从中华民族 5000 多年文明史深处缓缓走来，绵绵流播，进入当代中国与世界的发展前景，并走进了中国共产党的宏伟蓝图中。历史和实践充分证明，中国共产党带领人民探索、开创、发展的中国式现代化道路扎根中国大地，符合中国实际，这条道路不仅走得对、走得通，而且走得稳、走得好。在党的指引下，我们可以深切感受到中华民族伟大复兴的光明前景，可以展望到国家繁荣富强、人民幸福安宁的美好画卷，让我们无比坚信，中国式现代化道路是推进中华民族伟大复兴的光明大道，只要全体中华儿女紧密团结、自立自强、勇毅前行，我们一定能够不断创造新的发展奇迹，同时也为造福世界作出新的更大贡献。

（三）中华民族伟大复兴的历史进程

中国式现代化和中华民族伟大复兴相伴随，中国式现代化的探索、萌芽、发展、完善标注了中华民族伟大复兴的历史进程。党的二十大对新时代新征程中国共产党的使命任务的明确提出，表明已经创造百年伟业的中国共产党确立了新的历史坐标。

伟大复兴，壮丽航程。新中国成立到改革开放前夕，中国进入现代化发展新阶段；改革开放和社会主义现代化建设新时期，中国式现代化理论的初步形成和现代化建设举世瞩目的成就使中华民族伟大复兴进入历史发展新阶段；中国特色社会主义进入新时代，以习近平同志为核心的党中央统筹中华民族伟大复兴战略全局和世界百年未有之大变局，在新的历史条件下团结带领全国各族人民夺取全面建成小康社会的伟大胜利，千百年来中华民族的绝对贫困问题历史性地画上了句号，中华民族伟大复兴向前迈出了一大步，是中华民族伟大复兴进程中的重要里程碑，为实现中华民族伟大复兴提供了宝贵的历史机遇，新时代的创新突破使以中国式现代化全面推进中华民族伟大复兴进入深入推进实践的关键阶段。我们党在革命、建设和改革的不同时期关于社会主义现代化建设的顶层战略谋划，彰显了中国人民奋发图强的雄心壮志，定格了中华民族伟大复兴的实践历程。

随着第一个百年奋斗目标的实现，党的二十大趁势而上开启全面建设社会主义现代化国家的新征程，擘画出党和国家事业未来发展的宏伟蓝图。党的二十大报告指出，未来 5 年的主要目标任务是：经济高质量发展取得新突破，科技自立自强能力显著提升，构建新发展格局和建设现代化经济体系取得重大进展；改革开放迈出新步伐，国家治理体系和治理能力现代化深入推进，社会主义市场经济体制更加完善，更高水平开放型经济新体制基本形成；全过程人民民主制度化、规范化、程序化水平进一步提高，中国特色社会主义法治体系更加完善；人民精神文化生活更加丰富，中华民族凝聚力和中华文化影响力不断增强；居民收入增长和经济增长基本同步，劳动报酬提高与劳动生产率提高基本同步，基本公共服务均等化水平明显提升，多层次社会保障体系更加健全；城乡人居环境明显改善，美丽中国建设成效显著；国家安全更为巩固，建军一百年奋斗目标如期实现，平安中国建设扎实推进；中国国际地位和影响进一步提高，在全球治理中发挥更大作用。同时，我们必须清醒认识到，全面建成社会主义现代化强国、实现中华民族伟大复兴绝非轻轻松松、敲锣打鼓就能实现，这个过程中充满了各种风险挑战。为此，我们必须坚持和加强党的全面领导、坚持中国特色社会主义道路、坚持以人民为中心的发展思想、坚持深化改革开放、坚持发扬斗争精神，以更加昂扬的斗志、更加坚定的信念把党的二十大作出的重大决策部署付诸行动、见之于成效。

走过苦难辉煌，走向光明未来，历史的年轮，镌刻下一代代中国共产党人和中华儿女的奋斗足迹。为有牺牲多壮志，敢教日月换新天。中国共产党以舍我其谁、为民造福的责任担当，创造了新民主主义革命的伟大成就，创造了社会主义革命和建设的伟大成就，创造了改革开放和社会主义现代化建设的伟大成就，创造了新时代中国特色社会主义的伟大成就，书写了中华民族几千年历史上最恢宏的史诗。一路惊涛骇浪，一路高歌前进，可亲可敬的中国人民以奋进新征程、建功新时代的豪情壮志紧密团结在以习近平同志为核心的党中央周围，奏响了强国复兴的崭新乐章，坚定不移地推进中华民族伟大复兴的历史进程。

不忘初心，方得始终。今天，我们比历史上任何时期都更接近、更有信心和能力实现中华民族伟大复兴的目标，只要全党全国各族人民以昂扬姿态共赴中华民族伟大复兴新征程，我们就一定能在新的历史起点书写中华民族伟大复兴的光辉篇章。

第九章 中国式现代化的世界意义

中国共产党领导中国人民成功走出中国式现代化道路，创造了人类文明新形态。中国式现代化与西方资本主义现代化在发展理念、内核动力、总体目标等方面有显著差异，实现了建设路径和价值旨归的创造性飞跃，创造了人类文明形态，致力于构建人类命运共同体，让科学社会主义焕发出强大生机活力，彰显深远且厚重的世界意义。

一、创造人类文明新形态

中国共产党领导人民在现代化建设中，借鉴和吸收人类社会创造的一切有益文明成果，赓续中华优秀传统文化、马克思主义文明理论，汲取国外先进文明成果，在社会主义改革与建设实践中破解了现代化的本真要义和成功密码，推进拓展了中国式现代化，创造了一种全新的人类文明形态。

（一）文明与文明形态

人类文明新形态是阐释中国式现代化和社会主义实践的重要理论概念，而文明形态是马克思主义唯物史观对人类社会发展历史的一种表述方式。因此，要准确把握中国式现代化如何创造人类文明新形态，就必须对文明与文明形态的内涵、关系、生成等问题予以明晰。

关于"文明"的内涵，不同的学者有不同的看法。美国人类学家摩尔根在《古代社会》中把文明和野蛮相对应，用蒙昧时代、野蛮时代和文明时代来划分人类发展历史。恩格斯曾说："如果说文明是实践的事情，是社会的素质，那么英国人确实是世界上最文明的人。”[①]还有学者认为，文明是指人们改造世界所获得的对人类生存和发展有价值的物质成果和精神成果的总和，它标志着社会进步的程度。综合以上观点，我们可以将文明理解为人类文明发展到较高程度的状态与人类社会发展过程中产生的物质成果和精神成果的总和。从人类历史发展角度来看，人类文明的出现与野蛮状态的脱离密切相关，可以说，文明是人类与低级动物分野后的一种生存活动组织方式，表示人类的开化状态和进步程度，是人类群体智慧的彰显。从范畴论角度来说，人类社会发展生成的文明是一个价值范畴，只有人们改造世界的活动中对人类进步有积极意义的活动成果才能构成文明的内容。关于文明的产生标志主要有三种观点：一是文字的出现，学者将文字出现以前的历史称为史前史，把文字出现以后的历史称为人类文明史；二是政治生活和政治共同体的出现，人之所以脱离动物界，不是由于经济文化的发展，而是因为人类有政治生活和政治共同体；三是国家的出现，依据是恩格斯在《家庭、私有制和国家的起源》中提出的“国家是文明社会的概括”的著名论断。

文明形态与人类文明形态的内涵释义。“文明形态”这一词组中，文明是对形态内容的修饰限定，文明是人类的一种生存活动的组织方式，那么文明形态就是人类生存活动组织方式的呈现形式。我们借助马克思的一句话来进一步理解分析，“各种经济时代的区别，不在于生产什么，而在于怎样生产，用什么劳动资料生产”[②]。这里“怎么生产，用什么劳动资料生产”，论述了劳动

① 《马克思恩格斯文集》第1卷，人民出版社2009年版，第97页。
② 《马克思恩格斯全集》第43卷，人民出版社2016年版，第182页。

生产过程，关涉劳动对象、劳动资料、劳动者和劳动者的有目的的活动。这整个劳动生产过程，我们可以将之视为人类生存活动的组织方式，即文明，因为“怎么生产，用什么劳动资料生产”，体现了社会的发展程度和进步状态。由于文明是指人类生存活动的组织方式，那么人类生存活动的组织方式的表现就是文明形态。正如马克思所说：“手推磨产生的是封建主的社会，蒸汽磨产生的是工业资本家的社会。”①一方面，“手推磨生产”和“蒸汽磨生产”，分别代表封建文明和工业文明的生产组织方式；另一方面“手推磨生产”表现的封建文明的小农经济、家庭作坊的生产、生活方式，反映了封建文明形态，而“蒸汽磨生产”表现的机械化、大工场生产、生活方式则体现的是工业文明形态。此处，需要强调的是这里的“文明”是对“形态”的限定，是最一般意义上的“人类文明”，非某一方面狭义的文明，如物质文明、政治文明等单一维度的文明，因而“形态”只能是“人类文明形态”，而非其他形态。质言之，中国式现代化所创造的人类文明新形态超越了人类已有文明的新型文明，是“未来社会”文明形态的雏形和崭新起点。它宣告了我们在人类文明发展史上迈向了新的历史起点，体现了人类文明发展的客观规律和必然趋势。

（二）人类文明新形态何以生成

人类文明新形态是马克思主义文明观的成果，具有深刻意义。中国共产党的领导是决定性因素，中国人民的艰苦奋斗是力量性因素，内部创新的变革道路是内源性因素，马克思主义的指

① 《马克思恩格斯文集》第1卷，人民出版社2009年版，第602页。

导是理论性因素，中华优秀传统文化的赓续是文化性因素，五大因素共同回答了人类文明新形态何以生成的理论问题。

中国共产党的领导是人类文明新形态生成的决定性因素。中国共产党的领导是中国现代化历史进程中的关键性变量，直接关系人类文明新形态的根本方向、前途命运。党的二十大报告强调，中国式现代化是“中国共产党领导的社会主义现代化”。强大的政党领导是后发国家现代化建设的一条基本经验。在中国共产党成立之前，各派政治力量都没能担负起领导中国现代化的历史重任，现代化事业举步维艰。鸦片战争后，强劲狂暴的欧风美雨使传统农业文明的中国陷入风雨飘摇之中。国家蒙辱、人民蒙难、文明蒙尘，中华民族遭受了前所未有的劫难。中国共产党一经诞生，就肩负起探索现代化道路的重任，团结带领人民以艰苦奋斗深刻改变了近代以来中华民族发展的方向和进程，深刻改变了中国人民和中华民族的前途和命运。党的十八大以来，以习近平同志为核心的党中央将在现代化建设全局中科学把握发展规律、谋划发展思想、改善民生作为出发点，团结带领全国各族人民历史性地解决了绝对贫困的问题，完成了全面建成小康社会的历史任务，实现了第一个百年奋斗目标，谱写了经济快速发展、社会长期稳定“两大奇迹”的崭新篇章；使全体人民朝着共同富裕目标扎实迈进，找到了人与自然和谐共生的现实之路，跳出了现代化“国强必霸”魔咒，为强国建设、民族复兴提供了坚强保障。中国式现代化道路展现出更为光明的前景，人类文明新形态的展开方式和述说方式逐渐明朗。

中国人民的艰苦奋斗是人类文明新形态生成的力量性因素。人类文明新形态生成的力量主体是中国人民，这是由于人民在社会实践中充分发挥积极性、主动性和能动性，贡献智慧、不断实践、奉献力量，助力现代化建设开创新局面，开辟了人类文明新形态。习近平总书记在谈到中国共产党拥有“五大优势”时指出，党坚持全心全意为人民服务的宗旨，坚持从群众中来、到群众中去的工作路线，使党的一切工作充分体现人民群众的意志、利益和要求，这是密切联系群众的优势，也是党最大的优势。推进中国式现代化的过程，必然会遇到来自各方面的困难，遭受来自国内外的挑战。但无论遇到什么困难挑战，只要有人民的支持和参与，就没有克服不了的困难，就没有越不过的坎。回顾栉风沐雨的百年征程，党之所以能够攻克一个又一个看似不可攻克的难关，创造一个又一个彪炳史册的人间奇迹，根本原因就在于始终与人民血肉相连、与人民同甘共苦、与人民团结奋斗。党的根基在人民、血脉在人民、力量在人民，只有坚持人民至上、紧紧依靠人民、不断造福人民，才能克服现代化建设中的一切困难，不断刷新现代化建设新高度，不断丰富和发展人类文明新形态。

内部创新的变革道路是人类文明新形态生成的内源性因素。“现代化”起源于西方，根据现代化的起因可分为外源性与内源性两种不同的现代化。内源性现代化是由社会自身力量产生的内部创新，走社会变革道路，是一个自发的、自下而上的、渐进变革的漫长过程。它的原动力是从内部孕育而成的，西方最早一批现代化国家属于此行列。外源性现代化是在全球化浪潮影响下，受外部冲击而引起内部思想政治变革与经济社会变革的现代化道路。因自身内部动力因素不足，使得外来因素的冲击和压力成为主要推动力，呈现出外部因素的作用超过内部因素，内部创新居于次要地位的特征。外源性现代化大多发生在欠发达国家，起步也相对较晚，现代生产力要素和现代化的文化要素都是从外部移植或引进的，是在外来异质文明的撞击下激发或嫁接生成的。中国式现代化不是近代以来受西方文明冲击下被动开启的现代化建设，而是有自己独特的时间节点，它特指改革开放以来所形成的独具中国特色的现代化道路。一方面，它区别于中国早期内部动力不足，过分依赖外部推动力，轻重失调、物质压轴的现代化，是坚持以人民为中心，以全面深化改革推动内部革新的社会变革的现代化道路；另一方面，它区别于西方所走的向内掠夺、对外殖民扩张、转嫁危机的野蛮道路，是崇尚和谐包容、美美与共的现代化。中国以“兼济天下”的大国担当积极倡导“构建人类命运共同体”，积极参与全球治理，在促进自身繁荣发展的同时兼顾世界共同利益，彰显了世界大国的博大胸襟和“兼济天下”的世界情怀。概言之，内部创新的变革道路是中国式现代化越走越宽，开辟人类文明新形态的内源性因素。

马克思主义的理论指导是人类文明新形态生成的理论性因素。马克思在深刻揭露资本主义的罪行、人类文明演进规律和如何跨越“卡夫丁峡谷”等方面，为人类文明新形态的开辟提供了理论源泉。一是从政治经济学角度揭露了资本主义的穷途末路。马克思认为资本主义社会不是人类发展的终点，它也必然要经过一个产生、发展和走向衰亡的过程。随着时间的推移，资本主义制度固有的弊端不断显现和加重，势必走向“寿终正寝”的历史宿命。二是从一般与特殊的辩证视角阐明现代化道路的多样性。马克思主张人类社会发展模式遵循着简单到复杂，落后到先进的原则，重视普遍性，但不排除个别特殊性，实际上预设了不同的国家可以有不同的现代化道路选择。马克思颇具前瞻性地指出，像俄国这样经济落后的东方国家在一定条件下有跨越“卡夫丁峡谷”直通社会主义的可能性。三是从唯物史观视角阐明人民群众是现代化的主体力量。马克思强调，“人们为之奋斗的一切，都同他们的利益有关”[①]。恩格斯也谈到，“革命的开始和进行将是为了利益，而不是为了原则，只有利益能够发展成为原则”[②]。人的需要和利益必须在实践活动中实现和获得，整个人类社会发展就是一个适应和利用外在环境满足人类需求的过程。四是为现代化建设指明动力和方向。一方面，马克思主义认为人民群众是社会实践和历史发展的主体，是物质资料生产活动的主体，是先进生产力和先进文化的创造主体，也是推动社会发展和推进现代化的原动力；另一方面，强调资本主义私有制是社会畸形、人的异化的重要原因，只有剔除私有制代之以社会主义公有制，坚持无产阶级的领导才能在现代化的推进中实现人的自由而全面的发展。概言之，中国式现代化源自马克思主义，人类文明新形态是马克思主义与中国现代化建设实践相结合的产物，发展了马克思主义，是马克思主义中国化时代化的成果。

中华优秀传统文化的赓续是人类文明新形态生成的文化性因素。中华优秀传统文化源远流长、博大精深，是中华文明的智慧结晶，其中“民为邦本”的治国理念观、“汔可小康”的共同富裕观、“天人合一”的自然生态观等是中华优秀传统文化精华的重要组成部分，也是人类文明新形态区别于资本主义文明形态的独特之处。一是“民为邦本”的治国理政观。《吕氏春秋·顺民》

① 《马克思恩格斯全集》第1卷，人民出版社1995年版，第187页。
② 《马克思恩格斯全集》第3卷，人民出版社2002年版，第411页。

讲道："夫以德得民心以立大功名者，上世多有之矣。"唐太宗吸取隋朝前车之鉴，强调："天子者，有道则人推而为主，无道则人弃而不用，诚可畏也。"黄宗羲从"君民关系"入手，提出"古者以天下为主，君为客"。人类文明新形态坚持"以人民为中心"的价值理念，将"全体人民共同富裕"作为奋斗目标，发展了中华优秀传统文化中的"以民为本"思想。二是"汔可小康"的共同富裕观。《管子·治国》讲道："凡治国之道，必先富民，民富则易治也，民贫则难治也。"管仲主张国家减轻赋役征伐，藏富于民，使人民得以安居乐业、丰衣足食，实现国泰民安的终极目标。荀子提出："足国之道：节用裕民，而善臧其余。""易其田畴，薄其税敛，民可使富也。"这种"汔可小康"的共同富裕理想在党的二十大报告中仍然可以看到，如"我们坚持把实现人民对美好生活的向往作为现代化建设的出发点和落脚点，着力维护和促进社会公平正义，着力促进全体人民共同富裕，坚决防止两极分化"[①]。三是"天人合一"的自然生态观。"天人合一"是中华民族赓续千年的生存理念，主张人与自然、人与人、人与社会之间是一种和谐共存的关系。《庄子·齐物论》讲道："天地与我并生，而万物与我为一。"庄子认为天地与个体自身本就是命运共契的共同体。中国式现代化汲取人与自然和谐共生理念，将保护自然、建设生态文明作为经济社会发展的基本遵循。概言之，人类文明新形态滥觞于"民为邦本""汔可小康""天人合一"等中

① 习近平：《高举中国特色社会主义伟大旗帜　为全面建设社会主义现代化国家而团结奋斗——在中国共产党第二十次全国代表大会上的报告》，人民出版社2022年版，第22页。

华优秀传统文化精华，是对中华优秀传统文化有鉴别地对待、有扬弃地继承，并创造性转化与创新性发展的阶段性成果。

二、推动构建人类命运共同体

党的二十大报告把推动构建人类命运共同体作为中国式现代化的本质要求之一，以中国式现代化为桥梁和纽带，把中华民族伟大复兴与全人类的前途命运紧密连接起来，赋予了中国式现代化崇高的时代使命。

（一）人类命运共同体的提出

人类命运共同体是中华优秀传统文化当中“和合”理念的创新发展，是对马克思共同体思想的继承发展，是中国共产党外交思想在新时代的承续，彰显了中国携手各国开创人类美好未来的信心与决心。

中华优秀传统文化中“和合”理念的创新发展。人类命运共同体源自中华优秀传统文化中的“和合”理念，与西方的“一己之私”“丛林法则”不同，中华民族自古以天下大同为理想，追求天人合一、天下为公、和而不同，形成绵延几千年而未曾中断的“和合”理念，为人类命运共同体的生发植下文化根脉。从董仲舒的“天人之际，合而为一”，到程颐的“天、地、人，只一道也”，象征人与自然、人与社会和谐统一的“天人合一”理念不断潜移默化地影响中华儿女。“天下”一词在中国思想史上由来已久，频繁出现在中华优秀传统文化经典著作之中。《礼记·礼运》中有言：“大道之行也，天下为公”，系统阐释了中国古代人民对于社会治理的美好愿望和追求，传递了中华优秀传统文化中的“天下”情怀。《论语》中记载的“礼之用，和为贵”等无不体现中华民族“以和邦国”“以和为贵”的理念。正是这些思想为中国式现代化走和平发展道路植入深厚的文化根基，成为中华民族走向世界的思想指南，涵育中华民族天下一体、命运与共的“和合”理念。

马克思主义共同体思想的继承发展。人类命运共同体是马克思共同体思想的继承发展。在马克思看来，共同体是人类生存的组织模式，人类经历了以血缘、地缘等因素为纽带“自然形成的共同体”到资本主义以少数人主导利益建立起来的“虚幻共同体”，将迎来共产主义社会的“真正的共同体”——“在那里，每个人的自由发展是一切人的自由发展的条件”[①]。人类命运共同体继承了马克思关于未来社会共同体目标的理论设想，确立了符合现实需求的合理方案，推动人类社会向“真正的共同体”理想迈出坚实的一步。一是由目标构想到落实。人类命运共同体明确构建伙伴关系、营造安全格局、谋求开放包容发展前景、促进和而不同的文明交流、构筑绿色发展的体系等落实马克思的宏伟目标。二是考察与阐释的维度拓展。马克思从社会形态发展历程这一维度去探究共同体变迁，而人类命运共同体从多维度展开，仅从涵盖领域来看就包括政治、经济、安全、发展、社会、文明等多个领域，同时紧随时代步伐，将人与自然的生命共同体、虚拟世界的网络空间命运共同体作为重要补充。

中国共产党外交思想在新时代的承续。人类命运共同体是中国共产党外交思想在新时代的承续，与以往中国共产党的外交思

---

① 《马克思恩格斯选集》第 1 卷，人民出版社 2012 年版，第 422 页。

想既一脉相承又与时俱进。以毛泽东同志为主要代表的中国共产党人的独立自主和平外交的实践探索。新中国成立后，毛泽东在极为复杂的国内外环境中，开独立自主和平外交之先河。1949年上半年，制定了“另起炉灶”“打扫干净屋子再请客”“一边倒”三条外交方针。20世纪50年代，周恩来相继提出广受国际认可与采纳的和平共处五项原则与“求同存异”的外交方针，为处理国际关系提供准则。以邓小平同志为主要代表的中国共产党人审时度势，关切世界各国人民对和平生活的向往与追求，顺应世界发展潮流，作出“和平与发展是当代世界的两大主题”的科学判断。以江泽民同志为主要代表的中国共产党人明晰和平与发展的大势，提出“建立公正合理的国际政治经济新秩序”。21世纪伊始，以胡锦涛同志为主要代表的中国共产党人发出共同构建“和谐世界”的呼吁。这些外交思想为人类命运共同体提供了理论资源。进入新时代，世界面临百年未有之大变局，全球秩序进入深度调整期，形成各国相互依存、休戚与共的发展格局。一方面，政治多极化、经济全球化、文化多样化和社会信息化潮流不可逆转，为世界各国共同发展带来机遇。另一方面，全球发展不平衡加剧、贫富分化日益严重，粮食安全、资源短缺、气候变化、环境污染、疾病流行、跨国犯罪等全球非传统安全问题层出不穷，对国际秩序和人类生存构成了严峻挑战。“世界怎么了、我们怎么办”等问题横亘在人类面前。在准确把握世界大势的基础上，以习近平同志为核心的党中央立足人类共同福祉，围绕“建设一个什么样的世界、如何建设这个世界”，提出“构建人类命运共同体”，切实回应国际社会的共同诉求。人类命运共同体承续了中国共产党外交思想中平等合作的和平观、与时俱进的时代主题观、公正合理的全球治理观，是中国共产党外交思想的最新成果，已得到越来越多国家和地区的赞同。

（二）构建人类命运共同体的内涵

构建人类命运共同体的内涵是不断丰富完善的过程。2012年，习近平总书记在会见外国专家代表时表示，国际社会日益成为一个你中有我、我中有你的命运共同体，任何国家都无法在复杂多变的国际局势中独善其身。党的十九大将“构建人类命运共同体”写入党章，并呼吁建设涵盖政治、安全、经济、文化、生态等维度的“五个世界”——持久和平、普遍安全、共同繁荣、开放包容、清洁美丽的世界。10余年来，构建人类命运共同体不仅表现为美好愿景，更是一项行动明确的系统工程。党的二十大报告指出，构建人类命运共同体是世界各国人民前途所在，并从“对话协商”“共建共享”“合作共赢”“交流互鉴”“绿色低碳”等方面进一步明确“五个世界”的建设路径，形成构建人类命运共同体科学完整的理论内涵。

第一，坚持对话协商，建设持久和平的世界。国家间和，则世界和。消除战争、实现和平是世界各国人民朴素而真切的愿望。要推动建设持久和平的世界，本真要义在于国家之间坚持对话协商，讲究尊重与平等的态度、摒弃冷战思维和强权政治，走对话而不对抗、结伴而不结盟的国与国交往新路。一是尊重各国实际与选择。世界上共有230多个国家和地区，各个国家与地区之间差异显著。国与国之间的交往应建立在尊重他国主权与领土完整，尊重他国根据实际情况自主选择发展道路的权利。二是平等对待大国小国。大国往往是影响和平的关键因素，也负有维护世界和平的重大责任。平等相待无关乎大小、强弱、贫富，不仅应是大国之间的交往准则，还应是大国小国之间以及小国之间交往的基本态度。大国不应搞唯我独尊、恃强凌弱的霸道，而要推动建立和践行平等相待、义利兼顾的义利观。三是要通过平等协商解决国家间的冲突与分歧。矛盾无时不有、无处不在。国与国之间的交往出现矛盾与冲突时，应以最大的诚意与耐心进行对话解决。

第二，坚持共建共享，建设普遍安全的世界。习近平总书记指出："世上没有绝对安全的世外桃源，一国的安全不能建立在别国的动荡之上，他国的威胁也可能成为本国的挑战。邻居出了问题，不能光想着扎好自家篱笆，而应该去帮一把。"[①]伴随全球化深入推进，各国安全关联日益密切。国际动荡变革加剧，地缘政治形势又趋紧张，传统安全与非传统安全威胁持续交织，建设一个普遍安全的世界愈加成为世界人民的共同呼声。构建人类命运共同体主张建设普遍安全的世界，需要坚持共建共享原则。一是树立正确的安全观。弱肉强食的丛林法则与穷兵黩武的旧思路只能搬起石头砸自己的脚，必须摒弃冷战思维，大力倡导共同、综合、合作、可持续安全的新观念。二是尊重他国合理的安全关切，平等参与国家与地区安全事务。普遍安全的核心是人的安全，是各国共建共享的合作、发展的安全。不论国家大小、强弱与贫富，都应尊重与照顾他国合理的安全需要，反对单边制裁与"长臂管辖"，共建适应新形势的全球安全体系，共享普遍安全带来的机遇与成果。三是统筹维护军事、政治、外交等传统领域与恐

① 《习近平著作选读》第1卷，人民出版社2023年版，第566页。

怖主义、核能源、信息网络等非传统领域的安全，协调推进安全治理。

第三，坚持合作共赢，建设共同繁荣的世界。习近平总书记指出："世界长期发展不可能建立在一批国家越来越富裕而另一批国家却长期贫穷落后的基础之上"[①]，"大家一起发展才是真发展"[②]。构建人类命运共同体主张"坚持合作共赢，建设共同繁荣的世界"，共同繁荣是"真发展"的美好目标，而合作共赢是实现路径。一是各国应以自身发展为立足点。世界各国共同繁荣归根到底要靠各国独立自主、根据本国国情制定发展战略。二是各国应秉承开放合作的精神，以积极的姿态互帮互助。在尊重他国发展道路的选择和平等互利的基础上，各国应主动抓住经济全球化带来的发展机遇，拓展合作渠道、丰富合作内涵、创新合作模式。三是各国应共同参与国际经济贸易规则的制定、维护世界贸易组织规则，支持自由、透明、开放的多边贸易体制，建设与发展开放型经济体系。四是要优化全球伙伴关系，照顾多方利益，实现"共赢"而非"独赢"。倡导各国在追求本国利益的同时兼顾他国合理关切，在谋求本国发展的过程中促进各国共同发展，建立更加平等均衡的新型全球伙伴关系，最大限度促进南北之间发展失衡问题的解决，让更多成果惠及全世界人民，推动世界经济朝着更加开放、包容、普惠、平衡、共赢的方向发展。

第四，坚持交流互鉴，建设开放包容的世界。一花独放不是春，百花齐放春满园。从原始社会的茹毛饮血到封建社会的田园

---

① 《习近平谈治国理政》第 1 卷，外文出版社 2018 年版，第 273 页。

② 《习近平谈治国理政》第 2 卷，外文出版社 2017 年版，第 524 页。

农耕，从工业社会的机械化生产到信息社会的自动化生产，人类在漫长的历史长河中绘就了波澜壮阔、多姿多彩的文明图谱。世界上230多个国家和地区、2500多个民族，不同历史与国情，不同民族与习俗，孕育了不同文明，使世界丰富多彩。“坚持交流互鉴，建设开放包容的世界”是构建人类命运共同体的核心要义之一。一是各国需要秉持“和而不同”的文明相处之道，尊重世界文明的多样性。各国应在认识本国文明独特价值的基础之上，合理处理与他国文明的差异。“和羹之美，在于合异”，只有坚持不同文明的相互尊重、学习与借鉴，才能促使世界文明的花园多姿多彩、生机盎然、姹紫嫣红。二是促进文明之间平等交流、互学互鉴。“独学而无友，则孤陋而寡闻。”文明因交流而多彩、因互鉴而丰富。文明只有在交流中才能实现传播与发展。三是各国应科学对待传统文化。传统文化是一个国家与民族传承、发展的根本。在文明交流互鉴中不忘本来，取长补短、兼收并蓄、去伪存真，以文明交流超越文明隔阂、文明互鉴超越文明冲突、文明共存超越文明优越。

第五，坚持绿色低碳，建设清洁美丽的世界。“坚持绿色低碳，建设清洁美丽的世界”是构建人类命运共同体关于生态文明建设的核心要义。面对生态破坏，没有哪个国家能独善其身，人类是一荣俱荣、一损俱损的命运共同体。纵观人类文明发展史，生态兴则文明兴，生态衰则文明衰。无论是古埃及还是古巴比伦，皆是因为生态环境被破坏后的沙漠化而导致文明衰落。历史经验证明，吃祖宗饭、断子孙路的发展方式走到了尽头，顺应自然、改善生态的绿色低碳发展昭示未来。伴随全球人口膨胀、排放的温室气体增多，臭氧层危机逼近，全球自然灾害频发，严重危害人类健康生存，要求各国走低碳、循环与可持续发展之路。世界各国应大力推进绿色低碳能源体系建设，增强清洁能源、低碳智慧城市等领域的国际合作，共同构筑绿色低碳发展的全球生态体系，给子孙后代留下天蓝、地绿、水净的美好家园。

（三）以中国式现代化推动构建人类命运共同体

中国式现代化强调同世界各国互利共赢，推动构建人类命运共同体，努力为人类和平发展作出贡献。中国式现代化将为世界和平和全球发展注入更多正能量。

中国式现代化是走和平发展道路的现代化，将为世界和平与发展增加确定性和稳定性。近代以来，中华民族曾饱受掠夺与欺压。中国人民在中国共产党的带领下苦苦探寻中国现代化的道路，不同于西方式现代化损人利己、充满血腥的帝国主义殖民行径，中国式现代化追求和平。崇尚和平是中华民族血脉相承的基因，历经鸦片战争以来血与火强烈冲击的中华民族更加渴望与热爱和平。从新中国成立至今，中国提出并倡导和平共处五项原则，始终奉行独立自主的和平外交政策。在国际政治问题上，充分尊重他国主权与领土完整，反对干涉别国内政的霸权主义与强权政治。在面临国际冲突时，坚持平等协商，以对话解决分歧，坚持对话、反对对抗，坚持结伴、反对结盟，坚持友好、反对冲突。中国式现代化不走殖民掠夺的老路，不走“国强必霸”的歪路，坚持和平、发展、公平、正义、民主、自由的全人类共同价值，在坚定维护世界和平与发展中谋求自身发展，又以自身发展维护世界和平与发展。

中国式现代化是倡导共同富裕的现代化，将有力促进全球共同繁荣发展的进程。在人口规模庞大的情况下，党带领14亿多人口整体迈进现代化，打赢了脱贫攻坚战，历史性地解决了绝对贫困问题，提前10年完成了联合国2030年减贫目标，为解决世界发展不平衡问题、促进全球共同发展、构建普遍繁荣的共同体作出了不可磨灭的贡献。共同富裕是中国特色社会主义的本质要求，中国式现代化强调全体人民共同富裕，坚决防止两极分化。近几年，世界经济复苏乏力，南北区域发展差距增大，中国式现代化所坚持的共同富裕理念和路径为其他国家提供了重要借鉴，为人类社会现代化理论和实践创新作出新贡献。

中国式现代化是物质文明与精神文明相协调的现代化，将为世界朝着平衡、积极、向善的方向发展提供助力。中国式现代化以文明交流互鉴为载体，推动不同文明的交汇学习，在求同存异中实现与世界各国的文化良性互动，助力构建开放包容的共同体。一是中国式现代化开创人类文明新形态、彰显世界文明多样性。不同于西方式现代化主张的现代二元对立文明观，中国式现代化深深扎根中华优秀传统文化，发展社会主义先进文化，是具有中国特色的人类文明新形态，极大地丰富了世界文明百花园。二是中国式现代化呼吁尊重不同文明的差异性，主张不同文明之间的平等对话、交流互鉴，美人之美、美美与共，促进人类文明共生共荣。中国提出全球文明倡议，从宏观到具体，为深化推动文明交流互鉴提供了根本遵循。三是中国式现代化蕴含着独特的文明观，为解决全球性挑战提供智慧精华，为建设一个开放包容的世界、为推动构建人类命运共同体奠定了文明基础。

中国式现代化是人与自然和谐共生的现代化，将为人类社会可持续发展贡献智慧和力量。一是提倡绿色发展理念。党的十八大以来，中国坚持“绿水青山就是金山银山”理念，持续推动绿色发展。不同于西方现代化对自然生态环境的破坏，中国以尊重自然、顺应自然、保护自然为基础发展现代化，积极保护生态环境、维护生物多样性。二是坚持节约资源、清洁循环，推进低碳发展。中国宣布力争2030年前实现“碳达峰”、2060年前实现“碳中和”目标，大力推动建设绿色丝绸之路，坚定落实《联合国气候变化框架公约》，与东南亚合作建设的低碳示范区、援助非洲的气候遥感卫星、加大援助实施绿色环保和应对气候变化项目，为全球应对气候变化作出更大贡献。三是积极发展各国在生态建设上的国际合作，积极参与全球气候治理。中国积极参与国际生态安全合作组织，与近30个国家共同发起“一带一路”绿色发展伙伴关系倡议等，都在推动构建人与自然生命共同体和地球生命共同体中贡献中国智慧、中国方案、中国力量。

三、激发科学社会主义生机活力

习近平总书记强调，概括提出并深入阐述中国式现代化理论，是党的二十大的一个重大理论创新，是科学社会主义的最新重大成果。中国式现代化体现了科学社会主义的先进本质，是对科学社会主义的坚持与发展，使科学社会主义在21世纪焕发出蓬勃生机。

（一）科学社会主义的发展

中国式现代化是科学社会主义理论逻辑与中国发展的历史逻辑、实践逻辑的有机统一。回望科学社会主义漫长而曲折的发展历程，探寻被实践验证的真理，有助于我们更好地理解中国式现代化的本质与特点，助推中国式现代化事业开拓创新。

科学社会主义是19世纪40年代由马克思和恩格斯创立并发展起来的政治理论和社会制度。这一理论起源于他们对资本主义社会的批判，以及对社会主义和共产主义社会的设想。科学社会主义有广义和狭义之分。广义上的科学社会主义是指马克思主义的整体；狭义上的科学社会主义是指马克思主义的三个组成部分之一，同马克思主义哲学、马克思主义政治经济学一起，构成马克思主义完整的理论体系。科学社会主义是研究推翻和改变资本主义旧世界，建立社会主义、共产主义新社会的一般规律的综合性理论学科，是直接指导革命、改革和建设的行动科学。

科学社会主义基本原则是中国式现代化的理论指引，表征于中国式现代化的具体实践之中。具体来说，科学社会主义基本原则主要包括以下8个方面：第一，资本主义必然灭亡，社会主义必然胜利。马克思、恩格斯依据人类社会发展规律提出"两个必然"，认为资本主义生产方式的基本矛盾是资本主义不可克服的内在矛盾，决定了资本主义制度必然要被更加先进的社会主义制度所代替。第二，无产阶级是最先进最革命的阶级，肩负着推翻旧世界、建设新世界的历史使命。无产阶级革命是无产阶级进行斗争的最高形式，以建立无产阶级专政的国家为目的。第三，社会主义社会要在生产资料公有制基础上组织社会生产，以社会化生产效率的发挥创造出更丰富的社会产品，不断满足全体社会成员的需要。第四，社会主义社会要对社会生产进行有组织、有计划的指导和调节，防止生产的无政府状态和各种无序化，使社会能够最大限度地减少浪费，提高效能。第五，在纯粹经济规律要求下，实行符合未来社会的社会化生产要求和人们自由全面发展要求的分配制度，即在第一阶段实行按劳分配原则，在高级阶段实行按需分配原则。第六，合乎自然规律地改造和利用自然。自然与人类完全成为一体化的，自然是人化的自然，人类是自然化的人类，人类作出的一切重大行动都是对自然规律的把握和运用。第七，坚持马克思主义指导地位，大力发展社会主义先进文化，在全社会培育形成共同的理想信念、价值理念和道德观念。第八，大力解放和发展生产力，逐步消灭剥削和消除两极分化，实现共同富裕和社会全面进步，并最终向共产主义社会过渡。

社会主义代替资本主义是人类社会发展的必然趋势。回望社会主义运动500多年的漫长历史岁月，社会主义经历了从空想到科学、从理论到实践、从一国到多国的发展，也经历了从遭受严重挫折到正在逐渐走出低潮的曲折历程。

第一次是社会主义从空想到科学的飞跃。1848年2月《共产党宣言》的正式出版，标志着社会主义实现了由空想到科学的历史性飞跃。16世纪上半叶，资本主义开始进入原始积累时期，劳动群众因备受剥削压榨而长期处于极端贫困的境地。压迫越严重，劳动群众对于理想社会就越渴求，空想社会主义也就此应运而生。在资本主义不断发展过程中，空想社会主义对资本主义制度的批判和揭露虽愈发深刻，对于未来理想社会的勾画设计也愈发美好，但囿于历史观上的唯心主义与社会历史条件的限制，没能够指出真正的出路。马克思、恩格斯在批判继承空想社会主义合理成分基础上，创立了唯物史观和剩余价值学说，揭示了资本主义生产方式的内在规律，找到了实现社会变革的社会力量，从根本上超越了空想社会主义，创立了科学社会主义学说，实现了社会主义由空想到科学的伟大飞跃。

第二次是社会主义从理论到实践的飞跃。世界上第一个社会主义国家的诞生以及社会制度的建立，标志着科学社会主义实现由理论到实践的历史性飞跃。19 世纪末 20 世纪初，世界进入帝国主义和无产阶级的新时代。列宁在同第二国际机会主义的斗争中，结合新的时代条件和俄国实际，揭示了帝国主义和无产阶级革命时代的特征和发展规律，领导俄国人民取得了十月革命胜利，从根本上推翻了人剥削人、人压迫人的制度，建立起了世界上第一个人民当家作主的社会主义国家。此后，社会主义作为一种崭新的社会形态和社会制度登上历史舞台，引领人类社会的发展方向。可以说，十月革命实现了社会主义由理论到实践的历史性飞跃，开辟了人类历史的新纪元。

第三次是社会主义从一国到多国的飞跃。社会主义在改革中不断发展完善，具有民族特色社会主义的创立，标志着科学社会主义实现了由一国到多国的历史性飞跃。十月革命的胜利，尤其是苏联社会主义建设的重大成就和殖民地、半殖民地国家民族民主革命的蓬勃发展，帝国主义力量的削弱，极大地鼓舞了世界各国人民，推动了世界社会主义运动的欣欣向荣。从 1944 年到 1949 年 5 年间，欧洲和亚洲有 10 多个国家在无产阶级政党的领导下，在反法西斯战争胜利的基础上，先后建立起人民民主国家，走上了社会主义道路。中国共产党深刻总结历史经验与教训，始终坚持将科学社会主义基本原则与本国国情相结合，领导人民走出了一条农村包围城市、武装夺取政权的革命道路，进行了 28 年的浴血奋战，完成了新民主主义革命，之后建立了新中国，并完成社会主义改造，实现了从新民主主义到社会主义的过渡转变。中国特色社会主义的形成和发展，就是这次飞跃的直接理论成果。

（二）中国式现代化对科学社会主义的坚持

习近平总书记强调："社会主义并没有定于一尊、一成不变的套路，只有把科学社会主义基本原则同本国具体实际、历史文化传统、时代要求紧密结合起来，在实践中不断探索总结，才能把蓝图变为美好现实。"[①]中国式现代化秉持科学社会主义基本原则，坚守科学社会主义本质要求，笃行科学社会主义基本要求，在实践创新与理论创新的互动中开辟了科学社会主义新境界。

中国式现代化秉持了科学社会主义基本原则。中国式的现代化是中国共产党领导的现代化。坚持中国共产党领导是中国式现代化的本质要求，也是科学社会主义基本原则的当代运用。马克思、恩格斯论证了只有无产阶级才能完成埋葬资本主义制度和建设共产主义社会的伟大历史使命。"无产者组织成为阶级，从而组织成为政党这件事，不断地由于工人的自相竞争而受到破坏。但是，这种组织总是重新产生，并且一次比一次更强大、更坚固、更有力。"[②]因为无产阶级政党"没有任何同整个无产阶级的利益不同的利益"[③]，只有坚持无产阶级政党的领导才能夺取和巩固政权，战胜资本主义，实现共产主义。中国共产党在现代化探

---

① 《习近平谈治国理政》第 3 卷，外文出版社 2020 年版，第 76 页。

② 《马克思恩格斯选集》第 1 卷，人民出版社 2012 年版，第 409—410 页。

③ 《马克思恩格斯选集》第 1 卷，人民出版社 2012 年版，第 413 页。

索过程中始终秉持无产阶级政党的基本观点，在社会主义革命和建设时期，领导中国人民建立了社会主义制度，提出建设“四个现代化”的战略目标，初步建立了相对独立完整的工业体系与国民经济体系；在改革开放和社会主义现代化建设新时期，明确提出“中国式的现代化”的论断，制定了包含现代化目标的基本路线和基本实现社会主义现代化的三步走战略；跨入新时代，党制定了建成社会主义现代化强国的目标，并作出两步走战略部署，“五位一体”总体布局和“四个全面”战略布局，使中华民族迎来了强起来的时代新篇。实践证明，只有坚持中国共产党领导，才能取得中国革命、建设和改革的重大成就；只有坚持中国共产党领导，才能够全面系统地推进社会主义现代化事业。

中国式现代化彰显了科学社会主义基本精神。中国式现代化是走和平发展道路的现代化，是科学社会主义基本精神的现实彰显。马克思认为和平发展是社会主义国家的本质属性，破除资本主义的对内剥削与对外压迫，为和平而斗争是社会主义国家的重要使命。无产阶级应“洞悉国际政治的秘密，监督本国政府的外交活动，在必要时就用能用的一切办法反抗它；在不可能防止这种活动时就团结起来同时揭露它，努力做到使私人关系间应该遵循的那种简单的道德和正义的准则，成为各民族之间的关系中的至高无上的准则。为这样一种对外政策而进行的斗争，是争取工人阶级解放的总斗争的一部分”[①]。即社会主义国家在处理民族之间与国家之间关系时应坚持和平的根本原则，坚决反对压迫与剥削，反对一切形式的霸权主义和强权政治。习近平总书记指

① 《马克思恩格斯文集》第3卷，人民出版社2009年版，第14页。

出："我们的和平发展道路来之不易，是新中国成立以来特别是改革开放以来，我们党经过艰辛探索和不断实践逐步形成的。"[①]新中国成立之初，就确立了独立自主的和平外交政策，积极倡导以和平方式解决国际冲突和争端，反对霸权主义和强权政治。党的十一届三中全会后，邓小平提出，在争取和平的前提下，一心一意搞现代化建设。党的十八大以来，习近平总书记多次强调，中国坚持走和平发展道路，无论发展到什么程度，中国永远不称霸、永远不搞扩张。中国式现代化在和平发展道路上越走越宽广，越走越稳健，使科学社会主义和平发展的基本精神得到充分彰显。

中国式现代化坚持了科学社会主义根本立场。中国式现代化是坚持人民至上的现代化，是坚守和笃行科学社会主义根本立场的创造性发展。这既是无产阶级政党的性质和宗旨的内在要求，也是中国式现代化的本质要求。一方面，为中国人民谋幸福，为中华民族谋复兴，是中国共产党人的初心和使命，也是激励历代中国共产党人前赴后继、英勇奋斗的根本动力。党的根基在人民，血脉在人民，没有自己的特殊利益。毛泽东指出，"我们的党的名称和我们的马克思主义的宇宙观，明确地指明了这个将来的、无限光明的、无限美妙的最高理想"[②]。对社会主义和共产主义的信念，是共产党人的政治灵魂，是对中华优秀传统文化中"天下大同"理想的赓续，是党在推进中国式现代化中经受住任何考验的精神支柱。另一方面，中国式现代化

① 《习近平谈治国理政》第1卷，外文出版社2018年版，第248页。
② 《毛泽东选集》第3卷，人民出版社1991年版，第1059页。

坚持以人为本。中国式现代化坚持以人民为中心，将人的需求作为最大的内生动力，把解决人民日益增长的美好生活需要和不平衡不充分的发展之间的矛盾作为现代化发展的主线；充分调动人的主体性，使人民完成由现代化建设的“观望者”向“建设者”与“共享者”转换。这既是充分发挥中华优秀传统文化中“家国一体”“积极入世”的理念，也是对科学社会主义根本立场的坚守与发展。

中国式现代化坚守了科学社会主义本质要求。中国式现代化是全体人民共同富裕的现代化，凸显着科学社会主义的本质要求。共同富裕既是中国特色社会主义的阶段性目标，也是科学社会主义的本质要求。第二次世界大战结束以来，许多国家在现代化过程中遇到了“中等收入陷阱”，发达国家也出现“福利主义陷阱”“高收入陷阱”。习近平总书记指出，“一些发达国家工业化搞了几百年，但由于社会制度原因，到现在共同富裕问题仍未解决，贫富悬殊问题反而越来越严重”[①]。从根本上讲，这是资本主义制度固有的弊病，是资本逐利本性的充分暴露。党的十八大以来，党在推进中国特色的现代化发展道路过程中，始终坚持把逐步实现共同富裕摆在重要位置。2015 年 8 月，习近平总书记指出，我们追求的发展是造福人民的发展，我们追求的富裕是全体人民共同富裕。2020 年 10 月，党的十九届五中全会对扎实推动共同富裕作出重大战略部署，明确到 2035 年基本实现社会主义现代化远景目标，首次提出“全体人民共同富裕取得更为明显的实质性进展”。此外，在实践维度，党团结带领全国各族人民

① 习近平：《扎实推动共同富裕》，《求是》2021 年第 20 期。

打赢了人类历史上规模空前、力度最大、惠及人口最多的脱贫攻坚战，历史性地解决了绝对贫困问题，全面建成了小康社会，向共同富裕迈出了坚实的步伐，充分体现了科学社会主义的本质要求。

中国式现代化笃行了科学社会主义基本要求。中国式现代化是全面发展的现代化，是对科学社会主义基本要求的笃行。马克思认为人、社会、自然三者是相互联系、相互依存、相互作用的有机体，“只有在社会中，自然界对人来说才是人与人联系的纽带，才是他为别人的存在和别人为他的存在，只有在社会中，自然界才是人自己的人的存在的基础，才是人的现实的生活要素。只有在社会中，人的自然的存在对他来说才是自己的人的存在，并且自然界对他来说才成为人。因此，社会是人同自然界的完成了的本质的统一”[①]。毛泽东认为新的国家要有新的政治、经济、文化，强调以工业化为重心进行社会主义现代化。邓小平提出“以经济建设为中心”，强调物质文明和精神文明两手抓、两手都要硬的论断，明确富强、民主、文明的现代化目标。江泽民提出“政治文明”，把建设社会主义政治文明作为社会主义现代化建设的重要目标，不断加强社会主义民主政治建设。胡锦涛提出“构建社会主义和谐社会”，以改善民生为重点进行社会建设。党的十八大以来，现代化建设更加强调发展的全面性和系统性，习近平总书记创造性地提出了美丽中国的目标，使中国特色社会主义事业总体布局实现由“四位一体”到“五位一体”的转变。

① 马克思：《1844 年经济学哲学手稿》，人民出版社 2000 年版，第 83 页。

党的二十大报告提出了中国式现代化的本质要求，并再次强调了中国式现代化是全面发展的现代化，是符合科学社会主义全面发展基本要求的现代化。

（三）中国式现代化对科学社会主义的发展

党的二十大报告指出，科学社会主义在21世纪的中国焕发出新的蓬勃生机，中国式现代化为人类实现现代化提供了新的选择。中国式现代化根植于中国大地、符合人民意愿、适应时代要求，为科学社会主义的发展注入了新生力量。

中国式现代化赓续了科学社会主义的科学精神。党的十一届三中全会之后，我国真正开始跳出苏联模式，探索具有中国特色的现代化道路。社会主义革命和建设时期的探索与实践为改革开放后中国的现代化建设奠定了坚实的物质基础。这一时期党根据马克思列宁主义关于农业社会主义改造的基本原理，对农业、手工业与资本主义工商业进行改造，成功建立起社会主义制度，开启社会主义建设新阶段。但由于社会历史条件所限，党对于“什么是社会主义、怎样建设社会主义”等问题缺乏充分的理性认识，加之“苏联模式”的影响尚未完全消除，使这一阶段的现代化建设步伐相对缓慢。改革开放后，以邓小平同志为主要代表的中国共产党人在中国式的现代化的现实基础、政治保障、建设内容等方面开拓创新，走出中国特色的社会主义道路。首先，在现代化建设与现实基础方面，中国共产党立足于中国生产力发展的实际水平提出了社会主义初级阶段理论，对中国国情和社会发展阶段作出了科学判断，指明社会主义的根本任务是解放、发展生产力。其次，在现代化的政治保障方面，以民主集中制超越集权政治与民主匮乏，坚持加强和改善党的集中统一领导，建设社会主义民主政治，注重全面提高党的领导水平与执政水平，实现坚持党的领导、人民当家作主与依法治国的有机统一。最后，在现代化建设的内容方面，超越片面发展，坚持全面发展。党的十七大提出“建设富强民主文明和谐的社会主义现代化国家”的总目标，开启经济、政治、文化、社会协调发展新阶段。概言之，中国式现代化在实践中遵循科学社会主义基本原则，在理论上丰富与发展马克思主义并指导中国实践，赓续了科学社会主义的科学精神。

中国式现代化丰富了科学社会主义的发展内涵。中国共产党在领导人民探索现代化建设中的理论与实践创新，拓展了科学社会主义发展内涵。胡锦涛在党的十七大报告中指出：“中国特色社会主义道路之所以完全正确、之所以能够引领中国发展进步，关键在于我们既坚持了科学社会主义的基本原则，又根据我国实际和时代特征赋予其鲜明的中国特色。”[①]实现现代化的发展模式不是单一的，找到适合本国国情的发展道路是中国式现代化探索取得成功的关键。早在改革开放以前，毛泽东就意识到要“按照中国的情况办事”[②]，但由于对社会主义现代化建设经验不足、对社会主义本质认识不清、对实现社会主义的时间长期性和任务艰

① 胡锦涛：《高举中国特色社会主义伟大旗帜　为夺取全面建设小康社会新胜利而奋斗——在中国共产党第十七次全国代表大会上的报告》，人民出版社 2007 年版，第 11 页。

② 《毛泽东年谱（一九四九—一九七六）》第 2 卷，中央文献出版社 2013 年版，第 557 页。

巨性认识不够，导致这一时期的社会主义现代化建设并没有跳出苏联模式。改革开放后，邓小平总结过去社会主义建设的经验和教训后强调，“我们搞的现代化，是中国式的现代化。我们建设的社会主义，是有中国特色的社会主义”[①]。1997年江泽民提出新三步走战略，要求建设“有中国特色社会主义的经济、政治和文化”[②]。党的十六大提出了全面建设小康社会的奋斗目标；党的十七大、十八大对全面建成小康社会提出了新的要求，作出新的部署，明确“两个一百年”的奋斗目标，即到建党100年时建成惠及十几亿人口的更高水平的小康社会；到新中国成立100年时基本实现现代化，建成社会主义现代化国家。习近平总书记在党的十九大上作出中国特色社会主义进入新时代的战略判断，并提出两步走战略安排；在党的二十大上，概括提出并深入阐述中国式现代化理论，这是科学社会主义的最新重大成果。这些关于现代化的理论与实践创新，极大地丰富了科学社会主义关于社会主义发展的内涵，使中国式现代化事业朝着实现每个人的自由而全面发展目标阔步前行。

中国式现代化缔造了世界社会主义运动新的实践范本。中国式现代化破解了“世界社会主义运动的难题”，探索出了一条经济文化落后国家建设社会主义的成功之路，为推进世界社会主义运动缔造了新的实践范本。这里的“世界社会主义运动的难题”即是指在经济文化落后国家如何建设社会主义的难题。列宁曾指出：“我们的革命是开始容易，继续比较困难，而西欧的革命是

① 《邓小平文选》第3卷，人民出版社1993年版，第29页。
② 《江泽民文选》第2卷，人民出版社2006年版，第17页。

开始困难，继续比较容易。”[1]经济落后国家如何建设社会主义的问题始终存在于20世纪世界社会主义运动的实践中，纵使苏联改旗易帜，偏离社会主义轨道，也未能彻底解决回答这一问题。中国充分吸取前车之鉴，从跨越“卡夫丁峡谷”理论设想汲取智慧和力量，立足国情，开辟了一条经济文化落后国家建设社会主义的正确道路，实现了跨越式发展。习近平总书记指出：“现代化道路并没有固定模式，适合自己的才是最好的，不能削足适履。”[2]我国的社会主义是符合中国实际的社会主义，是不断解放和发展生产力的社会主义，是改革开放的社会主义，是实行社会主义市场经济的社会主义，是博采众长的社会主义，是和平的社会主义。中国式现代化道路是立足于社会主义初级阶段历史方位，具有中国特色的现代化道路，既解决了本国自身发展问题，又为世界社会主义运动积累了宝贵经验，提供中国智慧，用事实强有力地否定了“历史终结论”，极大地鼓舞世界马克思主义者对社会主义的信心。概言之，中国式现代化是不同于西方资本逻辑主导的文明新道路，是坚持和平发展的社会主义的现代化，为世界社会主义运动提供了鲜活的实践范本。

---

① 《列宁全集》第34卷，人民出版社2017年版，第343页。

② 《习近平谈治国理政》第4卷，外文出版社2022年版，第427页。

后记

习近平总书记在党的二十大报告中指出："在新中国成立特别是改革开放以来长期探索和实践基础上，经过十八大以来在理论和实践上的创新突破，我们党成功推进和拓展了中国式现代化。"中国式现代化是强国建设、民族复兴的唯一正确道路。推进中国式现代化，需要读懂中国式现代化。为帮助读者更好地理解"中国式现代化"，教育部习近平新时代中国特色社会主义思想研究中心组织编写了《读懂中国式现代化》一书。

本书编写过程中得到中央组织部、教育部有关领导的关心和支持。教育部习近平新时代中国特色社会主义思想研究中心高度重视本书的编写工作，对全书的风格定位、写作思路、框架结构、基本内容给予指导。

西南大学承担具体编写工作，黄蓉生教授牵头制定编写方案、组建编写团队、提出写作框架、明确撰写要求。各章分工如下：引言和后记，黄蓉生；第一章，万雪飞；第二章，唐棣宣；第三章，邹绍清；第四章，吴艳东、王季艳；第五章，方建；第六章，何玲玲、崔建西；第七章，唐斌、张帆；第八章，陈跃；第九章，崔健。黄蓉生教授最后对全书进行统稿。

在书稿编写过程中，邀请有关权威机构的专家学者对书稿进行了审读，罗方述、储新宇、孙存良等同志审读了书稿并提出修改意见，邢飞飞、崔文龙、张意梵、张力舵、周东娜、郝勇飞等同志做了大量组织协调和审校工作。党建读物出版社对本书的出版给予了大力支持，刘宗琴、廖灵艳、杨豪飞等同志多次参与讨论和修改工作。同时，我们也参考了理论界的一些研究成果，在此，一并表示衷心的感谢！

由于编写时间和水平有限，书中难免有不足之处，敬请读者批评指正。

作　者

2024 年 5 月

图书在版编目（CIP）数据

读懂中国式现代化 / 教育部习近平新时代中国特色社会主义思想研究中心组织编写 .— 北京：党建读物出版社，2024.5（2025.8 重印）

ISBN 978-7-5099-1543-1

Ⅰ. ①读… Ⅱ. ①教… Ⅲ. ①现代化建设—研究—中国 Ⅳ. ① D61

中国国家版本馆 CIP 数据核字（2023）第 124878 号

读懂中国式现代化

DUDONG ZHONGGUOSHI XIANDAIHUA

教育部习近平新时代中国特色社会主义思想研究中心　组织编写

责任编辑：廖灵艳　杨豪飞

责任校对：钱玲娣

装帧设计：嘉信一丁　高楠

出版发行：党建读物出版社

地　　址：北京市西城区西长安街 80 号东楼（邮编：100815）

网　　址：http://www.djcb71.com

电　　话：010 - 58589989 / 9947

经　　销：新华书店

印　　刷：北京中科印刷有限公司

2024 年 5 月第 1 版　2025 年 8 月第 5 次印刷

710 毫米 ×1000 毫米　16 开本　21 印张　223 千字

ISBN 978-7-5099-1543-1　定价：39.00 元
